U0525451

敦煌飞天（常书鸿、李承仙/绘）

麦积山（常书鸿/绘）

三危山落日（常书鸿/绘）

大泉河冬天（常书鸿/绘）

敦煌之春（常书鸿/绘）

莫高窟（常书鸿 / 绘）

走向莫高窟（常书鸿／绘）

春到莫高窟（常书鸿/绘）

莫高窟冬景（常书鸿/绘）

莫高窟古汉桥（常书鸿/绘）

莫高窟大门（常书鸿/绘）

莫高窟后院（常书鸿／绘）

莫高窟皇亲寺大门
（常书鸿／绘）

莫高窟马厩（常书鸿／绘）

莫高窟下寺向山处（常书鸿／绘）

莫高窟远眺(常书鸿/绘)

莫高窟四月初八庙会（常书鸿／绘）

莫高窟庙会（常书鸿／绘）

九层楼修建(常书鸿/绘)

雪朝寒雀（常书鸿/绘）

常书鸿 / 著

愿为敦煌
燃此生

常书鸿自传

天地出版社 | TIANDI PRESS

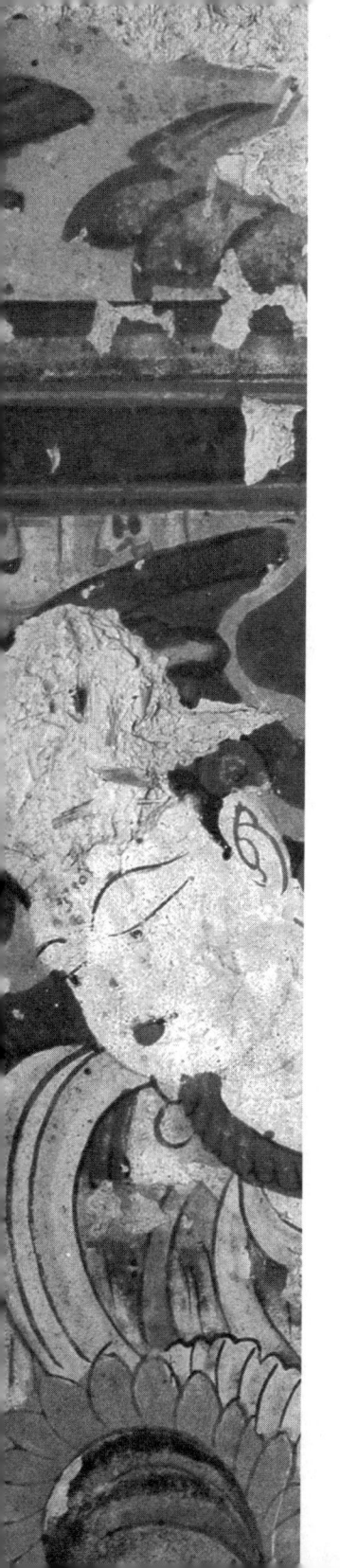

目 录

推荐序一　纪念常书鸿先生 / 樊锦诗　　　　01
推荐序二　永久的微笑 / 常沙娜　　　　　　09

前　言　我与敦煌五十年　　　　　　　　　001

第一章　人生初途
童年生活　　　　　　　　　　　　　　　　002
校园遇知音　　　　　　　　　　　　　　　009

第二章　留学法国
巴黎学子　　　　　　　　　　　　　　　　016
艺术上的彷徨　　　　　　　　　　　　　　041
新奇的发现——《敦煌石窟图录》　　　　　070
在巴黎—北平的国际列车上　　　　　　　　073

第三章　西行前记
回国后的遭遇　　　　　　　　　　　　　　078
大后方的风尘　　　　　　　　　　　　　　087
破釜沉舟去敦煌　　　　　　　　　　　　　090

第四章 初寓敦煌

沿着河西走廊前进 100
致礼莫高窟 110
战风沙筑围墙 116
乐在苦中 124

第五章 艰难岁月

心血沥沥 130
苦渡难关 137
父女画展 145
黎明的前夜 149

第六章 国宝之光

欢庆解放 178
筹备京展 187
接待周总理参观展览 197
人民的表彰 211

第七章 保护与研究

出访印度和缅甸 220
考察麦积山、炳灵寺和新疆石窟 227
保护敦煌明珠 241
大规模的临摹与研究 264

第八章 飞天传友谊

敦煌艺术展在日本 314
难忘的回忆 325

推荐序一

纪念常书鸿先生

樊锦诗

常书鸿先生是敦煌研究院的创始人、敦煌石窟保护研究事业的开拓者和奠基者。数十年来,以常书鸿先生为代表的专家学者们扎根敦煌,在荒无人迹的沙漠中开辟出一片天地,为保护和弘扬祖国的瑰宝、人类的文化遗产做出了卓越的贡献。

一、常书鸿与敦煌艺术研究所的创建和发展

常书鸿先生于1927年到法国留学,经过刻苦钻研,在油画艺术上取得了丰硕的成果,多次在法国里昂和巴黎的沙龙展中获奖,作品被法国一些美术机构和个人收藏。1935年,先生在巴黎看到了《敦煌石窟图录》,看到了吉美博物

馆所藏敦煌藏经洞出土的绘画作品，这些绘画品正是 1908 年法国人伯希和在敦煌以非法手段获取的。这些优秀的祖国传统艺术使他感到十分震惊，他感到有责任回到祖国研究、继承和发扬这些伟大的艺术，凭着一种强烈的爱国热忱，他毅然回到了多灾多难的祖国。

1936 年，常书鸿先生回国后，任北平艺专教授。第二年，日本帝国主义发动了卢沟桥事变，大举侵略中国。常书鸿也随学校南迁，辗转于杭州、昆明、重庆。1942 年敦煌艺术研究所筹备委员会成立，常书鸿先生积极参与筹备活动。经过常书鸿等专家学者们实地调查和积极倡导，敦煌石窟的保护与研究受到了政府的重视。1944 年敦煌艺术研究所正式成立，隶属于教育部，常书鸿被任命为所长。当时常书鸿先生举家迁居敦煌，并从重庆招聘了一批画家和学者，在物质条件极其艰苦的情况下，常书鸿先生率领全所职工在敦煌莫高窟展开了一系列石窟保护、壁画临摹及研究工作，结束了敦煌石窟长期以来无人管理的状态，使石窟不再受到人为的破坏。

1945 年，抗日战争胜利，国民政府下令撤销敦煌艺术研究所。于是敦煌的学者们纷纷回到内地。常书鸿先生眼看着刚刚起步的敦煌事业就要停止，心急如焚。他回到四川，为敦煌艺术研究所的恢复而奔走呼吁。在常书鸿、傅斯年、向达等学者的呼吁下，敦煌艺术研究所于 1946 年得以恢复重组，改隶中央研究院，常书鸿再次被任命为所长。他又从重庆等地招聘了一批美术工作者，使刚刚开创不久的敦煌保护、研究事业得以继续下去。这一阶段，常书鸿先生率领敦煌艺术研究所的美术工作者开始了有计划的敦煌壁画临摹。1948 年，他在南京举办了规模较大的敦煌艺术展览，展示了敦煌的工作人员辛勤临摹的壁画精品。

敦煌石窟的保护向来就是研究所的首要工作。当时的莫高窟下层洞窟大多被积沙所掩埋，上层洞窟大多无法登临，危崖处处。在物质条件极端艰苦的情况下，常书鸿先生率全所职工清除了下层洞窟的积沙；拆除了沙俄白匪在石窟中滥建的锅台和火炕；修建了部分连通洞窟的台阶；并用两年多时间，建起了一道 800 多米长的围墙，有效地防止了对石窟的人为破坏。同时，在敦煌壁画临摹工作中，常先生坚决制止了过去那种把纸张钉在墙壁上起稿而破坏壁画的做法，使壁画避免了在工作中不应有的损害。

在敦煌艺术研究所建立之初，常书鸿先生就十分重视研究工作。当时所里的向达、苏莹辉、李浴、史岩等分别从考古学和美术史的角度对敦煌石窟进行了调查研究，由于 1945 年国民政府下令解散敦煌艺术研究所，这些工作没能继续下去。但史岩完成的《敦煌石窟画像题识》（1947 年出版），李浴完成的《敦煌千佛洞石窟内容》（未公开出版，但内容都被记在各个洞窟的说明牌上），成为敦煌石窟调查的最初成果，为后来的研究提供了借鉴和参考。这些开创性的工作为敦煌石窟的保护和研究事业以及后来敦煌研究院的发展打下了坚实的基础。

新中国成立后，1950 年敦煌艺术研究所更名为敦煌文物研究所，常书鸿先生担任所长。在党和国家的大力支持和帮助下，敦煌石窟的保护与研究工作有了新的进展。20 世纪 40 至 60 年代，鉴于当时中国的实际状况，常书鸿先生认为若有更多的人了解、理解敦煌艺术的意义和价值，就能更好地展开敦煌石窟的保护与研究工作。常先生率领敦煌文物研究所的美术工作者花了比过去更大的精力，有计划地进行壁画和彩塑的临摹，并不断地在国内外举办敦煌艺术展览，取得了很好的社会效果，使远在西北的敦煌石窟逐渐为世人所知，敦煌艺术的珍贵价值和历史地位开始被人们理解。20 世纪 40 年代以前的中国美术著作几乎没有提到过敦煌艺术；而 50 年代以后，凡研究中国传统美术者，几乎都充分肯定了敦煌艺术在中国美术史上的地位和价值。这一重大转变，与以常书鸿先生为首的敦煌研究所的美术工作者们艰苦卓绝的努力是分不开的。因此，1951年中央人民政府政务院文化教育委员会给敦煌文物研究所颁奖，充分肯定了以常先生为首的全所工作者临摹敦煌壁画的巨大贡献。奖状中写道："敦煌文物研究所全体工作人员在所长常书鸿领导下，长期埋头工作，保护并摹绘了一千五百多年来前代劳动人民辉煌的艺术伟制，使广大人民得到欣赏研究的机会。这种爱国主义的精神是值得表扬的。特颁奖状，以资鼓励。"

敦煌壁画数量巨大，内容丰富。以前美术工作者都是按自己的喜好自由地进行临摹，常书鸿先生认为既要通过有限的临摹品反映敦煌艺术的精华，同时还要给研究者提供重要的参考资料，这样就必须进行有计划、有目的、研究性的临摹。20世纪50年代开始，常先生组织全所人员开始按专题临摹，分为飞天、动物、山水、服饰、人物、图案、舟车（交通运输）等专题。1952年开始对235窟进行整窟原状原大临摹。这些临摹品在后来的历次展览中，产生了强烈的反响。同时，通过专题临摹，又促使部分美术工作者对一些艺术专题进行深入探讨和研究，如段文杰对服饰的研究，史苇湘对敦煌美学的研究，关友惠对图案的研究等，而最终使他们成为敦煌艺术研究一方面的专家。

经历了1000多年风风雨雨的敦煌莫高窟，不断经受着地震和崖体结构不稳定引起的坍塌、强烈风沙的磨蚀、水的渗入等自然因素的破坏，造成了石窟崖体和壁画的多种病害。常先生为此忧心忡忡，积极向上级反映情况，希望莫高窟的危崖和病害壁画能得到抢救和修复。常先生的要求受到政府的高度重视，国家几次从北京派来了专家，到敦煌石窟实地考察，提出保护措施，修复了行将坍塌的五座宋代木构窟檐，抢修了病害壁画。特别是1962年，在当时中国经济十分困难之时，周恩来总理亲自批示，拨出巨款，实施了1962年至1966年大规模的莫高窟危崖抢救加固工程。国家采取的各种积极保护措施，使敦煌莫高窟的文物得到了及时抢救和修复。加固后的莫高窟，不仅570多米长的危崖和350多个洞窟得到了有效保护，同时解决了洞窟间的交通连接问题，外观朴素无华。

常书鸿先生以他的艰苦创业精神感召了一代又一代青年学者，使敦煌石窟保护研究的队伍不断扩大，如随常先生到敦煌的董希文、潘絜兹、李浴、段文杰、史苇湘等成了著名的画家和学者，成为敦煌石窟艺术研究的中坚力量。新中国成立后，常书鸿先生一直重视招纳研究人才，开拓石窟研究工作的道路。60年代初，在敦煌文物研究所内设立了研究部，下设考古组和美术组；还从兰州大学调来了一批青年教师，从北京大学招来了考古专业的毕业生，开始敦煌石窟历史和考古的研究；并着手计划大型系列记录性考古报告《敦煌石窟全集》的编撰工作。常书鸿先生在全所组织了多次学术讨论会，有力地推动了研究工作的发展。然而，正当各方面研究工作逐步展开的时候，"文化大革命"开始了，研究工作陷入了停顿状态。尽管如此，常书鸿先生所做的努力，还是为后来敦煌文物研究所的各项工作开辟了道路，打下了基础。80年代初期敦煌文物研究所的研究人员在短时期内发表了一批极有分量的学术论文，其中大部分就是早在60年代已开始了的研究。

"文化大革命"后，常书鸿先生移居北京。虽然年事已高，他依然关注着敦煌，关心着敦煌事业的发展。先生先后荣任敦煌文物研究所名誉所长、敦煌研究院名誉院长。

二、常书鸿先生的艺术创作与学术研究

早在1927年，常书鸿先生就留学法国，学习油画。1932年他从法国国立

里昂美术专科学校毕业后,不断参加里昂和巴黎的沙龙,并连年荣获各种荣誉奖项。先生以他对西方绘画的独特领悟,在油画创作上达到了很高的造诣,如《怀乡曲》《G夫人像》等作品,在当时就赢得了很高的声誉。《怀乡曲》《画家家庭》等作品中还体现出常书鸿艺术中特有的一种中国情调。

20世纪30年代的常书鸿先生和很多在国外留学的画家一样,怀抱着振兴中国艺术的大志,努力探索革新中国传统艺术的道路。常先生在1933年至1935年间和几位艺术家共同发起组织了"中国留法艺术家学会",常常在一起探讨中国美术发展的前途问题,他发表了一系列文章,对中国绘画的发展及当时的画坛进行了坦率的评论,同时对当时法国、苏联的绘画状况也有所介绍。他通过留学欧洲的艺术实践,深刻地认识到当时中国传统艺术的弊端,认为只是停留在形式上的追求,脱离了现实社会的艺术是没有出路的。这些看法至今仍然令人深思。

学习敦煌艺术,继承祖国优秀的传统艺术,创造新的时代艺术,可以说是常书鸿最初投身敦煌艺术事业的初衷。在敦煌艺术研究所和文物研究所的长期艰苦工作中,常书鸿坚持研究临摹敦煌壁画,他临绘了不少高质量的壁画摹本,如北魏第257窟《九色鹿本生》、第217窟《化城喻品》等临摹品,体现了常书鸿先生对敦煌壁画色彩表现的深刻认识,以及对装饰造型的把握,代表了敦煌研究院早期临摹工作的成就。

作为敦煌文物研究所的所长,常书鸿领导着全所的保护和研究工作,任务艰巨而繁重,因而没有更多的时间和精力从事临摹和艺术创作。尽管如此,他始终没有丢下画笔,总在工作之余孜孜不倦地进行着艺术创作活动,画了很多敦煌及西北地区的风景和人物写生,如20世纪40年代画的《敦煌农民》、50年代画的《在蒙古包里》《莫高窟四月初八庙会》等作品,表现了画家丰富的生活情趣、对敦煌和西北地区的深厚感情，及其极高的艺术造诣。直到晚年，他移居北京，仍然创作不息，并以惊人的毅力完成了一些大型绘画作品，有的还被国外机构或人士收藏，在中外文化交流中做出了重大的贡献。

对敦煌艺术的探索和研究始终贯穿在常书鸿先生的敦煌工作之中。他以一个艺术家敏锐的眼光看到了敦煌艺术在中国美术史上的重要地位和价值，认为明清以来文人画家们那些脱离现实生活的山水花鸟小品，虽然能表现出画家的某种情趣或造型的才气，但不能反映历史时代精神，不能反映社会现实，不能代表一个民族的艺术精神，而敦煌壁画以其内容的无限丰富性、强烈的时代性以及广泛的人民性，代表着中国古代艺术的精髓。但这样一种伟大的艺术却由于出自无名画工之手，而得不到文人画家的重视，为此，常书鸿先生发表了很多文章，介绍敦煌艺术的风格和特点，强调它在中国美术史上的地位和作用，如他在 1948 年发表的《从敦煌近事说到千佛洞的危机》，强调了敦煌艺术对于中国当代艺术发展的重要意义，还大声呼吁社会各界来保护敦煌石窟。50 年代以来陆续发表《敦煌艺术的特点》、《敦煌艺术的源流与内容》、《礼失而求诸野》（见正文 297 页）、《敦煌艺术》等论文，较为全面地探讨了敦煌艺术的风格特点以及发展脉络。40 至 60 年代，在国内对敦煌艺术的研究还非常不足，参考资料严重匮乏的情况下，常先生以他丰富的学识和艺术洞察力，对敦煌艺术进行了总结和概述，这在当时具有开创意义，为后来的敦煌美术研究奠定了基础，其中一些观点和看法至今仍然具有启发性。

常书鸿先生的理论修养是多方面的，他长期受到西方艺术的熏陶，对中国传统艺术也有着独特、深刻的认识，因此，他对敦煌艺术的研究体现着角度多、视野广的特点，能够从世界艺术的互动与发展中，看到中国传统艺术的精神。他不仅是敦煌艺术的专家，还是我国较早对新疆地区石窟和甘肃的炳灵寺、麦积山等石窟进行考察的专家之一。他对新疆石窟也进行了深入的调查研究，为我们留下了一部《新疆石窟艺术》遗稿，今天仍富有参考价值。

先生还在工作之余写下许多动人的散文与小品，如《喜鹊的故事》《敦煌抒感》（分别见正文254页、257页）等，反映出他对敦煌的无限热爱，表现了一个艺术家丰富的生活情趣。他晚年著自传《愿为敦煌燃此生》，全面地回顾了他的人生历程，更表现出他对敦煌的无限眷恋之情。

常书鸿先生的一生，反映了一位爱国画家对中国新艺术的探索之路：先是留学西方，学习油画，继而重新认识和研究中国传统艺术，开创新的艺术之路，后来将自己毕生精力全部奉献给了敦煌石窟的保护和研究事业，为敦煌事业的开创和发展做出了杰出的贡献。他一生热爱艺术、热爱敦煌、热爱祖国。在世界性的敦煌学研究蓬勃发展的今天，我们缅怀常书鸿先生，要以常书鸿先生为榜样，更要努力把常书鸿先生开创的敦煌石窟研究事业进一步发扬光大。

（作者为敦煌研究院前院长、"文物保护杰出贡献者"国家荣誉称号获得者）

推荐序二

永久的微笑

常沙娜

习近平总书记于 2019 年 8 月 19 日考察调研敦煌莫高窟时指出:"敦煌文化延续近两千年,是世界现存规模最大、延续时间最长、内容最丰富、保存最完整的艺术宝库,是世界文明长河中的一颗璀璨明珠,也是研究我国古代各民族政治、经济、军事、文化、艺术的珍贵史料。""70 年来,一代又一代的敦煌人秉承'坚守大漠、甘于奉献、勇于担当、开拓进取'的莫高精神,在极其艰苦的物质生活条件下,在敦煌石窟资料整理和保护修复、敦煌文化艺术研究弘扬、文化旅游开发和遗址管理等方面做了大量工作,取得了不少重要研究成果。"

作为为敦煌事业奉献一生的人,父亲常书鸿的自传出版有着特别的意义。

近日有缘,老友陈志明同志以电话相联系,告诉我,常书鸿自传即将付梓印刷，还专门期待我写一篇过去没有的序言，希望我以此来表达女儿对父亲的深切缅怀。

由此我感慨万分，我已是 90 多岁的老人了，虽对父亲的情怀一生铭记在心，但难以表达了，为此就把我在《新文化史料》上写过的纪念父亲常书鸿的文章作为再版常书鸿自传的序文所用，以缅怀父亲他对"事业永存的微笑"。

1994 年 6 月 23 日的下午，我们全家守候在爸爸的病房，透过各种仪表，眼看着爸爸那已跳动了 90 年的心脏，一分一秒地在极度微弱中衰竭，3 时 40 分它终止了跳动。亲爱的爸爸就这样离开了他为之奋斗的人世，他带着对敦煌艺术事业无限的希望和壮志未酬的遗憾，永远地离开了我们，走完了他充满拼搏的人生征途。爸爸在走向人生的尽头时，与病魔斗争了将近 3 个月，但是他最后给我们留下的仍是那样慈祥、安宁的微笑，因为他无愧也无悔于这趟人生。

爸爸与我们永别了，这已成了事实，他的一生与我们的成长，与我的一生所走的道路是如此的紧密相连，他一生中的坎坷成败，悲欢离合，他那锲而不舍的奋斗精神，和对中国文化艺术事业的无私献身精神，时时都在滋养着我的思想、我的心灵，深深地影响着我的人生观和经历。重温爸爸的回忆录，回顾我的幼年、青少年直至成人，我都是跟随着他的足迹，按照他的塑造一步步走过来的，他那特有的音容笑貌，关键时刻做出决断的神态，甚至瞬间的一些微小的表情举止和话语都重新浮现在我眼前。

爸爸经常说：自从他在巴黎塞纳河畔的书摊上见到伯希和的《敦煌石窟图录》以后，他后来的命运，包括我们全家的生活都与敦煌紧紧地连在一起，并结下了不解之缘。半个世纪以来，爸爸与我们全家虽然先后在敦煌都经历了人间的悲欢离合，但情和魂却永系敦煌。爸爸给我留下的最深刻的印象就是不论遇到何种困难险阻，只要是他认定了的，他总是带着自信和不屈服于命运的犟劲（他自称是"杭铁头"），坚持着他对信仰的执着追求，并用这种精神锻炼着我，教育着我。自从我母亲不幸出走，为了敦煌的艺术事业，为了支撑这个家，照料年幼的弟弟，爸爸在痛苦中毅然决定让我从酒泉的河西中学退学回千佛洞，一面承担家庭的生活重担，一面随他学习临摹壁画，并亲自为我安排了周密的文化学习计划。爸爸规定我每天必须早起，先练字后学习法语一小时；请董希文先生为教师辅导我语文和西洋美术史，还由苏莹辉先生辅导我中国美术史。除此之外，要求我与大人一样每天上班去洞窟临摹壁画。爸爸严格要求我从客观临摹着手（当时分为客观临摹、复原临摹、整理临摹），由表及里，顺着壁画原来的敷色层次来画。爸爸让我把北魏、西魏、隋、唐、五代、宋代各洞的重点壁画，全面临摹一遍。在临摹唐代壁画时先让我向邵芳老师学习工笔重彩人物画法，通过临摹给我打下了造型基础。爸爸在每个环节上都耐心地指点，要求一丝不苟，从来不因为我年纪尚小就可以比大人少画或随意些；相反，他以大人的标准和数量来要求我。每逢傍晚，爸爸也让我加入大人的行列，学自制土黄、土红、锌白颜料，还用矾纸、桐油纸以代替拷贝纸，这一切都引起了我极大的兴趣。通过对表面的客观临摹，爸爸要求我逐渐把对壁画的时代风格、内容与形式，汉代传统与西域影响的特征的认识，从感性提高到理性。通过爸爸的指点和董希文、潘絜兹等老师的示范，我很快就能得心应手地掌握各个不同时代的壁画风格的摹写，在我临摹的后期，尤对北魏、西魏、隋代的壁画产生了特殊的偏爱，很喜欢这个时期的伎乐人和力士。那些浑厚粗犷的笔触，加上"小字脸"的勾点，把神态和表情表现得具有洒脱的情趣和装饰性，爸爸向我分析说：这与20世纪前半期法国画家鲁奥注重线条表现力的粗犷的画风很有相似之处，他借此向我介绍了欧洲各类画派的形成和特色。

后来，我又在沈福文先生以及来自成都国立艺专的沈先生的学生黄文馥、欧阳琳、薛德嘉的影响下，对敦煌的历代装饰图案如藻井、佛光、边饰等进行了专题的临摹。爸爸鼓励我多方接触和体会，从而了解整体的时代风格，由此掌握绘画的技法。在爸爸亲自教导及其他老师的示范帮助下，我置身在敦煌这座艺术宫殿里，在浩瀚的传统艺术的海洋中尽情地翱翔。

敦煌的冬季是漫长而寒冷的，滴水成冰，洞窟内无法作画，爸爸就利用这个临摹的淡季，组织大家在室内围着火炉画素描、速写。请来的模特儿都是当地憨厚纯朴的老乡，我也跟着大人一起学习画素描。爸爸还利用冬季深入少数民族哈萨克族牧民生活区体验生活，住毡房、骑马、吃手抓羊肉，画生活速写，爸爸利用这种机会画了一批生动有意义的速写。生活虽然艰苦，但是非常充实，让我受益匪浅，许许多多的事情至今难忘。

除临摹画画、学习以外，我还得照顾年幼的弟弟和爸爸的生活，这样也迫使我获得了较强的生活能力。爸爸就这样因势利导地教育和培养着我，凡是他要求我去做的，我都能愉快主动地去完成，唯有早起练唐人经书体没有坚持，至今深感遗憾。

爸爸那种锲而不舍的精神，使他在敦煌事业中突破一个又一个的困难。他善于将不利因素转化为有利的条件，他一方面承担着当时敦煌研究所的日常行政工作，为争取保护敦煌石窟最起码的条件而四处奔波，又要利用一切时机和条件开展对敦煌艺术的临摹研究工作，生活上还要培育未成年的子女，这一切，作为留学法国的画家、知识分子，身在边陲沙漠荒山中，加上经济的困窘、自然环境的威胁，困难是可以想象的。但是爸爸凭借他坚韧不拔的毅力，一关又一关地顶了过来，他恰似当地的红柳，把根扎得很深，透过层层的沙石戈壁吸吮着有限的水分，凭着那细密的叶子，不论严寒酷暑，它都能转危为安，巍然挺立。

爸爸既善于克服困难，又非常热爱生活，在困顿中寻找生活的乐趣。1946年夏，爸爸从重庆新聘了一批艺专毕业的大学生，购置了图书、绘画器材及生活必需品，乘着新得到的美式十轮卡车带着我和弟弟重返敦煌。由重庆出发途经成都北上，经川北的绵阳、剑阁、广元后进入甘肃南部的天水直到兰州，经历一个多月的时间，行程1500多公里，这长途跋涉异常艰难。就在这样的条件下，爸爸居然提出要从重庆带上一对活鸭、一对活鹅，装在竹筐内，固定在卡车的前面，由我负责沿途喂食。我除了要照顾弟弟，还要照顾鸭和鹅，很多朋友和老乡看到带着鸭鹅的卡车都很奇怪，爸爸却风趣地说："也让它们移居敦煌，让敦煌的老乡看看除了鸡还有鸭、鹅哩！"这两对鸭、鹅陪伴着我们经过千辛万苦终于到达千佛洞，并在千佛洞定居下来，第二年春天即开始下蛋繁衍生息。四月初八千佛洞正值佛浴节的庙会，热闹非凡，当老乡看到已破壳而出的小鸭子都稀奇地问道："这小鸡子咋会长出扁扁嘴？"从此，千佛洞和敦煌县就开始有了鸭群，爸爸还从四川带回各种花籽，播撒在千佛洞的生活区，开得最茂盛的要算是波斯菊，在上寺、中寺的院内从此就盛开着红、粉、白、紫的潇洒秀丽的波斯菊，映着橙黄色的向日葵，衬托着蔚蓝的天空，把这些沙漠绿洲中的院落点缀得格外的灿烂。这景色给我留下极深的印象。爸爸爱惜着千佛洞的一草一木，自从40年代定居敦煌后，他就给千佛洞立下了规矩，每年都必须种植树木，要把树林带逐年向北延伸扩大。经过40多年的努力，新树林带已延伸到下寺一公里以外，这对改造黄沙戈壁的自然环境是件百年大计之举。凡在千佛洞待过的人都知道，爸爸视树木如生命，正因为如此，在"文化大革命"那个年代，当"造反派"批斗爸爸时，竟然高呼一次"打倒常书鸿！"便砍倒一棵树给他看，以此，达到更深地刺伤他的目的。

爸爸的一生是勤奋不息的一生，在我的记忆中他从来没有图过清闲安逸，总是把自己的工作日程排得满满的，直到年老体弱，脑力已不济时，他才放慢了生活的节奏。但在精神稍好时，他还在家中或病房中画点静物，写写字，偶尔还书写几句格言。他多次对儿孙们教导"业精于勤，荒于嬉"，对敦煌艺术保护和研究事业他始终念念不忘，不管是哪个层次的领导和研究专家向他问学，他都毫无保留地耐心讲解。

"不入虎穴，焉得虎子"以及"萨埵那太子舍身饲虎"的精神，始终激励着他，鞭策他工作不息。爸爸不是单纯从事创作的画家，而是有渊博学识的学者，他把中西文化与绘画史的学识，融汇在他从事了近半个世纪的敦煌艺术的研究与保护工作中。他既能高瞻远瞩，又能从最基础的工作着手，竭尽全力从残垣断壁中保护这座伟大的艺术宝库中的一砖一瓦，同时以博大的胸怀团结了一批忠实于敦煌艺术事业的专家学者，并以精深的学识将敦煌艺术的保护和研究事业不断向前推进。

爸爸是浙江杭州人，至终乡音不改。他在西北40多年仍操着浓重的杭州口音，当他叙述起青少年时代在家乡的情景时，总是那样地依恋：如何提着个篮儿到河边去捞鱼虾，到坟堆地里翻砖砾找油黑的老蛐蛐……对这些回忆他都讲得绘声绘色。1982年，爸爸有机会重返杭州参加他的母校浙江大学85周年的校庆活动，1983年他又专门回杭州为浙大创作了一幅大型油画《攀登珠穆朗玛峰》，在此期间他又重温了他青少年时代的旧情旧景。1988年，浙江美院在杭州举办了他的个人画展，这些活动都更增加了他对家乡人的情意，但是家乡再好，爸爸仍是"魂系敦煌"，当他临近九旬时竟然提出："我已老而不死，但以后死也要死到敦煌。"当时我很不以为然地说："您胡说什么呀！人家都说您半辈子都在保护敦煌菩萨，菩萨会保佑您长寿的。"他接着说："人总是要死的，如果死在北京，骨灰还是要送回敦煌的。"没想到这一席话竟真成了他至终魂系敦煌的遗愿。作为一个杭州人，他没有提出要叶落归根回家乡的意思，也不同于当年初到敦煌的人都有"但愿生入玉门关"的心情。对此，我们全家及了解他的人都非常理解他的意思，他是把敦煌作为维系他生命所在的"故乡"来看待的。爸爸的部分骨灰终于如愿送回这个令他牵肠挂肚半个世纪的千佛洞，将与千百年来为敦煌艺术付出心力的无数创造者一样，与敦煌的艺术一同永存！

爸爸有过一句全家人都知晓的名言："我不是佛教徒，不相信转世，不过，如果真的再有一次托生为人，我将还是常书鸿，我还要去完成那些尚未做完的工作。"他也认为，到了人生的最后阶段，他可以这样说："到目前为止，我的人生选择没有错，我没有一件让我后悔的事。"

1991年6月6日，我在爸爸的房间里看到他用毛笔工工整整地写了这样一段话："人生是战斗的连接，每当一个困难被克服，另一个困难便会出现，人生就是困难的反复，但我更不会后退，我的青春不会再来，但不论有多大的困难，我一定要战斗到最后——八十八叟常书鸿。"

爸爸是这样说的，也是这样做的，这就是他人生的写照。他的最后拼搏是在病榻上与病魔的争斗，直到生命的终止。他给我们留下了永久的微笑，这是笑对人生的永久微笑……这是他的事业永存人间的微笑。

（作者为常书鸿女儿、艺术设计教育家和艺术设计家）

前言

我与敦煌五十年

我为什么要在敦煌工作呢？在这里回顾一下往事。

我从小就喜欢绘画。宋元时代的中国文人画，都是把画家的心境加以抽象化地表达出来的，不易理解。而我的心为写实的欧洲绘画所吸引，因此梦想到欧洲去学画。但是家穷没有旅费，我便去船上干厨房和打扫的工作，在底舱过了一个月，才到达法国。随后在里昂大学考取了奖学金，学习美术和法语，那是1927年的秋天。当时，巴黎的蒙巴拿斯区是著名的无名画家聚集之地，其中也有藤田嗣治，他是我尊敬的人之一。有一天他说："卖了画，今天咖啡店的钱，由我来付。"他是个经常招待大家的欢乐人。

我在法国居住了大约10年。一天，我在塞纳河畔的旧书摊前散步时，突然发现了敦煌摄影集。那是伯希和拍照的，由此，我才第一次知道我国有敦煌。我这才吃惊地认识到从4世纪到15世纪之间中国所绘的壁画，比起15世纪意大利文艺复兴时期的作品毫不逊色。我也不能忘记，那时的我十分惭愧，自己竟然完全不知道自己国家艺术的情况就来到欧洲。这时我才明白，并非只有法国绘画才是最优秀的绘画，因此下了决心："回国到敦煌去！"当时，听说敦煌石窟已遭到破坏，那么我就做个艺术宝库的看门人吧。1936年秋天我回国，第二年全面抗战就开始了。

1943年，经于右任先生提议创办敦煌艺术研究所，我作为该所副主任第一次访问敦煌。莫高窟既没有电，也缺乏食物。莫高窟南北长1700米，壁画面积共为4.5万平方米，有492个洞窟，其中有数千座塑像，大多数都已崩落陷入沙土中，壁画也是剥落不全了。

洞窟内还有牧民居住着，周围树木被羊啃光了皮以致折倒；以土坯砌起来的围墙把洞窟围上，第二天就倒塌了。若有政府官员来视察，他们要拿走一部分壁画作为纪念。为了阻止他们破坏，我便要我女儿描绘作画，后来我也描绘，作为礼物送给这些官员，就这样，防止了大批壁画的流出。

壁画仍不断剥落，我便在洞窟入口造了门，以防风、雨、飞沙侵入。政府不给钱，便请当地的地主帮忙，或是在门柱刻上地主的姓名，或是给他画像，作为答礼。

就是这样持续了三四年，保存了壁画，可是这些事遭到"四人帮"之流的批判，说是勾结地主，安装洞门是保卫妖魔鬼怪的佛教。我们夫妇被迫跪在大佛殿前，被人又打又踢。

那时，有些曾经参观过印度阿旃陀古迹的官员，说是人家把凡纳西（Vernis，法文，指一种普通清漆）涂在壁画上，保护得很好，极力迫使敦煌要照样办，我坚决拒绝。理由是涂了凡纳西，阿旃陀古迹的壁画很快就变色了，不能再看了。周恩来总理在中日战争中就已经显示出对保存敦煌壁画很有认识,新中国成立后他给予我很大的援助。

1958年和1982年两次在日本举办了敦煌展览,所以有很多人知道敦煌。今天,前来访问敦煌的客人逐渐增多,世界人民对于敦煌的文化遗产很有认识,给予很高的评价,我们极为感谢。这几十年来,一再有人劝我就任北京中央美术学院院长或兰州艺术学院院长。也许那些工作比留在敦煌更好,然而我还是以必须留在敦煌谢绝了。只要健康允许,我就要守在敦煌,愿将我的一生贡献给敦煌。

在西子湖畔度过青少年时代

我于1904年出生在浙江省杭州市景色秀丽的西子湖畔,从小就喜欢艺术。父亲是个信奉实业救国的人,他违反我的意愿,执拗地把我送入工业学校读书。可以想到我的学业成绩会是怎样的水平。在工业学校,我有一个志同道合的同学,他就是后来成为有名的剧作家的沈西苓,当时他的名字是沈学诚。我们都不喜欢数学,共同选入染织科,因为这个科是学习染色和织物图案画的。我们十分欣赏我们染成的漂亮丝绸和绘制的色彩绚烂的织物图案。上课时,我们偷看文艺书籍,或沉溺于充满色彩和幻想的世界里;课余时间,我们参加了由名画家丰子恺等人组织的西湖画会,每逢星期天就一同到西子湖畔去写生和观赏孤山的红梅、平湖秋月的莲花。我们还对当时在国内刊物上可能找到的西方名画进行临摹,并且为人画像,以得来的收入贴补家用。

1920年,我们从学校毕业了。我留在母校担任染织彩纹工场管理和美术教员。沈的父亲将西苓送往日本,进了东京美术学校。在那里他接受了日本美术界的进步思潮,并开始对政治发生兴趣,经常给我寄来书信和日本印得很讲究的各种美术文艺理论书籍,对我的艺术和思想都产生了影响。我们在通信中经常进行有关艺术和政治的各种有趣话题的讨论。我从阅读鲁迅翻译的厨川白村的《出了象牙之塔》一书得到教益。但我当时醉心于西欧美术,所以主观上认为不论艺术或政治思想,去巴黎总要比东京学到的东西多。于是,我开始一边学习法文,一边积攒路费,想到法国半工半读,专攻绘画。1927年大革命中,国民党反动派突然对共产党进行大规模的屠杀,其中有一个曾参加我们西湖画会的马君也无端被杀害。这对我思想震动很大,我痛恨国民党反动派,在白色恐怖下决心尽快地离开杭州到法国去。经过半年的筹划,在朋友的资助下我远涉重洋,投奔被认为是当代世界艺术中心的巴黎。

到巴黎"朝圣"

我终于来到多少年来梦寐以求的"艺术天堂",但为了生活,我不得不在一家中国饭馆做工。我把全部的业余时间,用来学习法文和绘画技术。后来我考取了里昂中法大学公费生,并得以选进里昂美术学校专攻美术。从那里毕业后,我考取了里昂市公费奖学金,得以转到巴黎高等美术学校继续深造。

时当20年代后期,第一次世界大战后的欧洲逐渐从痛苦的沉默中苏醒过来,由富有的画商经营的各式各样的画廊,加上大小博物馆、美术馆,展出各种流派作品的沙龙,使巴黎的确成为国际艺坛热闹非凡的中心。我这个盲目崇拜西洋艺术的东方青年,每天沉沦在五花八门的现代资产阶级形式主义艺术流派的海洋中,感到眼花缭乱,无所适从,深深地透不过气来。

我每天出入于各种艺术品荟萃的场所,几乎达到废寝忘食、如醉如痴的程度。我深深地为卢浮宫所珍藏的欧洲中世纪和古典的美术作品,以及希腊、罗马的古代艺术所征服,不自觉地把我学习的目标引向西洋古代美术史的路上去。我的勤奋开始取得了初步的收获,1935年前后,我在巴黎沙龙展出的新作曾获得金银质奖章,我画的《静物》被评论认为具有老子哲理一般耐人寻味的佳作。

首次发现敦煌石窟艺术的存在

就在这个时期,我个人生活的道路上突然发生了两件决定我今后命运的始料未及的事件:第一件是一个偶然的机会我竟在异邦生平首次发现了敦煌石窟艺术的存在,第二件是由于日本军国主义的进逼,祖国危亡步步加深。

大概是1935年秋的某一天,我从卢森堡公园出来,在巴黎塞纳河畔一个旧书摊上,偶然看到由伯希和编辑的一部名为《敦煌石窟图录》的画册。全书共分6册,内有大约三四百幅敦煌石窟的壁画和塑像的图片。图片虽然是黑白的,制版也未见十分精巧,但这是一部从公元4世纪到14世纪长达千余年的精美绝伦的图解中国美术史赫然展现在我眼前,使我为之倾倒。我想把它买下来,但一问书价太贵,非我财力所能及,正在犹豫间,卖书人知道我是中国人后,便同情地告诉我,在离书摊不远的巴黎吉美博物馆还可以看到不少这样精美的中国艺术品呢。

进了吉美博物馆,迎面就是一幅标榜伯希和——法国的汉学权威、法兰西研究院院士——于1908年如何深入中国腹地,在甘肃敦煌用了3个多月的时间从藏经洞掠获了近万件有明确纪年和重要内容的文献、画卷等稀世文物经过的"自供状"。

一幅彩色绚丽、人马风景栩栩如生的出自唐代无名画工之手的立轴绢画,令人惊羡不已，已然具备了高度写实的技巧。这幅创作于公元7世纪的唐代绘画，无论在远近透视或人物动作等方面，都已远远超过了意大利13世纪文艺复兴时期代表作家乔托的壁画。

对比之下，我乃恍然于自己过去那种言必称希腊、罗马，却对祖国民族艺术一无所知，采取极其错误的虚无主义态度的可笑和可耻！

但是，作为一个中国人，竟然看到祖国古代如此辉煌灿烂的艺术瑰宝受到外人掠夺和玷污而无所作为，我内心又是感到多么的歉疚和痛苦啊！到底是谁，竟然容许这个文化骗子在70多年前（当时）明目张胆地跑到中国去进行这次触目惊心的大掠夺，如同进入无人之境，而无人过问？像这样的事不是还在一而再，再而三地重演吗？……这一系列的问题，不能不引起我的深思。

"祖国啊，我要为你献出我的一切！"

1931年的九一八事变之后，日本军国主义侵略者的铁蹄蹂躏了东北整片辽阔肥沃的土地，接着又向关内步步进逼，民族和国家的命运正处在生死存亡的关头。每一个具有爱国心的中国人都忧心如焚，不少人都在准备回国投身于抗战救亡的工作。我画了一幅《还乡曲》的油画，曾得到里昂沙龙的奖章。1936年秋日的一个上班的早晨，我随着上班的人流，走下蒙巴拿斯地下铁道的站口，一股混合着人体和机器散发出来的浑浊的气味如此强烈地向我冲来，将近10年了，我在这座世界文明之都的巴黎每天呼吸的都是这样的气味啊！这时，带着疲劳和厌倦的心情，一种难以排遣的浓烈的乡思猛然袭击着我的心。我默默反复地对自己说："祖国啊，在苦难中拥有稀世之珍的敦煌石窟艺术的祖国啊！我要为你献出我的一切！"

不久，我就收拾起画具和我到西方寻求"艺术之神"的幻灭了的美梦，一个人匆匆踏上了归国的旅程。当时，我在法国已经结婚，并有了一个女儿。妻子从事雕塑，因她不愿离开巴黎到当时兵荒马乱的中国去，便与女儿暂时留在法国。

通往敦煌的艰难的路

30年代的中国，是怎样的一个国度啊！内忧外患，满目创伤。很少人知道和关心在西北荒凉的大沙漠中千百年来在这些小小的洞穴中尘封着古代如许的艺术宝藏。由于军阀割据，战乱灾祸频仍，加上关山阻隔，那年月要到阳关道上的敦煌去，真是比今天人类登上月球去还困难啊！

对我来说，首要必须解决的是工作和生活的问题，到敦煌去只能延迟到相当遥远的将来才能加以考虑了。当我接受了北平艺专的教学工作后，我马上觉察到不少学生经常不来上课，而是热衷于参加各种抗日救国的宣传活动：歌咏、绘画、演出街头剧……

我在艺专上的第一课的印象，至今还如此鲜明地留在我的记忆中。学生们知道我是刚从巴黎归国的人，便纷纷提问沿途的观感。当我讲述到乘巴黎通往北平的国际列车到达满洲里，受到侵占中国东北的日本帝国主义的便衣警察和汉奸狗腿子的刁难和侮辱时，群情激愤，课堂里的人争先发言讲述自己类似的亲身经历，后来发展成为一场对日本侵略军的声讨和对国民党卖国政府的控诉。这件事吸引了越来越多的学生参加进来，立刻轰动了全校。后来听说导致受国民党控制的北平艺专的训导处，暗中对我的历史进行调查，准备对我及一些进步学生加以迫害。

1937年"七七"卢沟桥事变爆发后，我在上海迎接自巴黎归来的妻女。随着日本侵略军的进攻和国民党军队的节节后退，我和艺专的师生开始了向后方长途跋涉的长达二年的逃难生活。先上了江西省长江南岸的庐山，接着又溯江而上，过洞庭湖，经湖南省会长沙，转到湖南西部的陵沅，不久又与后我们而来的杭州艺专合并组成"国立艺专"，于1939年经贵州辗转迁到云南的省会昆明开学上课。两年的流亡生活，历尽艰辛。1938年冬路过贵州省会贵阳时，敌机的一次大轰炸，把我们学校的装备和师生们的财物，包括我十余年来用心血凝结成的创作、藏画和藏书，除随身衣着外，全部化为灰烬。

1939年冬，艺专又从昆明迁往重庆。这个被国民党反动政府踞以苟安的并改名为"陪都"的山城，权贵如云，醉生梦死，白天虽然频遭敌机的残酷轰炸，晚上仍然通宵达旦地过着灯红酒绿的生活。目睹这个情况，不由得使我忆起宋人林升一首有名的《题临安邸》的诗来："山外青山楼外楼，西湖歌舞几时休？暖风熏得游人醉，直把杭州作汴州。"

不久，我离开了国立艺专，在教育部所属的美术教育委员会弄到一个闲差事，乐得有时间能和几个朋友从事油画创作。这是我回国后的比较安定的一段生活，得以做了一二年油画实践。我很喜欢嘉陵江边那种熙熙攘攘杂乱的市容，有时在码头上散步，看江水翻着愤怒的波浪，咆哮着匆匆向前流去。重庆山城的江岸很高，码头工人沿着天梯般的石阶，肩负着沉重的货物，或是抬着像猪猡一样大腹便便的财主，嘴里喊着号子，遍身淌着油汗，踏着艰难的、缓慢的脚步，一步一步地登上走不完的石阶。

这使我不由得联想到那个在祖国西北角的敦煌，那个使我万里迢迢地从国外投奔祖国的敦煌石窟，转眼间4年已经过去了，敦煌还是远在天边，在黄沙蔽天的漠北，可望而不可即。要登上敦煌石窟所在的三危山，我的面前还横亘着一条多么漫长的、难以攀登的、嶙峋险阻的山路啊！

抓到一个去敦煌的机会

1942年5月,中国共产党的机关报重庆《新华日报》发表了毛主席著名的《在延安文艺座谈会上的讲话》。这篇文章在重庆进步的文化界产生了深远的影响。毛主席的讲话中对我特别有启发的是下面这样一段话:"我们必须继承一切优秀的文学艺术遗产,批判地吸收其中一切有益的东西,作为我们从此时此地的人民生活中的文学艺术原料创造作品时候的借鉴。"

当时,围绕过去河南洛阳龙门浮雕被奸商盗卖的事件,重庆进步的文化界人士正在议论如何继承民族文化遗产和文物保护问题。这块巨大完美的石刻浮雕《皇后礼佛图》,被人劈成无数碎片,然后分别包装偷运出国。这是当地的反动派、奸商和外国帝国主义分子互相勾结、出卖祖国文物的又一罪行。各进步报刊纷纷发表文章,对国民党反动派诸如此类的罪行进行揭露和批判。与此相关,人们针对敦煌石窟历次的被大肆劫掠和破坏,也对反动政府提出了批评和建议。为了应付舆论、装饰门面,重庆政府被迫指令它的教育部着手筹备成立所谓的"国立敦煌艺术研究所"。

负责人的人选是一个问题。反动政府里的官僚们只会做官当老爷,绝不肯离开安乐窝西赴阳关担当这份喝西北风的无名无利的苦差事。再说,他们中也的确没有懂行的人,就只好托人在文化界朋友中物色。

1942年秋季的一天,著名的古建筑学者梁思成教授找到了我,问我愿意不愿意去拟议中的敦煌艺术研究所工作。"到敦煌去"正是我求之不得的愿望,于是我略加思索表示愿意承担这一工作。他笑笑对我说:"我知道你是不会放过这个机会的,如果我身体好,我也会去呢!祝贺你有志者事竟成!"

在当年的环境和条件下,要到敦煌去,说起来容易,做起来却难上加难,它肯定不是《天方夜谭》中的一个充满浪漫色彩的故事。在中国悠久的历史上有过不少出使西域的人物,汉代的张骞和唐代的玄奘便是著名的两个。他们一步一个脚印,长途跋涉在荒无人烟的戈壁沙海中,经受了各种难以名状的人间和自然界的折磨和考验,以自己的忠贞毅力,创建了千古传颂的业绩。我当然是不能和他们相比的。我只有一个小小的心愿,就是为保护和研究举世罕见的敦煌石窟这个民族艺术宝库,一辈子在那里干下去。

承担这一艰巨的任务,靠我一个人当然是不行的,必须组成一个必要的工作班子。由于工作的需要,我必须有几位专长历史考古和摄影、临摹工作的合作者。我把这个要求向主管部门的国民政府教育部负责人提出来的时候,想不到他冷冷地对我说:"我不能给你找到这些人。看来你只有在你志同道合的朋友中去物色了,或者干脆到当地(甘肃兰州)去解决,可能更有希望些。"

总之,除发给一笔非常有限的经费之外,国民政府教育部对我们再没有任何其他实质性的支持和帮助。我甚至不得不将我在最近几年创作的几十幅油画拿出来开个人画展,用卖画得来的钱筹办我们的行装和作安顿家庭的费用。

不愿离开巴黎的妻子,现在也不愿离开重庆,这曾使我相当失望和苦恼。我本来认为她是会支持我的,因为她也是从事艺术的人,西北大沙漠中艺术宝藏的发掘将最终会赢得她的赏识赞许。可惜事实并非如此,她长期生活于大都市,留恋世俗的安逸生活。我决心单身去打头阵,让她暂且留在重庆照看我们两个年幼的儿女。

我的前辈、中国的大画家徐悲鸿却给了我很大的鼓励和支持。他对我说:"我们从事艺术工作的人,要学习玄奘苦行僧的精神,要抱着'不入虎穴,焉得虎子'的决心,把敦煌民族艺术宝库的保护、整理和研究工作做到底。"我说:

"我已决定摒弃一切,破釜沉舟地轻装去敦煌。"并告诉他行前开画展筹钱、准备行装的计划。他极表赞成,并热情地为我的个人画展写了一个序言,为之介绍。在人民群众,特别是当时重庆的进步文化界中,颇不乏支持我的热心人。画展上的 40 余幅油画展品,全部售出,这是我唯一得到的安慰和资助。

到敦煌花了整整七年的时间

1943 年早春二月的一个清晨,我们筹备敦煌艺术研究所的先遣人员一行 6 人,像中世纪的苦行僧一样,披着老羊皮大衣,冒着西北刺骨的冷风,沿着古代著名的丝绸之路,开始了最艰苦的最后一段敦煌之行。

最初我们被当作货物一样载在一辆早该报废的老式的运载羊毛的敞篷卡车上,从甘肃的兰州出发。早在耶稣降生以前,汉武帝(前 156—前 87)为抵御北方的游牧民族匈奴建立了河西四郡,即凉州(今武威)、甘州(今张掖)、肃州(今酒泉)及沙州(今敦煌)。按照中国古代的交通驿站的标准距离,也是人畜可以一日完成的行程,两站相距是 70 华里。从兰州到敦煌,按理说 4 天即可到达。但是,我们乘坐载运羊毛的卡车前后却花了差不多一个月的时间。现代化的交通工具远远比不上原始的驴马代步,卡车之破旧不堪与道路坎坷奔波之苦可想而知!

河西四郡是古代丝绸之路东段的重镇,在汉、唐时代盛极一时,素有"银武威""金张掖"之称。但沿途所见,城市凋敝,村野荒凉,面带菜色的饥民,衣不蔽体地战栗于料峭的寒风中,到处是一派不堪入目的贫穷困苦的景象。国民党地方军阀的军队却照样欺榨人民,盗掘地上地下丰富的文物宝藏以自肥。在荒城流沙、草木俱无的一角,赫然出现"建设大西北"大字的标语牌,这真是对国民党反动当局的绝妙讽刺！

原始的公路最远通到安西，就折向西北直奔新疆，到敦煌就必须乘坐被誉为"戈壁舟"的骆驼了。经过一个星期的准备，我们雇得10峰硕大的骆驼，作为使我们这些到敦煌"朝圣"的"苦行僧"完成这次全程大约300华里"无边苦海"的最后一站的"慈航普度"。这是我有生以来与这种毛茸茸的庞然大物的第一次接触。我很不自在地坐在驼峰之间，骆驼的缓慢的有节奏的步伐，随着驼铃单调的声音摆动着。我们随着骆驼在平整的流沙中踏下的一个接一个的莲花瓣般的蹄印前进着。

由10峰骆驼组成的小队，在长着小灌木的沙丘之间迂回前进。第一天走了30里，午夜后才到达自古以盛产甜瓜而闻名的瓜州口。但如今连人畜的饮水也得用毛驴从20多里外驮来，"瓜州"已成为徒具虚名的荒地了。在昏黄的月光下，山沟里隐约出现几间土房。一个守屋的老汉，只能提供半缸水，还不够我们一行7人（连骆驼客——当地对赶骆驼人的俗称）的饮用。我们和衣挤在屋中的土炕上过了戈壁滩上又饥又渴的一宿。

第二天也于黑夜投宿甜水井。甜水井，多么悦耳的给人带来欢乐和希望的地名！可是，从井里吊上半桶水，拾起路旁的兽粪生火煮开喝到嘴里，却是又苦又臭、难以下咽的咸水。次晨，我们才发现井圈是由穷年累月到井边饮水的牲口大小便堆积而成的粪堆，人们却美其名为"甜水井"，怎能不使我们摇头叹息呢！骆驼客看到我们失望的表情，便不以为然地说："从安西到敦煌140公里的戈壁滩上就只有这一口井，对我们赶牲口的下苦人来说，真是一口救命的甘泉哩。"他的"真言"，不但提高了我们知难而进的勇气，而且是使我们今后长期在工作岗位上饮用苦水而不怨苦的镇静剂。

第三天到达疙瘩井。井名"疙瘩"，当然是干的了。也许在古代曾有过水源,但现在一片洼地上到处是沙丘疙瘩——长着干瘪的骆驼刺和红柳的沙丘。这时从安西驮来的饮水已用光了,大家只得吃上几口干粮,在又冻又硬的流沙上倒头便睡。在戈壁滩上万籁俱寂的长夜中,我久久不能成眠,想起唐代名僧玄奘在《慈恩传》中所记:"夜则妖魑举火,烂若繁星……顷间忽见有军众数百队满沙碛间,乍行乍息,皆裘褐驼马之像及旌旗稍纛之形,易貌移质,倏忽千变,遥瞻极著,渐近而微。法师初睹,谓为贼众;渐近见灭……"这种类似的幻觉,确是行脚僧在孤独的沙漠中可能看见的情景,有时是出自古墓朽骨的磷火。它们使我在回想中出现了 8 年前在巴黎吉美博物馆看到伯希和的《敦煌石窟图录》中的飞天夜叉、天神菩萨、乐伎梵女、行军仪仗的形象,这些仿佛在我眼前纷至沓来……

计算着从 1936 年回国到现在经过 7 年的岁月,再过一天,梦寐以求的"敦煌之行"就要到达目的地了。

到达"神圣的"绿洲

1943 年 3 月 27 日,当一轮红日从三危山嶙峋的主峰背后升起的时候,骆驼客用平淡的声调指着日出的方向说:"喏,千佛洞(莫高窟的俗称)就在太阳的西面、鸣沙山的脚下!"我们从他指点的方向望去,只见戈壁和沙山延伸到一望无际的远方,看不见一草一木或什么寺庙人家,更没有石窟绿洲的一丝影子。大家正焦急间,骆驼客却慢悠悠地打趣说:"千佛洞是仙境,时隐时现,凡人的肉眼哪能一下子望见它的真身哩!不要慌,跟着我走就是了。"

在叮当叮当的驼铃声中,我们的骆驼队还是用缓慢、平稳而有节奏的步伐前进着,在沙地上留下一个接一个莲花瓣似的美丽的足印。当驼队走下一个陡坡的时候，人们还来不及辨认眼前单调的景色出现任何变化，我们每一个人胯下通常反应迟缓的骆驼，这时忽然像得到什么灵感似的，不约而同地迅速加快步子，争先恐后地奔跑起来了。尽管骆驼客使劲挥动鞭子，大声吆喝，还是无济于事。

"啊，真是豁然开朗，别有洞天！"我们中一位眼快的同事不禁大声赞叹起来。这时，大家从沙丘的缝隙间发现，在不远的峡谷中有一片鲜艳杏花混杂其间的嫩绿的树林。

骆驼们的审美观显然与人们不同，它们的心全被绕林而流的一条清清的溪水拴住了。跑到溪边，牲口们便迫不及待地俯首狂饮起来，不论人们怎么催逼，也休想使它们移动半步。我们被搁置在驼背上只得耐下心继续饱览眼前的不平凡的景色。

"真是名不虚传的塞外江南啊！"我们中的一个说。

"你们看！"我指着白杨树后面崖壁上一片密如蜂房的洞窟说，"那里才是胜过江南的、值得我们骄傲的、伟大的民族艺术宝库的所在啊！"

这时，三危山上的太阳，透过白杨的柔枝嫩叶，照耀在洞窟中的彩色绚丽的众多壁画和彩塑上，产生出不可思议的动人心魂的宏观异彩。一阵按捺不住的发自内心深处对于伟大祖国民族艺术传统的爱慕之情，像电流震撼了我的全身，使我长途跋涉的疲劳顿时一扫而光。在我几十年从事艺术创作的生活中，这是一次罕见的"圣迹"出现了。

相见恨晚的初会

一下骆驼，行装尚未安顿停当，我们不约而同地带着极度的兴奋和激情，对这神奇莫测的石窟群作了初次的巡礼探索。

断崖残壁，沙土堆积，危楼险阁……到处是一派遭人遗弃的劫后余生的荒凉颓败景象。尽管如此，但也磨灭和掩盖不了这人类历史上存留至今的稀世之珍的丰采和魅力。

半天的"飞行"浏览，相见恨晚的初次相逢，危楼断壁的石室里面宝藏着金碧辉煌的壁画和彩塑，不尽娇娆地把我们每一个人的心都俘虏了。我第一次瞻仰了从公元4世纪到14世纪千余年间中国民族艺术传统的全貌。中国古代无名的艺术家和无数的劳动人民创造出如此珍贵的文化遗产——绚丽多彩、富于民族风格的壁画、彩塑和装饰图案。以汉代为标志的中国民族艺术的传统，贯穿在敦煌4世纪的十六国经北魏、隋、唐、五代、宋、元各代的石窟艺术中，经千余年而不衰。

使我极度愤慨的是，20世纪初叶，曾经一度震撼世界的敦煌石室秘藏，被帝国主义分子一再劫夺，今天第17窟已经空无所有。只有北壁唐人所画的二身供养仕女画像，她们执杖掌扇，依然天真无邪地表现出侍奉窟主洪䛒和尚的忠诚。她们是亲身经历千余年来石窟盛衰变化的历史见证"人"。

遗憾的是她们不会说话。否则，她们一定会清楚地告诉我们：宋仁宗景祐二年（1035），是什么人、为什么、在什么情况下，把数以万计的经卷、文书、造像、画轴等文物宝藏密封在这个洞子里的？她们也一定会清楚地告诉我们：经过865年的密封，光绪二十六年五月二十六日（1900年6月22日）石室秘藏被道士王圆箓发现后，他是如何与斯坦因、伯希和等帝国主义"御用学者"之流勾勾搭搭致使大量石室文物宝藏流失海外的？这一切都是她们亲眼所睹的，但是她们作为壁画画像，现在有口难言。

我默默地站在这个藏经洞中央，在空荡荡的窟主造像的坐坛前，愤怒使我久久说不出话来，心想：石室秘藏的发现已过去 40 多年了，敦煌文物一而再、再而三地被外人大肆盗劫，这样的事今后绝不允许再发生！此情此景，使我感到压负在我们肩上的保护和研究工作的责任将会是多么的艰巨而繁重啊！这时，忽地砰然一声巨响把我从沉思中惊醒过来。这声巨响来自崖面第三层上面的第 444 窟五代造的危檐下崩落的一块岩石，随之而来的是一阵令人呛鼻的飞扬沙土。

这难道是对我们今后工作的艰巨性的一个及时的警告吗？但我宁愿把它看作敦煌石窟为欢迎我们这批初来乍到的爱慕者而发出的一声见面礼炮声。

这里曾经是国际交通线上的大都会

敦煌——古代丝绸之路的要隘重镇，是从汉代开始形成的。文献上说："敦，大也；煌，盛也。"可见早在公元前 2 世纪时，敦煌在盛极一时的丝绸之路上，是中原与西域各国进行政治、经济、文化交流的"咽喉之地"大都会。

从印度传入中国的佛教，到公元四五世纪的南北朝时期开始盛行起来。这是中国历史上各族大迁移、战争极频繁的时代。各族的统治者利用佛教所宣扬的消极出世、逆来顺受的落后思想，以此巩固其统治地位；同时，广大的人民群众在当时的历史条件下，无力摆脱强加于他们身上的民族压迫和阶级压迫，也只好把佛教当作一种精神上的安慰剂接受下来。因此，当时田园荒芜，城市坍圮，庄严壮观的佛寺却到处兴建起来。敦煌的莫高窟就是在这个时期开凿的。

据现存于敦煌文物研究所的一块古碑记载，前秦建元二年（366），有一个名叫乐僔的和尚，西游到敦煌的三危山下。时近黄昏，正要寻地投宿，他猛一抬头，只见山上一派耀眼的金光，好像其中有千万个佛显现。和尚认为这是块圣地，便用化募来的钱雇人在这里凿下第一个石窟。不久，又有一个法良禅师从东方来到这里，可能也是遇到类似的"神异"，发下愿心，在乐僔窟的旁边开凿了第二个石窟。从十六国到魏、隋，石窟就继续不断地修建起来。

到了唐代（618—907），莫高窟的发展达到了高潮。这时开凿的石窟数量最多，艺术的造诣也最高。根据现存唐代碑碣上的记载，当时有数以千计的石窟，窟前有木构的窟檐，并有栈道相接。山上建起一座座金碧辉煌的殿堂，雕檐画栋，光彩夺目。据第148窟陇西李氏重修莫高窟碑所记，唐大历十一年（776），该窟前还是"前流长河，波映重阁"。现时不但"重阁"已不复存在，就是那条"波映重阁"的"长河"，由于水源的干涸也已变成拳头那么大小的一条涓涓细流了。

经过一千数百年风沙雨雪的自然侵蚀，敦煌石窟已发生了沧海桑田的变迁。回忆往昔的光荣盛世，更显得眼前的颓败和凄凉。

我们在莫高窟的第一餐，是用当地生长的红柳条作筷子，向上寺喇嘛借了锅盆碗盏才能吃上饭的。就在我们来敦煌之前，这座小小的古城曾遭国民党匪军的洗劫，城内商店关门罢市，路无行人，什么东西也无法买到。莫高窟离城26公里，为了购买柴米油盐和工作上需用的纸笔颜料，或是为了治病求医，无论白天黑夜、严冬酷暑，我们都必须靠自己的一双脚奔走于城乡之间的戈壁沙海。

我们的生活和工作条件虽然非常简陋清苦，但是大家的情绪还是相当高的，来莫高窟的初期尤其如此。

即使是无期徒刑也在所不辞

记得就在我们来敦煌石窟不久，当时在国民党统治下很"吃得开"的画家张大千正带着家眷和子女以及他所雇用的几个喇嘛画工住在上寺,还雇了一大群骆驼,在三危山峡谷的石窟群中,从事他随心所欲的所谓"深山探宝"的工作。虽然我们名义上是国民政府教育部派来的,但因为经费缺少,生活供应方面每天咸菜干馍,与他们有天渊之别。承他的好意,有时他还邀请我参加他们丰盛的家宴,有时甚至还可以吃到十分名贵的山珍海味。

1943年5月,他临离开千佛洞的那天,我曾在中寺门口送他们的骆驼队走了一段路。张大千半开玩笑地笑着对我说:"我们先走了,而你却要在这里无穷无尽地研究保管下去,这是一个长期的无期徒刑呀!"

"无期徒刑吗?"我接着说,"如果认为在敦煌工作是'徒刑'的话,那我一辈子'无期'地干下去也在所不辞。因为这是自觉自愿、没有人强加于我的神圣工作。"

虽然是这样回答了他,但是每逢生活和工作上出现困难的关头,我的心头往往有一种灰溜溜的不祥的预感油然而生。那年月,在国民党反动统治下的文教机构,是人们所冷落的"清水衙门",欠薪、欠经费的情况经常发生,上级官僚们只管贪污中饱,有谁来关心我们这远处绝塞的一个区区的敦煌艺术研究所的死活呢?这研究所的成立原本就是一种装潢门面的勾当。国民政府教育部已有三个月不给经费了,谁知道今后是什么命运会落在我们头上呢?

"初生之犊不畏虎"

在一定的含义下,张大千的话并没有错。从我们到达莫高窟的第一天起,就有一种遭遗弃的服"徒刑"的感觉压在我们的心头。而这种压力正在与日俱增。

刚来此的初期，我们这批热爱祖国文物的青年人，真所谓"初生之犊不畏虎"，工作热情是非常高的。在当时人口不到4万人的敦煌这个边远小县，凭着国民政府教育部这块莫测高深的招牌，还能向县政府暂时借到一些钱，作为展开工作的资金。

我们不顾一切困难，首先雇了100多个民工，沿着千佛洞崖面，用夯土打了一堵长达800米的保护石窟的围墙。在沙漠中筑墙，就需要动用很多人工到远处去搬运黏土，加上打墙本身的劳动，这项工程总共就花了1万多块钱。接着，为了整理洞窟，第一步必须清除长年堆积在窟前甬道中的流沙。据工程师估计，堆积成山的流沙体积超过10万立方米。此外还要修补颓圮不堪的甬道、栈桥，修路，植树，等等。这一切，我们从春到冬，整整大干了10个月。当我们看到围墙里的幼树，因为没有人畜的破坏而长出青枝绿叶，越来越多的游人在没有危险的栈桥甬道上往来观摩石窟的时候，我们的心里真有说不出的高兴。

我们因此而债台高筑，再三向重庆国民政府教育部函电催促，但如同石沉大海，未见分文寄来。挨到1943年年底，连经费和工资，我们共向敦煌县政府挪借了5万多块钱。

在这种情况下，我们大家还是想尽办法进行工作。如向来此游览的人们做工作，劝说他们捐钱为保护敦煌文物给石窟造门、造窗……做出各自可能的贡献。作为酬谢，我们还以自己临摹的"飞天"等绘画，赠给他们作为纪念。我们还完成了石窟群全部石窟的编号，并编写了一整套石窟内容的说明牌，使参观的人们能对各个洞窟的时代和内容有所了解。此外，我们还和四川成都华西大学联合集资编辑出版了一册《供养人画像题识》，借此扩大影响，以求得到社会人士的支援。

1944年秋，重庆国民政府教育部才正式批准成立敦煌艺术研究所。

然而到了 1945 年春天，在我们研究所正式成立不到一年的时间，国民政府教育部竟又出尔反尔，忽然宣布解散敦煌艺术研究所，并勒令把所内全部工作移交给敦煌县政府。

家庭变故

我们的工作本来就是全凭自己的力量干起来的，研究所的撤销或不撤销，实际上意义不大。对我个人来说，最大最致命的打击还是随之而来的家庭变故。

一直留恋大都市安逸生活的妻子，在我的不断鼓动下，于 1944 年秋也到敦煌莫高窟来了。虽然一路上叫苦连天，但当她看到这里的洞窟里珍藏着一千多尊别处无法看到的彩塑的时候，她爱好雕塑艺术的热情又重新炽燃起来了。她认为不虚此行，立即参加我们的临摹复制的工作。

但随着沙漠中万木凋枯的寒冬的来临，她最初的兴趣渐渐消失了，对生活的不满和牢骚也渐渐多起来。一天，我结束了当天的工作，带着疲劳而满足的心情回到宿舍里的时候，忽然发现妻子不见了，哪里也找不到她。我开始责备自己一味埋头工作，平时对她关心太少了。看来她到这里来只是做一次短期的旅行，并没有长期干下去的思想准备。粗粝的饮食，单调、枯燥的生活环境，使她再也无法待下去。想不到，她竟然忍心丢下她的两个儿女和艺术事业，追逐她个人的"幸福自由"去了。

这对我不啻是个晴天霹雳，开始我真不知该怎么办才好，我尽力找各种可能找到的交通工具去追赶她，可是结果茫然。到头来我从马背上昏倒在途中，幸而遇见途经戈壁滩的地质学家孙建初和一位老工人，他们救了我，把我护送回敦煌。

我面临着生活中第一次严峻的打击和考验，像沙漠中的一阵黑旋风那样，遮盖了我前进的光明大道！

记得那是一个月明星稀、万籁俱寂的漠北之夜，我从不眠的午夜中起来，耳边响着9层楼上铁马铿锵的叮当声，我朝夕与共的石窟里的壁画和彩塑，一件件地从我脑际闪过。

第220窟是唐代贞观十六年（642）开凿的初唐的代表作品，是1944年我们和老工人窦占彪一道从宋代重绘的泥壁剥露出来的，色彩金碧辉煌，灿烂如新。东壁左右的维摩变中的维摩居士的画像，带有晋代大画家顾恺之的"清羸"的画风和神态。这是莫高窟所有50余幅维摩变中最好的一幅。这是前人，包括帝国主义分子伯希和、斯坦因、华尔纳之流，以及张大千所未见识过的。

第285窟西魏大统五年（539）的得眼林故事壁画（内容是表现500个强盗皈依佛教改恶从善的故事，是帝国主义分子华尔纳曾在1925年妄图剥离盗走而未果的），充分表达了中国传统绘画气韵生动的特点，它是敦煌石窟艺术宝中之宝。

另一幅著名的北魏壁画，是第254窟中的《萨埵那太子舍身饲虎图》，它那粗犷的画风与深刻的寓意，总是那么强烈地感动我。我想，萨埵那太子可以舍身饲虎，我为什么不能舍弃一切而侍奉艺术、侍奉这座伟大的艺术宝库呢？在这个黑暗而动乱的时代，她多么需要保护她、终生为她效力的人啊！何况我在人前早已许下大愿，即使是"无期徒刑"，也愿意一辈子在这里干下去呢。

这时，我又想起就在前一天，一个国民党反动军队的师长，在游览中想凭借他的势力，厚颜无耻地要拿走石窟中的一件北魏彩塑的事来。后来我费尽了口舌，并以一幅飞天的临摹画作交换，才把那个嬉皮笑脸的"大人物"送走了。

想到这一切，我深深地感到，如果我放弃自己的责任退却的话，就意味着这个劫后余生的民族艺术宝库，很可能会随时随地再受到一次万劫不复的洗劫。

"不能走！"决心下定以后，我在明月满窗的静夜安稳地沉入梦乡。在梦中，我仿佛看到一个个飞天从洞窟中飞出来，天空散满五彩缤纷的花朵，铁马的叮当声奏出美妙的乐曲……

第一次向社会发出呼吁

一觉醒来，正是一个蓝天白云的晴朗秋日的早晨。"暴风雨"过去了，生活又恢复了它的常态。我和同事们商议了一下，既然国民党反动政府这样倒行逆施，与我们割断了一切联系，"研究所"要想生存下去，只有靠自己的努力，向社会发出呼吁了。我们决定派人把这几年来精心临摹复制出来的一二十幅壁画作品带到重庆展出，以显示我们的决心和对国民党反动当局的抗议。

开始时，我们这个小小的画展只在艺专的一间教室里展出，除本校的师生外，参观的人不多。后来我们迁移到重庆市内七星岗的中苏友好协会展出，影响便渐渐地在社会上扩展开来，画展获得了意想不到的成功。

一天，我们在观众中忽然发现了为当时重庆进步的文化界敬爱的周恩来和董必武等同志（他们当时是中共中央驻重庆的代表），同时，郭沫若等著名人士也来观看了我们的画展。

周恩来同志在参观后的一席话对我们鼓舞很大。他对我们在艰苦的境遇中保护敦煌民族艺术宝库的工作表示热情的支持和赞扬，并对反动派的无理措施表示十分憎恨。他教我们不要屈服，要坚持斗争，把戈壁滩上这个重要艺术宝库的保护和研究工作顽强地干下去。

我们回到莫高窟后，以百倍的信心重新投入工作。在当时人少事多的条件下，我们着重抓了石窟的保护和临摹工作。我们认识到，临摹工作也就是保护工作。我们准备用三年的时间，克服一切困难，临摹出一套代表各个朝代不同风格的优秀壁画和彩塑的摹本来。

1947年，由重庆和西安来了一群艺专毕业的男女青年美术工作者。在我们感到孤立无援的时候，这批生龙活虎般的生力军的到来，使我们喜出望外。李承仙也在他们之中，她后来成了我得力的助手和志同道合的伴侣。

抗战以日本军国主义投降而胜利结束以后，国民党反动政府一面大发"劫收财"，一面发动全面内战，置全国人民死活于不顾。当时，我们在人力、技术、物资各方面都极感缺乏。我们自力更生、刻苦钻研，摸索出种种行之有效的办法和代用品。因为当时能弄到的纸，纸质不好，不能上重彩和烘染，我们每个人都学会了在纸上加矾裱褙的技术。我们还从工人那里学会了制造毛笔和延长毛笔使用寿命的方法。最困难的是颜料的问题，我们在附近的几个县，找到几种经久不变的矿质颜料。在这方面，创造最多、成绩最突出的是勤奋的、有才能的艺专毕业生董希文。他想出一种方法，用我一直珍藏着的法国优质油画颜料，加热去油炼成水色，成为我们必要时点染摹本重要部位的起到画龙点睛作用的颜色。他后来成了有名的油画家，新中国成立后，曾创作出好几幅受到人们赞赏的大作品，可惜他不幸先我早逝了！

当时我们的工作条件，现在说起来是令人难以置信的。例如在窟内临摹的采光，就是一个很伤脑筋的问题。石窟一般只有一个入口，窟门一律向东。有太阳的日子，每天上午11点钟以前，阳光可以直射进洞窟，下午就没有阳光了。用自然光在窟内临摹的时间不长，要赶时间，就必须凭借油灯或烛光，日夜都是如此。我们常常一手执灯或烛，一手作画；遇到大的画面，在梯子上爬上爬下，体力的消耗是不轻的。尤其是临摹窟顶的藻井图案，作画的人必须像叩头虫一样不停地抬头低头，不到一个时辰，就会弄得头昏眼花，有的甚至恶心呕吐，体力不支。临摹采光的问题后来也得到了解决。在当时的条件下，我们想出了用镜子的反光，使它照射到一幅白布上，加强洞中的光线，同样用镜子反照的作用，解决了摹写窟顶藻井耗费体力的问题。

戈壁滩上的冬天特别长，每年八九月即飞雪，到次年四五月才开春。一到冬天，洞窟中又黑又冻，颜料凝结，手脚僵硬，一切临摹工作只得停止。这时我们就改作各种专题资料的收集和整理，如洞窟时代的核定，供养人题记以及其他各种资料的整理和研究工作。

我们就是这样齐心协力，夜以继日地工作。不到三年的时间，初步完成了历史壁画代表作选、历代藻井图案选、历代佛光图案选、历代莲座图案选、历代边饰图案选、历代山水人物选、历代舟车选、历代动物选、历代建筑资料选、历代飞天选、历代服饰选等十几个专题选绘的摹本 800 余幅。这些总面积共达 600 多平方米的壁画摹本，都是我们以忠实于原画的风格和一丝不苟的精神所精心绘制出来的。

度过黎明前最黑暗的时刻

1948 年八九月间，为了继续向社会呼吁，我们将三年来的工作成果，又一次在南京和上海先后公开展出，两次展出都获得了很大的成功，参观人数的众多，是事前没有料到的。人们对敦煌壁画的反应很强烈。上海几家报纸对这次展出一致表示赞许，并对国民党要停办敦煌艺术研究所的行径有所批评。

同时，我们还收到一些不具名的观众来信。一封信这样写道："……现蒋家王朝末日已到，希望提高警惕，努力保护敦煌艺术宝库，只有共产党能救中国，保护敦煌石窟艺术……"

　　有些热心人还纷纷提出将这几百幅展品印制成彩色的《敦煌艺术》专辑的建议。当时上海的《大公报》还刊载了这个消息。我们根据群众的这个要求，去电南京国民政府教育部请示刊印这部画册。回电只有二字"不准"。人民群众知道后，一方面痛骂国民党反动派只知道发"劫收财"，却置祖国文化遗产于不顾；另一方面，有几个热心人愿意私人投资出版，后来担任新中国文化部副部长的西谛先生（即郑振铎）就是其中的一个。私人愿意集资印行《敦煌艺术》彩色图集的消息也在《大公报》上发表了。这一下，可触动了心怀叵测的反动派的猜忌和怀疑。

　　有一天，一个自称剡某的国民政府教育部的社会教育司的头头，突然来到我在上海的寓所，出示教育部部长朱家骅亲笔签署的指令，要我把敦煌壁画摹本全部运往台湾展出。为了应付这一阴谋，我借故说展品已经在制版，等制版完毕后，再运去台湾不迟。当时，国民党在大陆上的经济已经濒临全面崩溃的前夕，上海金融市场混乱，伪币一日数涨，人心惶惶。剡某自顾不暇，只对我虚张声势地恐吓几句，说什么如不照办，后果由我自负云云，当晚便乘飞机溜往广州去了。

　　我一方面看穿了反动派的狼狈相，另一方面又不得不提防他们狗急跳墙，可能搞的阴谋暗算。我当夜便将全部摹本分藏亲友处，三天后，在午夜也乘飞机离开了上海。

　　在国民党反动派的大溃退、大混乱中，我从上海辗转经兰州、酒泉、安西，回到敦煌时，已是1948年11月的一个傍晚，塞外的苦寒已开始了。千佛洞前，白杨树全裸露着秃枝，落叶和泡泡刺（一种沙漠植物的种子）在寒风中飞舞。我从小毛驴上下来时，中寺空寂无人，只见一个老喇嘛迎面走出来，见到我,便拨开围到嘴边的头巾,双手合十有礼貌地说了一声:"所长辛苦了!"便口中念念有词地走回上寺去了。

在中寺我们的办公室里,两个年老的工作人员正围着一堆烧柴烤火,见我来了,为我让出位子,并为我倒了一杯热茶。因为经费无着,几年来与我患难与共的职工都纷纷携眷东归另谋生路去了,他们是留下来的少数人中的两个。他们帮助我打扫住屋,生火、点灯。当他们走后,我感到周围是那样空虚与寂寞,真是"倦旅归来,万念俱灰"。我感到心胸闷塞得难受,下意识地把纸窗打开,一股刺人的寒风,把油灯一下吹灭了。等我关上窗,重新点上油灯时,发现窗前桌上已留下一层细细的流沙。沙,这个可恶的得寸进尺的东西!我们在这里与它斗争了多年,如果我们退却,它就会把我们连同这整个千佛洞全部吞没!我猛然间想起三年前周恩来同志在重庆鼓励我们要坚持干下去的话,于是我振作精神,抹去桌上的流沙,开始提笔写一篇直接向人民大众呼吁的文章。这就是后来刊登在同年12月14日上海《大公报》上的《从敦煌近事说到千佛洞的危机》(见正文161页)一文。在文中,我提出了与流沙的斗争关系着中华民族文化能否万世永存的问题。

后来,我们陆续收到寄自祖国各地的好心的读者的来信,信中对我们千佛洞的工作表示热情的慰问和支持。其中有一封署名"戈扬"、来自上海的信,热情地称我们为同志,他说:"你们的艰苦工作我们不但知道而且经常关心着,望坚守岗位不屈不挠地继续努力,直到即将来临的全国人民的大解放。"

鉴于我在上海受到恐吓的经验,为了防止国民党隐藏的匪特与溃败的军队相勾结,破坏和劫持千佛洞文物,我们曾组织了一个保卫小组,日夜值班、放哨。我们还在石窟群最高的第130、156、159等窟内储藏了干粮、咸菜和水,集中人力和几支破旧的步枪,准备情况危急时,坚守石窟,与敌人进行战斗。

第一次见到解放军

1949年9月28日,解放军解放敦煌县的当天,城内万人空巷,欢声震天。我们也在千佛洞升起了红旗,一时弄不到爆竹,有人便到大佛殿上去敲钟击鼓。钟鼓声和人的欢呼声响彻了千年沉睡的峡谷,宣告这座近百年来受尽帝国主义劫夺和国内反动统治摧残的民族艺术宝库,终于回到了人民的怀抱。

第二天的早上,我们迎接了第一批打垮国民党军队而来到这里的解放军官兵,他们一个个生龙活虎而又和蔼可亲,真是名不虚传的人民子弟兵。我们招待他们参观洞窟。因为人多,便分成几队,我们向他们进行讲解。

由我陪同的队伍中,有一位骑兵师的张团长,他笑着对我说:"你看,我们是不是三头六臂、青面獠牙像蒋匪帮所宣传那样的怪物呀?"

我禁不住也笑起来,回答说:"没有人相信他们说的鬼话,他们自己才是十恶不赦、杀人放火的强盗呢!"我告诉他,就在解放敦煌的前几天,他们到处杀人抢劫,还扬言要来千佛洞,我们为此不能不有所戒备。

我带领他们参观到第130、158等窟高处用沙包临时构筑的工事,以及预藏的枪支弹药、干粮、水和铺盖,他不禁用赞叹的口气说:"很好,很好。别看你们文质彬彬,到了紧要关头还真有两手哩……现在,我们来就是为了接你们的手,不用再担心敦煌石窟艺术会遭到坏人的破坏了!"

张团长说罢,从口袋里掏出一本小册子来,那是北平解放后以郭沫若为首的北平文化界对全国文化工作者发出的宣言。文中说,只有依靠中国共产党和毛泽东思想,文化工作者才有出路,呼吁人们在新的形势下努力学习,加强自我改造。小册子里还刊登了郭氏到达北平时在火车站即席向新闻记者发表的激动人心的诗句："多少人民血，换得此和平！"

几天后，我被敦煌县人民政府邀请去参加全县胜利解放的"军民联欢庆功大会"。一进城，不料这座一向死气沉沉的沙漠中的孤城，现在忽地活跃异常：到处红旗招展，锣鼓喧天，人人笑逐颜开，万家欢腾。

我正在人群中观赏这种新气象，冷不防一个解放军战士从街心里蹿出来把我拖进秧歌队里去。我从没有跳过这种民间的舞蹈，但在那位战士的帮助下，合着音乐的伴奏，我也模拟着人们的动作，笨拙地转动身子跳起秧歌舞来。这是我有生以来第一次深切感受到与自己的解放者和工农兵群众一同庆祝解放的欢乐。

周总理鼓励我干一辈子

第一个国庆节刚过，我们意外地接到发自北京的郭沫若先生的电报和西谛先生的信。1945 年，郭曾与敬爱的周恩来同志在重庆敦煌艺术展览会上给过我们宝贵的支持，郑是 1948 年敦煌艺术在上海展出时最大的赞助者之一。他们代表首都文化界分别对我们的工作给予充分的肯定和热情的鼓励。

无人过问、默默无闻地在边远的西北荒漠中苦斗了近 8 年的人们，今天忽然收到来自人民首都的慰问和关怀，其兴奋和感激的心情是无法用笔墨形容的。

1950 年冬，我接到文化部社会文化事业管理局郑振铎局长的指示，要我将我历年所完成的全部壁画摹本带往北京展出。这是新生的人民中国对我们工作的第一次检阅和召唤，莫高窟的人们莫不兴高采烈地积极筹备。

这是一个大型的展览会，是在文化部社会文化事业管理局的直接领导下，由敦煌文物研究所在北京历史博物馆、北京大学、清华大学、中央美术学院等有关单位的专家们的协助下进行筹备的。经过4个月的努力工作，于1951年4月下旬筹备就绪。

在展览会开幕前的一个星期天下午，其他的工作人员在休息，我和北京历史博物馆的张秘书在故宫午门的城楼上对整个展览做着最后的布置和检查，忽然接到中南海打来的一个电话，说有一位中央首长来会场参观，要我准备接待。

当天下着蒙蒙细雨，从天安门开进来一辆小轿车停在午门下，一位首长在一位陪同人员的跟随下，矫健地径直登上设在午门城楼的展览会场来，原来就是我们敬爱的周总理。我迎上去紧紧地握着他的手，审视着他慈祥微笑的面容，久久说不出话来。我心想，总理日理万机，居然会抽时间来关心我们的展览会，怎么不叫人感到激动和幸福呢！总理那轻车简从、平易近人的态度，使我马上静下心来，毫无顾虑地与他攀谈起来。这是新中国成立后我第一次见到总理。从那次重庆展出敦煌壁画摹本以来，周恩来同志一直鼓励支持我们的工作。他问到我们在敦煌解放前后的工作和生活，以及敦煌艺术的历史和这次展出的内容，等等。然后，他逐个展览室地进行检阅，对于一千数百年来我国历代劳动人民在敦煌石窟所创造的艺术成就给以高度的评价。

当总理看到展品中有关近50年来帝国主义分子在敦煌石窟进行劫夺和破坏我国文物的罪证时，他说："这很好。这些铁一般的证据，雄辩地说明了帝国主义者如何用各式各样巧取豪夺的方法来破坏我国的文化，掠夺我们的财富。这就是我们的文化工作'古为今用'、为革命的政治服务的一个重要方面。"说到这里，总理充分肯定了我们多年来在沙漠中艰苦工作的成绩。他说，我们的工作在一定程度上起到了毛主席所希望的团结人民、教育人民、打击敌人的作用。在详尽地了解了我们在敦煌石窟工作和生活情况以后，总理说，你们有困难，可以向领导提出，设法解决，并鼓励我们"决心做一辈子敦煌文物的保护和研究工作"。总理的每一句话，都深深地感染了我，我当时以激动的心情向总理作了要一辈子干下去的保证。

千佛洞成了全民的财富

当时，全国正在掀起抗美援朝运动的热潮，我们的展览会对向广大人民进行爱国主义教育和揭露帝国主义侵略本质方面起了一定的作用。

敦煌文物展览会于1951年4—6月在故宫午门城楼上展出。每天，成千上万的观众拥挤在各个展览室里，争相浏览展出的1120件各个时代的壁画和彩塑的摹本、实物、图表和摄影等资料，并仔细聆听工作人员的讲解。观众热情的反应给我留下了深刻的印象。

这是新中国成立以来最大的一次文物展览会，取得了很大的成功。首都各报刊纷纷撰文介绍，并对我们研究所的工作表示赞赏。6月初，政务院文化教育委员会主持召开了一个发奖大会，给我们研究所的全体工作人员颁发了奖状和奖金。当郭沫若副总理把一张4×2尺（约133厘米×66厘米）见方、用富丽堂皇的敦煌唐代图案装潢的奖状交到我手里的时候，我幸福得泪水夺眶而出，思潮翻滚。

半个世纪以来令人痛心的往事一幕幕地展现在我的眼前。大家知道，1900年6月22日敦煌石窟藏经洞的发现，是20世纪初期我国文物考古方面震撼世界的伟大发现。它使我国中古时代自4世纪到14世纪千余年间政治、经济、军事、天文、地理、历史、文学、艺术、民族关系、宗教信仰等，以活生生的逼真的艺术造型和文字手卷公之于世。

由于清代封建王朝的腐败和孱弱，以及地方官吏的昏庸和无知，自1907

年以来，斯坦因（Marc Aurel Stein）、伯希和（Paul Pelliot）、柯兹洛夫（Пётр Кузьмич Козлов）、勒柯克（Albert von Le Coq）、格伦威德尔（Albert Grünwedel）和橘瑞超（Tachibana Zuicho）等帝国主义分子纷纷窜来敦煌千佛洞，对发现藏经洞的王道士采用利诱、诓骗、恐吓、威胁等软硬兼施的手段，先后掠走数以千计的经卷、文书、刻本、佛画、丝织物等珍贵文物。他们各以其盗窃所得，据为己有，作为"善本""珍品"封闭在伦敦、巴黎、列宁格勒等地的博物馆和图书馆中，不让中国人过目、抄写、拍照，并扬言只有他们才有资格和条件研究"敦煌学"。他们把自己打扮成所谓的"敦煌学"权威，并厚颜无耻地说，是他们发现了"敦煌学"，是他们救出了敦煌文物……这真是强盗逻辑。

这样的日子已一去不复返了，现在，敦煌石窟艺术文物已全部掌握在我们手中，成了全民的财富。那些被盗去的善本什么的，不管怎样说也只是敦煌文物的一部分而已，石窟艺术本身才是它的主体。今后，我们要永远做它忠实的守护者。一个空前未有的保护和研究计划即将逐步地全面地展开。

访问印度和缅甸

1951年秋，应印度和缅甸两国政府的邀请，我国派出了一个由30多位有关专家组成的文化代表团访问了上述两国。代表团由丁西林、郑振铎和李一氓率领，我也被列为成员之一。为了做好加强邻邦之间文化联系和友好交往的工作，我们在北京作了一段时间的准备和学习。在此期间，周恩来总理多次对我们作了亲切的指导。有一天，他笑着对我说："你这次带了敦煌艺术去印、缅访问，既要'献宝'，也要'取经'……看来任务不会比唐代高僧玄奘西游轻松多少呀！"这话，给了我及时的启发和鞭策。

从1951年10月到次年1月，我随中华人民共和国文化代表团先后访问了印度和缅甸。在这为时两个多月的访问中，我们参观了这两个国家的数以百计的文化古迹、艺术、科学、教育等单位。在几个大城市举办了新中国建设成就展览会和敦煌艺术展览会，并举行了有关的学术性座谈会和报告会。

配合敦煌艺术展览会，我做了一个有关的学术报告。印度观众对我国保存了如此完整的诸多佛教艺术表示惊讶和钦佩。看到我们展出的第61窟宋人画的从《燃灯佛授记》《乘象入胎》《树下诞生》一直到《涅槃》《分舍利》等32幅佛教故事画，他们认为是世界佛教艺术中罕见的珍贵的历史画。他们对画里的人物和服装所表现的宋代民族的特点，画得如此生动而自然，特别表示赞赏。

在交谈中，有些印度佛教徒颇有感触地对我说，他们举世闻名的阿旃陀29个石窟的壁画，在英国统治时期，以保护为名，涂上了凡纳西，现在多已变成漆黑一团，画面上什么也看不清楚了。我告诉他们，我们敦煌石窟壁画也几乎走上同样可悲的命运。1942年，在我去敦煌之前，国民党政府的教育部高等教育司司长吴俊升，曾命我采用英国人在阿旃陀涂凡纳西的办法来保护敦煌壁画，我当时认为没有把握，后来没有照办。这说明了，保护民族艺术必须依靠自己的力量。如果仰仗外国人，任意受人摆布，是很危险的。

我是一个美术考古工作者，过去在欧洲看到不少希腊、罗马时代遗留下来的好的雕刻和绘画，但那些陈列在巴黎、伦敦、柏林等处的美术雕刻，大都是帝国主义者从殖民地劫夺来的一些零星片段。细部的造诣固然不错，但却看不到完整的艺术气魄。几千年来古代人类文明的历史遗产，如埃及的金字塔、希腊的帕特农、印度的阿旃陀和埃洛拉、中国的敦煌和云冈，没有哪一件不是劳动人民智慧与毅力杰出的创造。很多是以整座石山为基础，雕凿出观察入微、生动自然的人物形象，两者又成为互相组合、统一完整、气势磅礴的伟大整体。

这次出国访问，对我们这个新生的人民共和国加强与邻邦之间的文化交流和友谊联系，做出了贡献。对我个人来说，也打开了眼界，增加了很多有关东方佛教艺术的感性认识，对我今后研究祖国的佛教艺术提供了十分有利的条件。

更好地展开临摹工作

自1951年起，敦煌文物研究所成了中央文化部文物局的直属单位。从此，研究所的工作，不论人力、财力、物力，以及方针、政策的指导各方面，都大大地比从前加强了。我们在思想上开始明确了，对文化遗产的保护工作是我们国家经常性的文化建设的工作之一。中国长期的封建社会中，创造了灿烂的古代文化。通过学习毛主席的著作，我们认识到，清理古代文化的发展过程，剔除其封建性糟粕，吸收其民主性精华，是发展民族新文化、提高民族自信心的必要条件，但是绝不能无批判地兼收并蓄。对古代文物，应从批判它的封建性糟粕着手，才能吸收其民主性精华，才能对民族文化起到积极的借鉴作用，以达到古为今用的目的。

1953年文化局给我们的指示说："敦煌艺术的临摹工作是发扬工作也是研究工作。要了解壁画遗产必须寓研究于临摹之中，通过临摹来熟悉古代艺术传统，从而古为今用，推陈出新，才能进一步发扬优秀的艺术遗产。"从此，将艺术品的临摹工作提到了更高的议事日程上来。

新中国成立前，由于经费物资的缺乏，我们的摹本，除少数代表作外，一般都采取缩小临摹本的方法，用二分之一或四分之一，或更小的缩尺。1951年在北京展出时，曾受到一般观众和专家们的批评，他们要求对壁画做原大原色的临摹。

现在条件具备了，上级领导要求我们，不但对千佛洞的重要作品做原大原色的严肃客观的临摹，而且还要做记录性的全面摄影。临摹工作者通过临摹，不但要掌握壁画艺术的技法、用色用笔、建筑物和山水的布局，而且还要熟悉摹本的主题内容。这样一来，一切有关美术史、佛教史、图像学、哲学、社会学等的学习和研究，就成为当务之急。为了满足这一系列工作上的需要，在上级领导的大力支持下，我们在短期内，从国内外购置了一大批重要的图书参考资料，开始成立了一个初具规模的图书资料室。研究工作得以逐步地顺利展开。

另一方面，鉴于过去所用颜料质量低劣，摹本产生严重的变色褪色现象，上级领导责成我们要研究敦煌古代壁画颜料至今不变的原因，并提出，为了保证摹本质量，必要时可以采用石青、石绿、朱砂、赤金、白银等过去我们不敢奢望的名贵的材料。在这方面，北京的故宫博物院支援了我们一批他们珍藏的石色颜料。一些地质勘探队还为我们物色到朱砂等贵重颜料的矿石，供我们研制成品。为此，我们还添置了一套手工和电动两用的球磨机。

从 1952 年开始，我们集中所内有多年临摹工作经验的人，开始整窟原大原色的临摹工作。经过商讨研究，大家选定首先临摹第 285 窟，这是个保存完好的西魏时代的代表洞窟，具有大魏大统四年、五年（538、539）的题记，历史和艺术价值都很高。1926 年，美帝国主义分子华尔纳曾在 1924 年得手以后，又第二次来到千佛洞，企图把这个洞的整窟壁画剥离盗去，终因当地居民抗拒未能得逞。经过六个临摹工作者夜以继日的忘我的劳动，用了整整两年的时间，一幅 5 米 ×12 米的第 285 窟原大原色大壁画的摹本终于顺利绘成了。

这件大型作品，曾先后在北京、上海和日本的东京、京都等地展出，普遍受到人们的欢迎和赞扬，认为是壁画临摹工作的一个出色的成就。

为了进一步提高临摹工作的效果，改善职工们的工作条件和生活条件，文化部于1954年拨了专款，为我们购置了一台中型发电机、一台电影放映机、一辆汽车，此外还有大批摄影器材，并调来摄影、司机、电工等专职工作人员。

电灯照亮了黑暗的洞窟

新的工作和生活条件的改善，对我们在旧社会有过长期苦难经历的人来说，真是两个世界两重天！回想当年初来千佛洞时，我常常赶着一辆木轮的老牛破车几步一停地奔走于城乡之间漫长的沙漠道上的情景，又回想当年用镜子反射阳光进洞，或一手执小油灯、一手作画的情景，我们多么渴望有这样一天的到来啊！

1954年10月25日，是千佛洞有史以来一个空前的值得纪念的日子。这晚上，新安装的电机开始发电，同志们早早地提前吃了晚饭，坐在洞窟中临摹壁画的架台上，看着新安上的灯泡，等待光明的到来。

8时整，电工按照预定的时间把电机开动起来。顿时，只听见千年沉睡的三危山和鸣沙山之间古老的峡谷发出轰隆轰隆震撼人心的声音。当时，我听得轰鸣声，急忙从下寺跑出来，一下子冲进处在第16窟甬道中的第17窟那个有名的藏经洞中去。奇迹般地，这个白天和暗夜一样漆黑的小小的洞窟，突然被一只一百支烛光样的电灯泡照亮了。

我要亲眼看看，在强烈的灯光下这座半个世纪以来历经劫数的石窟纤毫毕露、空无所有的现实情况。我对北壁上那两幅唐代供养仕女画像审视良久。她们从石窟创建时起，就寸步不离地看守着石窟中的一切，她们是石窟惨痛历史的唯一见证人。现在，在明亮的灯光下，我看见她们正在向我露出动人的微笑，这是多么令人动心的幸福的微笑啊！这是足以与世界名画《蒙娜丽莎》相媲美的另一种具有东方风格的"永恒的微笑"。我立即拿出速写本，感情激动地把这种"永恒的微笑"勾勒出来，记下这幸福的一瞬间，以表示我对中国共产党和毛主席终生难忘的感激。

然后，我从第17窟出来，向南奔向同志们正在那儿赶制壁画摹本的几个照耀如同白昼的洞窟。只见一位女同志站在摹本的前面，手里握着画笔，正在出神地痴望着有点闪烁的日光灯管，迟迟没有动笔。我知道她因为长期在黑暗中工作而损坏了视力，并且犯了色盲的毛病，便劝她说："还是歇一歇吧，这闪动不定的灯光会加重你的眼病的……"

"不。"她委婉地谢绝了，接着激动地说，"太好了，我们梦想了多少年啊！这么好的工作条件，如果我们不抓紧时间把工作更好地赶上去，还像话吗？……"我注意到她的脸上，扑簌簌地滚下两行眼泪来，在灯光下闪着白光，这是比语言更感动人的幸福和感激的泪水啊！

重点放到对自然毁损的保护

新中国诞生后，中央人民政府连续发布了一系列有关保护文物古迹的法令。过去长期存在的那种任人盗卖文物和对祖国的文化遗产无人过问、任其自生自灭的无政府状态逐渐得到纠正，人们对文物保护的工作有了比较正确的认识。随着管理工作的加强，来千佛洞参观游览的人虽然越来越多，但任意毁损壁画和彩塑，或在墙壁上涂写"到此一游"的现象却越来越少了。

自从20世纪初石室藏经被发现以来，从愚昧贪婪的王道士手中断送给帝国主义分子和当地官僚地主们近两万卷的写经文书及唐宋卷轴幡画。新中国成立之前，在反动政府的默许和纵容下，敦煌文物被奸商恶霸作为捐官致富的工具；有一个时期，流散在民间的文书写经曾有过以尺寸、以行字来沽售的市场，也出现过伪造敦煌文书的作坊。

现在，由于一系列新的文物政策法令的发布，由于广大人民群众对于文物新的认识，许多人觉得这些劫后仅存的散落在民间的文物不应据为己有，而应是国家的财产。敦煌县城一个中药店的店主，自动地无条件地把祖父收藏的出自敦煌藏经洞的两幅唐人画的白描菩萨绢画捐献给研究所收藏。新中国成立之初的几年中，由捐献和收购得来的文物还有：一卷唐人写的著名的《说苑》，汉玉门关遗址出土的有"敦煌长史"的封泥印和题记的汉简，唐代天宝年间胡奴多宝的卖身契，宋代木制回鹘文活字，元代也的米矢[1]买人契等。

从1951年开始，我所保护工作的重点从防止人为的破坏转移到防止自然的损毁防治方面来。

敦煌石窟修筑在一种由卵石和钙化沙土结合的岩层上，属于第四纪酒泉系的砾岩。地质年代并不太远，易于风化散落。所幸这里雨水极少，否则雨水冲刷就会造成毁灭性的后果。这里最大的威胁是来自每年春冬两季的大风沙，风势持久而凶猛。往往一夜风沙，就在廊道上和窟洞上形成一座沙丘，阻碍交通，有时还导致洞窟崩塌。窟内经常性的危害是壁画的色彩和纹样被磨灭、起甲和霉烂。

针对这种情况，在中央邀请的古建筑维修专家的帮助下，我们开始对敦煌石窟采取治本与治标相结合、临时与永久相结合、由窟外到窟内的步骤逐步进行抢险和加固工程。窟外部分，又分成抢修和加固岩壁、设置洞窟门窗、修造

---

[1] 现译为也的迷失，元朝将领。

防沙墙、植树造林等几个步骤来进行。窟内部分,采用高分子原料的卡塞因和阿古利拉等化学混合液的注射,消除近年日渐严重的壁画酥松、起甲、发霉、脱落等现象。这种措施虽然暂时也解决了一些问题,但是高分子化学原料的作用并不能持久,看来还需要进行新的试验和探索。

绝不会再受人劫夺破坏

说到文物保护,我想起1944年初秋发生的一个小小的插曲。那是我们来到千佛洞的第二年,由于重庆国民党政府教育部的渎职和拖欠,我们的经费奇缺,工作和生活条件极端艰苦。为了维持日常必需的城乡之间的联系,我们凑钱用低价买了两头毛驴和一匹老马,作为仅有的交通工具。因为找不到储藏牲口草料的房屋,负责喂养牲口的同志异想天开地看中了中寺后院一间大约3平米见方的土地庙,没有其他办法可想,我只得同意了。

庙里面并排着3个大约是财神、土地、龙王的神像,是19世纪中叶清代的遗物。艺术价值不大,但作为文物,在未做过细的鉴定之前,还须妥为保存。因此我再三叮咛把神像移到别处好好保藏起来,不得损毁。

人们按照我的嘱咐把神像搬离了土台子,发现每座神像都用一段木料作为固定中心的支柱。其中有一个姓杨的泥工认出那是桃木。按照封建社会迷信的说法,鬼怕桃木,因而可以避邪。老杨用力一抽,整根桃木便从神像的腹中抽出来了。

塑造神像,坯子一般是用草和泥捆扎的。但这三座神像却不同,却是用古人的写经,紧紧地捆扎在桃木上,也没有用泥水,所以解开看时非常干净和完整。粗粗检视一下,认为这些文书很可能是距当时大约1500年的北魏人手写的佛经。更令我惊奇的是，这些写经用的米黄色纸张又细又薄，好似刚从纸厂里生产出来的一般，而墨色晶亮，笔画清晰遒劲。如此的纸光、墨气真是令人倾倒。

这天是 1944 年 8 月 30 日。我们正接待来自重庆的几位文化学术界的朋友，其中有著名的考古学家夏鼐、敦煌艺术研究者向达和阎文儒等专家。这个发现惊动了这些专家，在他们的指导下，我们对这些文书进行了初步的细致的整理。

根据纸张、书法和三个有明确题记年代的标准进行判断，肯定了这些新发现的文书乃北魏人的写经残卷，共 65 卷。其中有兴安三年（454）五月十日谭胜写《弥勒经》，前凉和平二年（355）十一月六日唐丰园写《孝经》和《毛诗》残叶，太和十一年（487）五月十五日写《佛说生死得度经》，以及六朝职官花名册等经卷杂文等共 66 种。

这是继 1900 年震动世界的发现敦煌藏经洞之后的又一次重大的发现。经卷数量虽然不多，而且出自偶然，但在敦煌千佛洞发现，其意义却是很大的。

据当时 70 岁的上寺主持老喇嘛易昌恕回忆，土地庙和上寺同时建于清道光十一年（1831），早于 1900 年石室藏经的发现 69 年。这就可以断定，这次新发现的文物，绝不是第 17 窟藏经洞里的东西。从而给我们提出了一个有趣的问题：在第 17 窟藏经洞发现之前，千佛洞是否还有过一次类似的发现？在这里的石窟群中，今后可不可能再有新的藏经洞的发现？当时正在我所做客的夏鼐等专家和所内的同事们都感到极大的兴奋。

现在可以肯定，在新中国如果再有新的发现，绝不会再有被人任意劫夺、破坏的事情发生了。

做一名无产阶级文艺战士

新中国成立初期,投身于席卷全国的政治学习热潮,使我对中国共产党及其政治纲领和各方面的方针政策,有了进一步的认识。特别是从我在新、旧社会几十年生活的亲身经历的对比中,我清楚地看到,只有中国共产党的领导和社会主义制度,才能正确地理解和重视祖国传统文化艺术的保护、继承和发扬的工作。

证诸敦煌石窟的历史,远的且不说,自从20世纪初藏经洞被发现以来,不论是清代封建王朝、北洋军阀,还是国民党政府,一任外国帝国主义分子和冒险家们肆意盗窃和毁损。现在好了,这座举世无双的民族艺术宝库从此有了忠实可靠的守护者和继承者。我感到有生以来从未有过的兴奋和幸福,我将为它献出我一生微薄的力量。此时,我认识到,"共产主义是社会生活和个人发展的理想的真正实现"。

1956年,我向研究所的党组织提出了入党申请。不久,我荣获批准,被接纳为中国共产党党员。从此,我意识到自己是一名无产阶级的文艺战士,不论是在改造客观世界还是在改造自己的主观世界方面,落在自己肩上的责任更重了。

忠实临摹和摄影大规模展开

自从工作条件和环境大为改善以后,壁画临摹和全面摄影的工作开始大规模展开。因为这是现代各国配合考古发掘而开展的一项永久保存文物文献的有效工作方法。

　　临摹古画，本是中国民族绘画传统中一个不可缺少的课题。我们的先辈一向主张，临摹不但要客观地临摹绘画的形与色，更重要的在于神态笔墨气韵。宋代著名画家米芾曾说过："画可摹，书可临而不可摹。"他认为"摹"画在于外表的效果，而"临"画则是需要理解绘画整个神态和笔墨气韵。临摹，就是力求把一幅绘画作品从"形似"到"神似"都忠实地再现出来。

　　大家知道，印度阿旃陀壁画的临摹工作是由英国女画家海林岗[1]（Christina Herringham）于1896—1897年进行的。当时海氏和她的几个助手，用两年工夫一共临摹了百余幅阿旃陀壁画，使这个埋没在德干高原的古代印度绘画艺术公之于世，在伦敦举行了一次轰动英国的阿旃陀壁画摹本展览会。但这些摹本是用英国传统素描勾勒和水彩烘染的技法表达出来的，很难体现出印度东方壁画那种厚朴生动的特点。可惜这些摹本最后还遭到一场火灾，全部被焚毁。

　　东邻友邦日本奈良法隆寺的金堂壁画，由名画家入江波光、桥本明治、中村宏陵等20余人用10年时间精心完成临摹，可算得是近代世界美术史一项重要的科学文献性的纪录工作。金堂壁画不幸于1949年初的一次漏电导致的火灾中烧毁，现在幸亏有那些摹本代替了壁画真迹，成为存世的"孤本"，列入日本的国宝。

　　敦煌石窟艺术的临摹工作，从1943年算起，至今已有30余年的历史。但新中国成立前的7年，由于人力、设备等条件的限制，规模和收获都不甚大，只有新中国成立后的20多年，才算走上了轨道，取得了像样的成绩。我们的临摹工作，前后大约有三四十人参加，临摹了北魏、隋、唐、五代、宋、西夏、

---

[1] 现译为克里斯蒂娜·赫林翰。

元等各时代的壁画代表作品，共计 1300 多平方米。

我们就是选用这些摹本，前后大约 30 次在国内外举办的敦煌艺术展览会中展出。除若干幅整窟原大的摹本外，还有近 2000 幅各时代的代表作品和各种专题的集锦。这些摹本客观地体现了自公元 4 世纪到 14 世纪 1000 余年间，敦煌艺术在主题内容和时代与艺术风格方面的发展演变情况。在国内，批判地提供了新艺术创作的借鉴；在国外，使国际友人认识到，除斯坦因、伯希和、华尔纳、柯兹洛夫、橘瑞超等盗劫的部分宝藏外，敦煌石窟还有这样丰富的艺术遗产存在着，受到共产党和人民政府的保护和重视。

首次与日本同行们交往

1957 年末至 1958 年初，应每日新闻社和日中文化交流协会的邀请，我们敦煌艺术展览工作团一行四人访问了日本。从 1 月 5 日到 2 月 16 日，敦煌艺术展览先后在东京和京都举办。我为团长，李承仙作为团员同行。

这次我们带了 300 多件展品，其中包括上文提及的那幅 5 米 × 12 米的第 285 窟整窟原型摹本，在一个多月的展出期间，受到 10 万多人次的观摹和赞赏。来自观众的，特别是日本文化界同行们的热烈反应，给我留下了极其深刻的印象。

在东京的展览会场上，我见到《敦煌画之研究》的作者松本荣一先生，他紧紧地握住我的手说："今天亲眼看到你们这样丰富的艺术展览会之后，我才感觉到我知道的敦煌艺术实在太少了，太片面了。因为我是根据伯希和的《敦煌石窟图录》和斯坦因有关敦煌报告中的插图进行写作的。它们最大的缺点是单色的黑色照片，而且又是非常小的照片，今天看到你们原大原色的杰出的摹本，使我受到很大的启发。"

美术史家今泉笃男先生说："我们多少年来埋头在埃及、希腊、罗马等西方古代美术史的研究中，了解西方世界人类艺术创作演变的历程，却没有料到敦煌北魏时代壁画具有那样朴实浑厚而又富于表现力的风格。在这种风格中，不但可以体味到汉晋绘画中气韵生动的传统，而且还可以看出北魏早期敦煌壁画大刀阔斧的气魄，是现代派绘画的前驱者。"

美术评论权威柳亮先生说："从敦煌早期壁画中，可以体味到埃及古墓中壁画的风尚，可以看到拜占庭艺术和罗马艺术的风尚……不管希腊、罗马艺术如何崇高……我说敦煌艺术是虎虎有生气的东方人类文明的曙光，是20世纪现代绘画的祖先。"

考古学家驹井和爱教授说："战后日本青年一味崇拜希腊、罗马……认为东方没有什么古文化可以研究学习似的；在参观了敦煌艺术展览之后，他们都惊叹敦煌艺术的高超，和过去崇拜西方文明的盲目性。有些人看了敦煌唐代壁画后才进一步认识到古代日本和古代中国是同文同艺的，原来日本飞鸟、奈良时期的古文化是从中国隋唐时代传过来的。法隆寺第六壁阿弥陀净土变中的佛、菩萨像与敦煌第57窟北壁初唐说法图的佛和菩萨像，俨然如同出自一个粉本似的……这一切可以说是历史的见证。今后我们应该面向东方，从东方民族文化的基础上发展我们的新文化。"

考古学界的权威原田淑人博士说："敦煌艺术是日本艺术的根源。"

日本天皇裕仁的弟弟三笠宫先生参观展览后说："敦煌艺术是日本艺术的原型。"

《每日新闻》还刊出了《敦煌——东洋美术宝库》末页，列举一些实例，将日本自8世纪到17世纪1000年中的著名绘画与敦煌壁画作了对比，这是研究中日文化交流关系的一件非常有说服力的资料。

通过面对面的座谈、讨论、讲演以及广播、电视、电影、出版物等渠道，与日本朋友进行广泛的交流，我获益匪浅。日本文化界同行们一个个诚挚而友善的音容笑貌，以及充满友好热烈气氛的各种集会的场景，至今回忆起来仍然历历如在目前，特别是日中文化交流协会原会长片山哲老先生，他在展览会开幕式上热情的讲话，春节时（访日期间适逢佳节）给我们这些远离家乡的人拜年，羽田机场上依依惜别的情景……永远深深铭记在我的心头。对他的溘然长逝，我谨致以沉痛的悼念。

研究工作顺利开展

敦煌文物研究所的工作，当然并不仅只是临摹和介绍，更重要的是如何保护和进一步用马克思列宁主义、毛泽东思想在批判分析的基础上进行研究工作。

根据中央文物局的指示："敦煌艺术的临摹工作既是保护文物的一种手段，也是分析研究古代艺术遗产的演变发展的重要实践。"近年来，我们在进行临摹工作的同时，研究和保护文物的工作也在顺利展开。

在延绵1公里长的千佛洞岩壁的北端，有很多如蜂房的小洞窟，有的小到只能容一人栖身，有的洞内还可找到当年遗留下来的一只调颜料的破陶碗、秃笔管和小油灯盏。这些小洞窟是千百年前各时代的无名的画工们和塑匠们借以栖宿的地方。想到他们在封建统治者的奴役和压迫下，凭借一些极端简陋落后的工具，竟能创造出如此灿烂辉煌的艺术，这些古代民间的艺术匠师们该具有何等令人惊羡和敬佩的毅力和才智！

通过临摹，通过对各时代壁画中的人物、山水、花鸟等的描绘、着色、勾勒、烘染等的研究，我们可以看出这些古代的无名艺术家高度的艺术造诣和创造革新的精神。他们突破了佛教和来自西域的佛经题材与佛像量度经等的清规戒律，在民族绘画传统的基础上，兼收并蓄，为我所用，从各方面反映当时的社会生活，表达他们对善恶的颂扬和批判，和对于美好生活的憧憬和向往，从而创造出来既富于时代特点，又富于生活气息和现实感的杰出的艺术创作的成果。在千百年后的今天，对我们仍然显示出栩栩如生的动人景象。

但是，敦煌艺术是以宣扬佛教为主的宗教艺术。正因为当时它具有如此有生气的艺术感染力，因此也就含有一定因素的迷惑和欺骗人民的麻醉剂。马克思说："宗教是麻醉人民的鸦片。"毛主席说："中国现时的新文化也是从古代的旧文化发展而来，因此，我们必须尊重自己的历史，决不能割断历史。但是这种尊重，是给历史以一定的科学的地位，是尊重历史的辩证法的发展，而不是颂古非今，不是赞扬任何封建的毒素。"

因此，我们的研究工作始终以马列主义、毛泽东思想为指导思想，以历史的、辩证的观念进行批判分析，扬弃其封建性糟粕，吸收其民主性的精华，以供发展民族新文化新艺术的借鉴。

从50年代末到60年代初，从全国各地的大专院校陆续输送了一些毕业生来充实我所的研究人员的队伍。他们与所里老年的和中年的同志们一道，对这个浩如烟海的古代艺术宝库进行认真的探索和研究。

敦煌早期壁画，乃出自五胡十六国拓跋族画工之手，他们的粗犷放达、富于汉画传统的生动笔触，加上来自印度的佛教菩萨、飞天形象，还带有域外袒胸裸臂的风尚。但到了隋代，敦煌壁画中的人物线描已趋向细致圆润。正如中国画史所说：隋代画家展子虔"人物描法甚细，随以色晕开"。这种甚细的描法，一改敦煌粗描放达之风。而且隋代的敦煌壁画中不惜采用大量的赤金白银、石青石绿、朱砂等贵重颜料,这一切正反映了隋代皇帝的穷奢极侈和利用佛教麻醉人民之一斑。隋文帝在开皇元年(581)发诏大修佛寺,大造金银檀香、夹纻、象牙、玉石等佛教像的时代风气,也传到了遥远的敦煌千佛洞石窟寺。一直到唐、宋、元各代,敦煌壁画的民族绘画传统,更进一步显示了中原民族绘画传统的特点。这就充分证明了古代艺术匠师们如何智慧地通过去芜存菁、外为中用,使敦煌艺术成为广大人民喜见的古代民族艺术宝库。

为了贯彻古为今用、推陈出新的方针,我们在临摹的基础上,经过分析批判,也做了绘制富于时代特点的新壁画创作的尝试。另外对于石窟历史的分期和排年,我们也做了初步的系统的研究和鉴定的工作。

联成一部完整的中国美术史

为学术研究做参考的资料和图书也在不断地得到补充和增加。有些是向国内外购置的,有些则是用我们自己的著述和资料与国内外有关资料交换。到目前为止,我们共拥有2万多册有关敦煌研究的专著和2万多幅有关图片。中国科学院还为失散在国外的敦煌写经文物全部复制成近7000个缩微胶卷,无偿地赠送给我们,丰富了我们的收藏。新中国成立以来,我们在敦煌地区的发掘和收购中,也增加了为数不少的贵重文物。

我们在历年对洞窟的维修工程中,陆续发现了不少被掩埋的或暗藏的洞窟。石窟的总数不断增加,从新中国成立前的309个增加到现在的492个,共增加183个新发现的洞窟。在有些保存比较好的洞窟内,还找到了一些有价值的历史文献和其他重要文物。

中国历代的美术史,只见诸零散的文字叙述,而没有作品实物的流传。敦煌艺术可以说是稀世的伟大的存在。它是宗教的艺术，但也是民族的民间的艺术。虽然有人至今仍然否认它是正统的中国民族艺术，但证诸中国画史和近年出土的汉唐墓室壁画，不能不承认敦煌艺术是 4 世纪到 14 世纪一脉相承的民族艺术传统。敦煌壁画制作技术当然与中国传统的宫廷卷轴画有所不同，但它所反映的粉本技法还是足以代表各代的民族风格的。

这一包含从北朝到元代 1000 多年丰富多彩的内容的 492 个洞窟的壁画，系统而完整地填补了《历代名画记》和《图画见闻志》等中国著名画史著作所空缺的插画图录，补充了宋元以后就散失了的历史名画真迹。它本身就是一部活生生的中国中世纪的美术史。由于它的存在，我们可以上接汉代出土墓室的壁画，下连永乐宫、法海寺等地的明代绘画和清代绘画，一直和近代衔接起来，联成了一部完整的以图画为主的中国美术史。这对中国艺术今天的发展具有不容忽视的作用。这增强了我们这些长期在沙漠孤岛中埋头工作的人们的信心和决心。

史无前例的全面加固工程

文物保护，是我所主要的经常性的工作之一。从 1951 年起，我们首先抢修了 3 座岌岌可危的唐代和宋代的木构窟檐，对石窟群的现状作了一次普查，并制订出一个初步的整修计划。为了弄清地下埋藏情况，对石窟群从南到北进行了一次底层的全面的电测。对一座早期北魏危险洞窟，我们采用花岗石柱承重办法，修建了 121 米长的永久保固的檐横道。我们用化合物卡塞因和阿古利拉等液体注射法做试验，成功地粘补了一座严重起甲的洞窟的壁画。对于重点洞窟，我们还安装了温湿度测验的装置、岩壁开裂的观测装置以及防风沙的风速风向的小气候测验装置,等等,初步建立起保护石窟的安全装置系统。通过上述装置所得出记录数据,逐步建立了石窟保护和研究工作科学资料的档案。

由于壁画长期封闭在空气不流通的洞窟中,以及由于崖壁本身因气候变化而蒸发返潮等原因,壁画出现酥碱、龟裂、起甲及大面积脱落等病变。据统计,损毁壁画约占石窟全部壁画总面积的六分之一,共计741平方米。壁画的加固和维修工程是个大量的、刻不容缓的任务。经过摸索和试验,我们采用土洋结合的方法,用高分子溶液和矾胶水的混合体进行注射,得到了令人满意的效果。

1959年,为了进一步推进全所的工作,我向中央文化部写了一个报告,详尽地提出了如何加强保护石窟群的壁画和彩塑、如何防止石窟崖层上鸣沙山向前移动危害石窟的寿命等问题。这个报告受到文化部的重视,后来派了一个由文化部副部长徐平羽为首的包括治沙、古建、考古以及有关出版和电影摄制等方面的十余个专家组成的敦煌工作组,到莫高窟来进行现场考察和研究。在一段时间内,解决了机械固沙、壁画修补复原、抢救危险洞窟以及有关研究资料的出版和彩色纪录片的摄制等问题。与此同时,并请有关专家做了关于石窟艺术的价值、保护、抢修工程等的专题报告。文化部工作组的上述工作,不但给我们解决了研究石窟艺术的理论问题,也解决了保护和抢修工程的实际问题。这使我们认识到,这座历经一千数百年的民族艺术宝库,由于年久失修而险象环生,零星修补的工作是无济于事的,必须尽早进行石窟群的全面抢修工程。

1961年,莫高窟被国务院宣布为全国重点文物保护单位。

在敬爱的周总理的亲切关怀下,经过周密的勘探设计和研究,最后由国务院批准拨给我们一笔相当可观的经费,由铁道部桥梁工程队承担莫高窟的全面抢修工程。

为了保证工程质量，铁道部从全国各地调来 100 多名富有实践经验的桥梁隧道工程师和工人，共同研究，制定出一个抢修工程的方案。根据这个方案，工程既要达到加固崖壁保证石窟的安全的目的，同时还要保持古建筑的艺术形式与石窟外貌的和谐。

从 1963 年到 1966 年，工程分四期进行。工程范围（包括石窟群的南北两区总长约有 4040 米的长廊）中，加固了 195 个石窟，用钢筋混凝土预制梁臂和花岗岩大面积砌体，对 360 多米的岩壁和 30 余处有严重倒塌危险的洞窟作了彻底的加固。

这是莫高窟一次史无前例的全面加固工程，其不但使洞窟结构起到永久性的加固作用，同时按照需要在有些地方加深甬道，脱胎换骨地更新了风化的岩壁，彻底解决了石窟艺术品经常遭受风沙、雨雪和日照的侵蚀和危害，从而防止了壁画变色、脱落等病变的产生。

今天，布满在鸣沙山崖壁上的 492 个洞窟上下四层之间，都用钢筋混凝土浇筑预制的护栏回廊连接起来。唐代莫高窟全盛时期的那种巍峨壮观的"虚栏栈道"，可惜只见诸文献记载。当人们沿着牢固美观的回廊尽情巡礼浏览时，除感到上下崖壁交通的安全便利以外，多少也能领略到一些千佛洞昔日的丰采和气派吧。

严峻的考验

1966 年春夏之交，当我们正在积极筹备敦煌莫高窟 1600 年（最早的窟开凿于公元 366 年）的纪念活动时，"文化大革命"开始了。莫高窟和我个人，都经历了一次严峻的考验。

作为一个敦煌艺术的保护者和研究者,我体会最深的是关于对"文化大革命"前新中国17年工作如何评价问题的大辩论。

…………

人们知道,所谓敦煌学的研究,是从20世纪初开始的,1900年6月22日,当时主持敦煌石窟寺院的道士王圆篆,在第16窟甬道偶然发现了一个封闭于宋代景祐二年(1035)约3米见方的秘密藏经洞,内藏自公元5世纪至10世纪几百年间僧俗人等所手抄的古代各民族文字的文书及绘画、织绣、版画、拓片等4万多件文物。

当时,面对这一不可思议的意外发现,王道士不知所措,随即报告当时敦煌县的县长,那位不学无术但却狂妄自大的县太爷,竟以古人的书法不如他为辞,命王道士不必大惊小怪,仍将洞窟封闭起来就此了事。

王道士还不死心,又悄悄地写了一个草单,"上禀当朝天恩活佛慈禧太后",报功请赏。不想,1900年,正是八国联军攻进北京,大肆烧杀掠夺,清王朝惶惶不可终日的垂亡关头,丧权辱国的反动统治者,实行的是对内镇压、对外投降的政策,使中国沦为半封建半殖民地的地位。随着不平等条约一个接一个地签订,中国成了各国冒险家的乐园。外国强盗,武装的和"文明"的,在中国大地上横行无阻,竟相肆无忌惮地劫夺祖国各地的文物宝藏。晋代大画家顾恺之的《女史箴图》,这样一件稀世之宝,就是这时被抢走的。

1902年,一些垂涎中国西域文物的外国的"专家""学者",在德国汉堡开了一个所谓的国际东方学术会议。一个曾于1879年到过敦煌的匈牙利地理学会会长鲁克西,在会上谈到了敦煌石窟艺术宝库,并叹为冠极世界。从此,帝国主义国家的"专家"们便接踵而至,与王道士非法交易,把藏经洞四分之三的重要宝藏先后盗劫而去,称为敦煌学资料。因为有了这许多赃物,他们竟然厚颜无耻地宣扬,只有他们才有资格研究敦煌学。这真是地地道道的强盗逻辑。

1911年,清王朝覆灭了,来了个民国。在北洋军阀政府和蒋介石政府的统治下,国家的地位并没有本质的改变。一度挂起的敦煌艺术研究所招牌名存实亡,一任我们几个工作人员在沙漠瀚海的苦寒酷热里吃尽苦头,从来不闻不问。

新中国成立后,敦煌石窟艺术宝库回到了人民的怀抱,成立了直属政务院文物局的敦煌文物研究所。从此,古代劳动人民创造的这些无价的民族艺术瑰宝,有史以来第一次得到了妥善的保护、研究和继承。17年来,我们的工作虽然做得不多,但是一直受到党和国家以及国内外人们的赞扬和鼓励。本文以前多有论述,这里不需赘述。

我之所以要谈起这些世人皆知的往事,目的是要用历史来做个对比,人们说,没有对比,便没有鉴别。

可是,林彪和"四人帮"完全不顾事实,对一切民族文化采取野蛮的虚无主义的态度。几年前,不学无术的江青就叫嚷过:"敦煌是没有什么可继承的!"主子一声令下,走卒们便为非作歹起来:全盘否定17年的工作成绩,竟在新中国成立初期中央政务院颁发给我所的奖状上打上一个大"×";诬蔑石窟壁画是"贩毒广告",诬蔑我所的工作是"推广贩卖毒品";给我和其他一些工作人员戴上"走资派""反动权威""残渣""余孽"等帽子,加以百般的打击和迫害……

我对这一切,当时心里是怎么也想不通的,而且我也知道,有我这种想法的人不在少数,只是在"四人帮"的淫威下,敢怒而不敢言罢了。但即使在浓云密布的日子里,我一直坚信,乌云是遮不住太阳的,总会有风停云散日出的一天。

大悲大喜的一年

1976年，是我一生中最难忘的大悲大喜的一年。悲的是，我们党和国家三位最卓越的领导人——周恩来总理、朱德委员长、毛泽东主席——相继与世长辞了；喜的是，"四人帮"这个祸国殃民的"政治毒瘤"终于被割除了。

当这年的第一个噩耗传到兰州时，巨大的哀痛，使我心血上涌，无以自制。想起周总理对敦煌文物工作一贯亲切的关怀，对我这个在人生道路上长途跋涉，盼来解放，终于在中国共产党内得到生命归宿的知识分子的谆谆教诲，我不禁痛哭失声。我俯在总理像前，哀恸地想"敬爱的总理早逝了，而我却活着"，竟至痛不欲生。

我自1973年被迫离开敦煌千佛洞，心情极端苦闷。后来又不断听到敦煌来人讲到那里由于管理不善，石窟中堆满了积沙，游人到处题壁涂抹的陋习又出现了。看到敦煌艺术遭到如此的冷遇和破坏，而又无能为力，我在有苦无处申诉的心境下，写了这样一首诗：

危岩千窟对流沙，卅载敦煌万里家。
金城长夜风吹雨，铁马丁当入梦涯。

千佛洞九层大佛殿檐角的铁马，当受到戈壁滩上刮来的劲风吹动时，就发出耐人寻味的叮当叮当的声音。这声音，在新中国成立前每逢不眠之夜，曾给过我多少慰藉啊！虽然不免有些单调，但是在死寂的漠北之夜中，那如泣如诉的声音，在我艰苦的生活中还能增添一些生气。它使我联想起祁连山中夜行骆驼队的铃声。但驼铃声却比铁马声要浑厚、雄壮得多，而且又是一种自远而近、自近而远的立体感觉。驼铃给我的感觉是急迫的，它仿佛在启示我：在我有生之年，应该为党为人民多做些工作。

这时，我不禁想到周总理生前对我的教诲，他曾多次鼓励我，要我把敦煌文物的保护和研究工作坚持干下去。人们曾不止一次地听到总理说过："我知道自己老了，要多做些工作，争取一分钟的时间，就多做一分钟的工作。"

在我半生坎坷不平的生活中，特别是在那"四人帮"横行的日子里，总理曾给了我多少斗争的勇气和信心啊！

噩耗接二连三而来，特别是伟大领袖毛主席的逝世，给了我人生中难以承受的最大的打击。

1976年10月，毛主席逝世后还不到一个月，忽然传来了万恶的"四人帮"彻底覆灭的喜讯。整个兰州欢喜若狂，人们奔走相告，好像迎来了第二次解放。仿佛在茫茫沙漠中，一场黑风过后，忽然风停沙落，晴空万里，面前阳光普照，无限光明。我打心眼儿里欢呼："我们的党是多么英明、伟大啊！"

"飞天"新装挥舞迎

"十年冰霜花事尽，春风喜度玉门关。"这句诗颇能表达我今天的心情。中国古诗有"春风不度玉门关"之句，用来形容大西北戈壁瀚海的荒凉。但我今天深深感到，吹遍中国大地的春风，同样激荡着玉门关这神话般的沙海中的绿洲孤岛——敦煌莫高窟。

1977年9月，原兰州军区萧华政委和韩先楚司令员乘直升机访问莫高窟。这给了我们研究所全体工作人员莫大的喜悦和鼓舞。萧政委是位身经百战的名将，又是位有才华的诗人，他的"长征组歌"博得了广大群众的喜爱。他在参观石窟后，在留言簿上即兴挥笔写下：

银鹰降临沙州城，"飞天"新装挥舞迎。

莫高艺术扬中外，阳关春暖观光人。

这振奋人心的诗句，对敦煌石窟的新貌，真是一个传神的写照。

飞天，佛经称为香音神，她们在天国晴空中往来飞翔，奏乐和散花，是敦煌石窟庄严的佛教壁画中一种轻快美丽的艺术形象。飞天本来是中国传统的佛教画中用来刻画"极乐世界"，象征和平幸福景象的，兼具现实主义和浪漫主义的色彩。她有如西洋宗教画中的天使，但肩上没有翅膀，全凭衣带的飞扬、裙裾的拽动和身段的飘飞，显得如此逼真而动人。这是中国古代无名画师的一种天才而大胆的创造，使整座石窟产生"天衣飞扬，满壁风动"的效果，博得人们的喜爱。

时光在流逝，莫高窟檐角铁马的叮当声永远在我心头鸣响。它给我以一种紧迫感，仿佛在启示我：生命不息，跋涉不止。我决心在有生之年，把全部心血和精力献给敦煌艺术事业，鞠躬尽瘁，奋斗到底。

（节选自政协甘肃省敦煌市委员会编《敦煌文史资料选辑》1991年6月第1辑，原名为《莫高窟檐角下的铁马响丁当》，有改动）

第一章·人生初途

童年生活

我出生在光绪三十年（1904）农历二月二十一日午时。小时候常听母亲说，这一年是龙年，那一天还是惊蛰，你这条午时雷雨交加中出生的"龙"，是个很好的兆头。在我儿时的记忆中，最清晰的莫过于母亲和善的面孔和那双蕴藏着生活的艰辛却永远饱含温情的眼睛。"龙"是什么东西？好兆头又是什么？在一堆问号中，我记下了母亲在我耳边念念叨叨关于好兆头的话。

我没有看见过祖父，只见过在除夕夜挂在厅堂正中、头戴红缨帽、身着镶金黄袍、坐在太师椅上的祖父画像。听祖母说，祖父是东北热河头田佐镶黄旗的满族人，姓伊尔根觉罗。他是从热河派到杭州驻防并安家落户的世袭小军官——云骑尉。祖母生有4个男孩子和3个女儿。我父亲排行第一，是长子，他后来是黑龙江省一个八旗工艺厂的录事。二叔死得很早，留下二婶和4个孩子。三叔、四叔因事故不幸致残。3个姑母中，二姑母曾进南京金陵女子神学院读过书。我母亲生有5个男孩子。我是老二，下边还有3个弟弟。大哥书林，三弟书文，四弟书箴，

◆ 常书鸿的母亲、父亲

五弟早亡。

辛亥革命那年,我才6岁。记得一天夜晚,浙江金库所在地范台衙门起了大火,把西湖碧水映照得通红。当时,我们住在西湖边的旗下营(现在是新市场),见此情景又惊又怕。祖母便带着我从西湖逃到南高峰,躲在一个破庙的大殿里。在清冷的月光下,我看到庙里的神像阴森森地举起双手像要扑过来似的,令人毛骨悚然,可怕极了。联想到沿路听人所说,现在清朝倒了,要杀鞑子,更加不寒而栗。我向悄悄流泪的祖母说:"我们会被杀吗?"祖母望着在我们头上举起双手的雷公菩萨说:"这只有菩萨来保佑了!"她念叨着,叫着我的乳名说:"灵官,你睡吧,奶奶在这儿,不怕的!"在祖母低弱的哭泣声中,我带着一种幼年初次遭遇的极大恐怖渐渐蒙眬地入睡了。

第二天早晨醒来时,我看到庙里已挤满了从城里逃出来的男女老少。祖母向他们询问城里的情况。他们便说起要"杀鞑子""剪辫子"

等各种传闻。这使我们又是一阵心惊肉跳。祖母不自主地轻轻念着阿弥陀佛。我依着她也不敢多讲话了。躲在庙里，最让我难过的是不知道家里母亲和兄弟们的情况。"是不是都被杀了呀？"祖母一直在隐隐哭泣。但当我问起时，她总是说："不要紧的，孙儿。我们家中并没有作孽，祖宗会保佑我们常家的……"我们在南高峰又胆战心惊地度过了一夜。第三天早晨传来消息说，城里一切照常，并没有"杀鞑子"，也没有打仗。我们这才放心了。随着众人，我们怯生生地回到城里，但不敢回到旗下营的老房子去。我们找到在汉人聚居区住的亲戚家一打听，才知道全家搬到一个叫湖墅的地方的汉人朋友家去了。一家人又团圆了。

辛亥革命以后，男丁们原有的皇恩官饷被取消了。这一来，20多人的一个大家庭被迫走上了自谋生计的艰难道路，几乎每个人都负有责任。也正是在这谋生的道路上，我初次接触到了绘画，萌发了对艺术的喜爱与向往。事情还得从我二姑说起。我二姑刚刚定亲，丈夫就死了，因此她便信佛吃长素。生活的逼迫，又使她改信基督教，免费进了南京金陵神学院学习。从南京金陵神学院毕业后，她在我家附近的湖山礼拜堂美国浸理会女牧师福姑娘身边做助手。她一直没有出嫁，而且想方设法地为家里人张罗工作。致残的三叔很聪明，从小就爱绘画，可是无情的病魔不但夺走了他那双蹦蹦跳跳的腿，还使他的双手渐渐萎缩，一只手像婴儿在胚胎中一样蜷曲胸前，只能用另一只还能活动的手吃饭。在二姑的鼓励下，他顽强地坚持学画。绘画初始，他的笔下常是一些写实的作品：小孩荡秋千、放爆竹，山水，花鸟。后来，湖山礼拜堂的福姑娘随二姑来到我家。福姑娘身材很高大，已上了年纪，却还穿着很好看的花布长袍，戴着一顶花布太阳帽，夏天还拿着一把花布小伞。虽然她也是一头栗色长发，蓝蓝的眼睛，可是她却和许多洋人不一样，非常和蔼可亲，来时总给我们小孩子每人一块美味的奶油巧克力糖，对三叔的小画片，总是赞不绝口。她建议让三叔画一些中国风味的彩色贺年片或圣诞节、复活节用的画片。因为这些画出于残疾人的手笔，画技还不错，加上福姑娘的宣传，三叔卖得了一定数目的钱，贴补了家中的花销。从这以后，三叔还经常教我们帮他填颜色，摹写画稿。

二姑是一位虔诚的基督教徒。她不顾祖母的反对，组织我们全家弟兄在家做礼拜，要我们写赞美诗。每个礼拜天下午，由二姑主持，让我们大大小小坐在一块儿唱赞美诗。她为了鼓励我们坚持下去，还用钱来买动我们，每做一次礼拜给一个铜板，画一张赞美诗的挂图，便多给几个铜板。我母亲和祖母原来对二姑的这些活动总是投以冷眼，但奈于她既给我们钱，又使我们不再吵闹，时间一长，也只好听之任之了。

全家的经济仍是很困难的。我们十个兄弟姐妹都逐渐长大了，光是二十几口人的粮食，每月就需要三四十元。为了增加收入，父亲让我们搬到涌金门外荷花池头（现在的柳浪闻莺）一处闹鬼的房子去住，把自己在新市场闹市的房子出租给别人。我们搬出祖宅时，祖母伤心地哭泣着，抚摸着院子里的老槐树流连难舍。我在搬家之前，特意在墙上嵌了一块石牌，上横款刻着我自己写的"存德堂"，下面两个楷体大字是"常界"，大门上嵌一块匾，上刻"槐荫书屋"。祖产房子颇为宽敞，是一个房舍严整、花木葱茏的院落，可说是我童年的"百花园"了。记得院前有一棵大槐树，枝繁叶茂，夏天蝉在树上欢鸣，鸟在枝头叫唱。我曾养了一只小鸟，在三叔的帮助下，居然把它训练得可以断线放走，又可叫回来，可按我的话去墙上含一个红绒球，或跟着追一朵绒线花。

我不玩的时候，小鸟就在大槐树上玩耍，饿时就来向我叫着要食，十分有趣。在祖房后面小天井里有一口很深的水井，每到夏天，我们用它来冰西瓜，又凉又甜。后园有一棵很大的黄白相间的木香花树，还有桃、樱桃、枇杷等果树。到了春天，尤其是到了祭祖的那天，我们可去后园里吃樱桃，把一串串的木香花采来送亲友。祭祖除买鸡鱼等好吃的东西外，还要买一只全羊，吃羊汤饭，邀请亲戚来家举行宴会。每到这一日，我母亲就梳起钗子头，头上插着翡翠的钗子，脸上涂粉，抹胭脂，身穿绣花长袍，脚着木屐鞋子，走起路来一步一摇，使我感到既新奇，又有趣。但这些都是我小时候的一种美好记忆，自从辛亥革命以后就不再举行了。

搬到荷花池头后，我发现这座房子比我们祖宅还要宽敞。房前有一个荷花池子，门前还有两棵大梧桐树。那是暮春时节，荷花池中翠绿的荷叶亭亭玉立，洁白、粉红的荷花含苞待放；池子里、荷叶上蹲着不少碧绿的青蛙，看见人来了就扑通一声跳下水去。在清亮的池水里，我们可以见到一群群小鱼在嬉游，小虾在纵跃，螺蛳也在堤边石缝里缓缓移动，有时还可以看到一条大黑鱼带着一群小鱼在荷叶影子里游动。那些小黑鱼黑头黑尾、扁嘴巴，随着母鱼游来蹿去，十分招人喜爱。看到这些景致，搬家时的怨恼一下子飞得干干净净，对新家顿时觉得非常满意了。

我跑到后园里，那里有四棵橘子树，正开花，散发着像代代花一样扑鼻的奇香，此外还有不少玫瑰花、桂花，香气袭人，沁人心脾。在地面上放着成排的花盆，好像是一个花圃。我满意地搬开了一个大花盆，想看看盆底有没有蛐蛐，忽然看到了一条黑身黄足红头的大蜈蚣，吓了一跳。一个邻居的儿童对我们说，这屋里不但闹鬼，还有大蛇、大蜈蚣精、狐狸精呢！我接着问邻居的孩子，这里一定有蛐蛐吧。"有，有。"说着，那个小伙伴领着我来到房子后面的围墙外，指着一片开阔地说："看，在那里，你如果不怕的话，可以去死人棺材里捉蛐蛐，骷髅中的蛐蛐是最好的，有的是！"这个小孩子叫阿五，和我年龄相仿，从此我们成了最好的朋友。

在对新房子初步适应的一周后，我对妈妈和奶奶说："这里非常好，比我们原来祖产房子还要好呢！"妈妈累了一天，要我赶紧休息。我却一直在想，这么好的环境，钓鱼、兜螺蛳也可以解决我们的一些吃菜问题了。临睡前，我选了几根钓虾的细竹竿子，用缝衣针做了几个钩子，匆匆倒在床上睡着了。忽然，我被玻璃窗外的月光照醒了，蒙眬中以为天亮了，看时钟才5点，东方有一点白光。我披衣起床，赶忙跑到大门外荷花池的岸上，看到黑黝黝的河虾都爬在近水面的石头上。我高兴极了，急忙沉下钩子，竟不费力地钓了大半面盆活虾。我在盆上面覆盖了鱼草，悄悄地煮了一锅水泡饭，准备好上学的书包。做好了这一切，已是6时半了。我又悄悄地和妈妈说，泡饭已煮好了，今天中午蒸虾当荤菜，再炒一点咸菜，中午饭解决了。妈妈抚摸着我的头，整整我的衣襟，哭着说："你真是妈妈的好孩子……上学路上不要跑，好好读书。"

西湖畔新家留给我最深印象的是一年农历的六月十八日。这一天出嫁到诸暨的小姑母也回娘家来了。全家人除了残废的三叔，老老小小都兴冲冲地去西湖边看荷花灯。这一天是观音菩萨降生的前一天，西湖上要举行荷花灯会，附近的人都要来杭州，彻夜不关城门。整个西子湖热闹极了，十里西湖如镜的湖面上，技艺不等、华陋不一的五彩荷灯，慢悠悠地铺满在粼粼碧波上；豪华的画舫、玲珑的小划子穿梭其间；有时烟火腾空，那时的烟火放上去如一出出戏，漂亮极了。我忘乎所以地拍手跳跃，由于湖边长满青苔的石头很滑，一不小心，自己竟像一个元宝一样跌落到湖里。这一下可把祖母吓坏了，她拿着拐杖直叫："灵官，好孙儿不怕，拉着拐杖上来。"但是滑溜溜的石头，我怎么也攀不住。这时，我只听到扑通一声，一双有力的手，像盖叫天举坛子一样，把我一托送到岸上。祖母看着我浑身湿透的样子，笑着说："灵官真是个好孩子，掉进水里也不哭，真勇敢！明天是观音菩萨降生日，你这条小龙今晚下水迎观音菩萨，菩萨一定会保佑你大吉大利的。"

我的童年充满了艰辛，也充满了温情和幻想，家乡的一草一木，一情一景，牵动着我永久的思念之情。

校园遇知音

童年的嬉笑、玩耍是让人留恋的。尽管那时已家道中衰，但读书识字，望子成龙，仍然是母亲心中不可排遣的意愿。刚刚8岁，我就被送进了亲戚办的梅青书院（私塾）学习，以后又进了杭州涌金门内运河下的时敏小学。校长姓章，是一个对学生非常严厉的教书先生。拜师那天，母亲带着我去学校。我记得当时母亲还给我拿了一包香烛。虽然封建王朝打倒了，但当时的小学课堂中央还挂着一个小木龛，里面有一个"天地君亲师"的牌位。入学仪式是：先点燃香和一对蜡烛，对牌位行三个鞠躬礼，再转过来对校长行三鞠躬。行毕礼节，校长指定了我坐的位子，这便是入学了。因为在此之前我已上过私塾，所以进学校后就插班在初小三年级，一年之后又进入惠兰高等小学上五年级。

在高小，结识了一个名叫陈永安的同学。他比我大几岁，不单功课好，而且能画中国山水画。我因为从小就跟着三叔学画画，故此，我俩志趣相投，很合得来。

我喜欢画画，但不像芥子园画谱那样，用圆圈画梅花，写个字当竹叶,我不理解这种表达方法。我喜欢能够表现人物光暗的西洋水彩和油画,但不懂水墨画。我跟陈永安画了一段时间国画后,感到国画太抽象,不写实。所以后来就自己找《东方杂志》上印出的彩色泰西名画来学,觉得还有趣味。有人劝我考上海美专,但父亲不肯,说:"你画画不能当饭吃,家里这许多人口,生活这样困难,怎么办?"我想了一想也确是如此。

高小毕业后(大约在1918年),父亲强调要我投考工业学校。我在犹豫不决时,忽然听说中学的一个教员要去考留法勤工俭学,那时我才15岁,怀着一种好胜的心情,悄悄地向老师问明报名的种种办法,便背着父母报上了名。但这次因为不会法文没有被录取。不得已,我只好遵照父亲的旨意投考浙江省立甲种工业学校的电机科。虽然被录取了,但因为数学考试成绩不好,第二个学期根据我自己的意愿,改选了染织科;在染织科里,有染织图案和染色等课,总算还有一点绘画造型的意趣。

当我转到染织科的时候,碰到一个和我意趣相投的同学,名字叫沈西苓,是沈兹九先生的弟弟。他的父亲是浙江规模最大的伟成丝织公司的负责人之一。当时沈兹九先生已在日本帝国美术大学留学。沈西苓也是非常喜欢绘画的,但他父亲为了让儿子继承父业,一定要他学染织,这样一来我们俩在染织科成了志同道合的好朋友。我们常常去看染织图案,对好看的各种染色绸布进行研究、讨论。我们从染织图案的纹样造型和色彩联系到西洋画坛上的各种流派,从绸布浸染的色彩变化,议论到当时法国印象主义画家高更在塔希提土人服装色彩的启发下创造的象征主义画派。我们还悄悄地参加了由名画家丰子恺、周天初等人组织的西湖画会。这个画会里有不少青年学生和业余美术工作者。我们每逢星期日或假日一同到西子湖畔去写生，孤山的红梅与平湖秋月的莲花，都是我们画笔写生的对象。我们还把写生作品在茶馆或饭店陈列展览，听取意见，以资改进。我特别爱好人物，从各种画刊杂志中搜集国内外名家的彩色画片，在家临摹。为了减轻日渐衰落的家庭的负担，我还抽出时间用木炭画像。

1923年，我已学完浙江省立甲种工业学校的课程。按照这个学校的制度，每年要收留各专业成绩优秀的毕业生在学校里做教学工作。在毕业典礼上，我被宣布留在母校，担任染织科纹工场管理和预科的美术教员。沈西苓则由他父亲决定去日本自费留学。在离别前，我们依依不舍，希望能够共同再走上新的学习岗位。尽管西苓和他父亲愿意资助我去日本学习，但由于我家境困难，还是未能同舟共行。当时，我还有一个更高的奢望——去法国。我认为学洋画去日本不如去巴黎。

是年秋季，按照母校给我安排的工作岗位，我先去纹工场报到。这个工场原来的管理员叫都锦生，就是后来杭州很有名的"都锦生丝织厂"的创办人。纹工场是设计制作丝织物纹样图案、意匠的工场，从事制图、意匠、纹板轧制等一系列准备工序，使丝织物通过提花机生产漂亮的杭州特产丝绸和华丝葛之外，还可以制织各种风景、肖像和人物。这个工场里，既有美术的图案绘画，也有机械的工业制造。都锦生是我的老同学，那时他已在自己家中装备了一个小作坊，利用纹工场设备开始生产织锦和西湖风景织品等。因此他希望早一点离开纹工场，专门从事他家中经营的小工厂，但苦于没有适当的人来接替。当他知道我去纹工场时，便感激地将工场和十余个艺徒都交给我管理，说："由于你帮助,我可以放手从事都锦生丝织厂的发展,我将来一定会报答你的。"

我担任了纹工场管理和学校的美术教员后,当然比起在学习时繁忙多了。我专心致志地要把工场和美术教育工作搞好。开始上美术课时,我怕学生不听话,但经我热心教导后,全班三十几个学生都非常喜欢我。我不但在上课时尽心教他们,连假日都带他们外出写生。有一次,我们在西湖孤山画风景,湖对岸雷峰塔的影子倒映在水中,那景致如诗似画。可画着画着,忽然耳边轰隆隆一阵闷雷似的,但见对岸灰沙弥漫,一角天都看不清了。及至灰沙散尽,咦,奇怪,雷峰塔不见了。原来千百年来就矗立在这儿的雷峰塔,经不起风磨雨蚀和人工破坏,终于倒掉了。

第一个学期终了时,校长告诉我,他了解到我在预科的美术教学很受学生欢迎,所以想把原来由周天初教授担任的美术课也让我兼任。在第二个学年以后,我的工作分量增加了,但心里很高兴。这期间,我还经常收到西苓从日本寄来的信,令人鼓舞。西苓说,他到日本后深受日本美术界进步思潮的影响,已开始对政治发生兴趣。他经常寄给我日本刊印的美术画册和美术理论书籍,这一切对我学习的帮助很大。我们在通信中,有时讨论艺术,有时辩论政治,并谈及厨川白村的名著《出了象牙之塔》。对照名著,我们都感到自己在艺术上知道的和能够干的太少了,远没有登堂入室,更谈不到爬上"象牙之塔"了。因此,我们决心把艺术创作的基本技巧更好地学到手。

西苓到日本后进入东京帝国艺术大学,我也醉心于西欧的美术,立志要到巴黎艺术大学去学习。于是我利用业余时间,早晚随身带了一本袖珍法汉字典,把生字一个一个地用红铅笔划出来,捂着法文念汉字,捂着汉字念法文，死记、硬背，坚持两年，进步很快。

　　1927年，国民党反动派突然发动对共产党的大规模屠杀。有一天，我和学生正沿着延龄大马路走向湖滨，忽然迎面来了一队穿灰色军衣、肩背大刀的刽子手押着三个五花大绑的青年。我突然发现其中之一是我们西湖画会失踪了3天的成员M君。正在我心里惶急、惋惜的当口，突然人群哗地一下四散奔逃。原来这些丧尽天良的刽子手，就在当街将这三个无辜的青年杀害了。这个遭遇像电流一样，使我全身打了一个寒噤，也促使我下定决心，必须尽快地离开这里，离开这个白色恐怖的险恶世界。当时我已经参加了浙江省教育厅选拔赴法国里昂中法大学浙籍公费生的考试，但考完后迟迟未见发榜，盛传这次考试是虚有的空名，实际名额早已由几个大学生私分了。我见公费留学无望，立即决定自费去法国留学。这决定得到了母校的支持，也得到了都锦生、劳尔遥及学生们的支持。

第二章 留学法国

巴黎学子

1927年6月16日,我登上了一艘由上海开往马赛的达达尼亚大邮船。上邮船的舷梯时,兴奋的情绪就笼罩着我。梦寐以求的西方艺术、卢浮宫的藏画和雕塑将成为我的摹写对象,将毫无掩饰地展示在我的眼前,使我激动万分。

船在晨雾中徐徐驶出港口,外滩的高楼大厦渐渐地变小了,模糊了。报时大楼上的钟声,穿破灰蒙蒙的雨雾低沉地响着,黄浦江上粗闷的汽笛声也此起彼伏,混响成一片,一阵阵传入耳中,使我的心情随之又产生了一种抑郁和伤感。当时的中国,充目所见的都是饥饿、流血和豪富的挥霍奢华。祖国的山河虽然秀美,但是艺术,绘画艺术的天地,在这个国家里几乎就像抛弃的垃圾,没有一席可栖存的土地。船尾掀起的浪花声单调地唱着,我突然感到了一阵酸楚,眼眶湿润了。母亲那张和蔼的脸,童年时钓鱼捉虾的湖边小湾,同窗知己沈西苓和一个个朋友熟悉的面容,像一幅幅画,闪现在我一瞬间似乎空白了的头脑里。

不容我多想,一个船员已吆喝着向我招手了。我这次远渡重洋,是得到一位同学父亲的帮助。他花了100大洋搞到了一张统舱船位的证。住统舱是不能走出底舱到甲板上去的,要整日缩在船底。为了能看一看沿途的风土人情,并且挣点钱解决初到法国时的困难,我找到了在船上伙房里打杂的工作。洗碗盏、洗菜、削洋芋、杀鱼宰鸡等下手活,都由我一人承担。最让人难受的,就是从上海到马赛要在下舱底闷一个月的时间。经过地中海等海洋时,又正值7月炎暑,下舱密不透风,那闷热实在令人难熬。

在途经西贡、红海、亚丁、印度洋时,天气炎热加上锅炉的温度,真是闷热得让人透不过气来!尤其是在经过印度洋时,大风大浪,剧烈的颠簸使得不少工人头晕呕吐,一两天吃不下饭,饮不得水。我虽然也感到不舒服,但欣慰的是,临行前母亲替我准备了一罐雪里蕻咸菜,实在吃不下饭时,便吃一点咸菜;加上我从小喜欢走浪桥浪木,在大风大浪中经过一两天的锻炼,已慢慢地习惯了在摇摆中工作和劳动。

结束了一个月的航海旅行,到达马赛,改换火车,直到到达梦寐以求的人间"艺术天堂"巴黎。

那时,我认识一个杭州老乡郎鲁逊。他是在巴黎高等美术学校半工半读学雕刻的同学。他把我介绍到一个巴黎拉丁区中国饭店,当半日做工半日学习的临时工。我把全部业余时间用来学习法文和绘画技术。因为拉丁区是艺术中心蒙巴拿斯的所在地,那里有开小型展览的画廊和供业余练习速写和绘画的格朗旭米埃画室。这个画室分人体速写素描、油画习作和静物画室,白天夜里都为业余或专业的美术工作者开放,只要购入门票,就可以进去画画。画室里有白发苍苍的老人,也有学生和业余爱好者,入场券有月票或周票,每次用票一张。模特儿的姿势和位置

◆ 1928年，巴黎留学时期的常书鸿

由模特儿自己安排。我住在科技学校路中国饭店对面的一个小旅馆的最上层阁楼中。房中一张小床，一个小窗户，一进门就要弯腰，只有到窗户口才可以直立。这是旅馆中最廉价的房间。为了节省开支，这是老乡郎鲁逊为我想方设法租到的。

我到巴黎的第二天，热情友好的郎鲁逊带我参观了伟大的卢浮宫。从文艺复兴、古典主义、浪漫主义到现实主义、印象主义，从达·芬奇的《蒙娜丽莎》、达维特的《拿破仑一世加冕大典》、德拉克洛瓦的《希俄斯岛大屠杀》、库尔贝的《画室》，直到马奈的《草地上的午餐》等伟大的艺术杰作，这样系统的、完整的展览，深深地印在我的脑际中。它使我明白，绘画艺术通过各时代作家的努力，非常深刻地反映了人类在大自然和历史中的思维和创造。而且他们在演变发展中、在追求真善美的创作中取得了伟大的成就！我感到我到法国来的动机是正确的。我要努力钻研西洋美术史，我要认真学习西洋绘画。

时值20年代后期，第一次世界大战的创伤还没有得到很好的弥补，欧洲已逐渐从痛苦的回忆中苏醒过来。只有远在太平洋彼岸的美国富有的画商成为这个艺术之都最受欢迎的贵客，成为这一时期世界艺术家集中的蒙巴拿斯和蒙马特的动力，加上巴黎大大小小各式各样的博物馆、美术馆，各种流派作品汇聚的沙龙……这一切形成了名副其实的世界艺术中心！当时，对于我这个盲目崇拜西洋艺术的中国人来说，每天沉浸在西洋现代"五花八门"的艺术流派的海洋中，感到眼花缭乱，无所适从。但是受如饥似渴的求知欲的驱使，想到这样远涉重洋来到异乡的不易，想到艺术的学习不是朝夕用功可以解决的，我决心认真地长期地攻读下去。但家庭的困难和母校补助又都不允许我专门学习。正在踌躇中，来了转机。1927年10月的一天，我正在宿舍作画，突然郎鲁逊兴冲冲地来到我房间。他差一点把我抱起来。他说我已被录取为法国里昂中法大学的公费生。这意外的喜讯，使我不敢相信。他拿出刚收到的《申报》。我在报上看到了浙江留法录取名单中有我的名字。不久，里昂中法大学的通知也到了。

接到通知后，我随即到里昂中法大学报到。里昂中法大学是利用庚子赔款在法国里昂创办的中国留学生大学。校长名义上由中国人担任，但实权掌握在里昂大学法籍校长手中，他是庚子赔款管理委员会主任，负责各项事务。当时国内军阀当权，为了安插私人，严密控制里昂中法大学留学生名额。1923年，陈毅、李富春等一批留法学生曾要求享受公费待遇。他们严词责问驻法公使陈箓，并围困里昂中法大学。此事在国内也引起广泛反响。国民党当局被迫改变选送办法，自1927年起由各省选派。

我适逢其时，由于浙江大学的据理要求，得以参加考试并被录取。根据我选择的专业，我被分配在里昂国立美术专科学校学习绘画及染织图案两项。我因为没有国内专业美术学校的证书，所以不能投考插班，不得不从一年级开始。当时我已 23 岁，而投考这个学校的法国人，年龄没有超过 16 岁的。他们都是穿着短裤的小学生。我在他们中间学习的确很不好意思。但作为基础课，我情愿忍受着难堪，和他们一道从石膏素描开始学起。在学习中，真是如鱼得水似的，我的成绩很快赶上了二年级的学生。第二年，教师们让我跳班参加三年级的人体素描考试，结果也不错。那时候，由南京中央大学艺术系转来的吕斯百、王临乙两位同学已升入分专业的三年级油画班、雕塑班了。吕、王两同学都以出色的成绩震动里昂美专。我也不甘落后，很快地在人体素描方面名列前茅。1930 年，我参加了全校以"木工"为题的素描康德考试，获得第一名奖金，从而提前升入油画班。

油画班的主任教授是窦谷特先生。他原来是专门制作教堂彩色玻璃画的老画家，忠实地接受并且维护了达维特以来的画院教学传统。当我第一次进入他的画室时，他冷冰冰地对我说："对于你，我不否认你曾画了许多不坏的素描，这是好的。但到我的画室来，你不要再背上'素描'的包袱，因为在某种意义来说，到我这里来要重新搞一个用色浆涂抹的油画。"用色彩及光暗的块和面织成的造型总体，它既有色彩的运用，也有光暗远近的总体塑造。古代大画师，从意大利文艺复兴时的达·芬奇、米开朗琪罗、拉斐尔、丹多洛、提香，到德意志的霍尔本，弗拉芒的鲁本斯，荷兰的伦勃朗，法国的达维特、安格尔、德拉克洛瓦、库尔贝、米勒、塞尚、马奈、莫奈、雷诺阿、西斯莱、马蒂斯，一直到毕加索，他们刻画严谨生动的形象，给我们的印象是存在于大自然的一个完整的构图，永隽的纪念碑。

在我们开始画油画之前，窦教授叮咛要我们先研究了解油画颜色的制作方法和各种油色的相生相克、调和与配合。他不让我们购置放在锡管中现成的油色，而要我们自己研究颜色本身的植物或矿物原料的化学成分与研制，调进油类和甘油的成分、剂量等。我们到一家绘画原料公司购置油色的粉状原料，然后进行试验和制造，学习过去大画家的用色习惯和调色的配合方法等。这段时间需要占两周左右。然后开始画布的制作，笔的选择，及出外写生必备工具的制备，比如画箱、画凳等。这一切都完成了之后，就开始绘画。第一天油画课是从一个老模特儿开始的。意外的事情是窦教授向新生宣布，只能用黑白两种油画颜色，一个星期内完成这幅肖像画。这对我来说是一次意外的考试。用黑白两色画油画肖像，仿佛要一个长跑选手练开步走一样，因为在此之前，我已用油画画过不少人像、静物和风景画。但这幅两色油画创作过程使我了解到，作为一个初学油画的人，应该如何从木炭素描人像晋升到油画人像的表现过程，这是十分重要的。而这种学习在国内是没有的。第二星期习作的课题，是用土红、黑、白三色油画人体的练习。这幅三色油画人体练习持续了两星期。这个练习使我对于土红在黑白两色之间所起的作用有了非常深刻的体会。第三次是使用全色油画绘制一幅色彩非常鲜艳的花果静物写生。这种循序渐进的教学方法，加上解剖学、西洋美术史、美术馆参观和幻灯教学（因为里昂美术馆就在里昂国立美术专科学校里，所以结合参观进行绘画是非常合适的），比之我参加蒙巴拿斯自由画室的学习，真有天壤之别。

在里昂时，冼星海来信曾劝我去巴黎学习。我深深地感到这个建议是十分重要的。为了加强学习，我每天中午带了面包和简单的冷菜，在美术馆里边参观边吃。下午，我还去美术和染织图案系选课学习。这个系除绘制染织图案外，还重点设计应用于客厅、餐厅、寝室，以及火车站、旅馆、剧场的各种壁纸。我夜间还在里昂市立业余丝织学校学习，真是到了废寝忘食、如醉如迷的程度。很快地过了两年，我在业务上有了长足进展。这时在同校学习的吕斯百、王临乙已转到巴黎去了，沈西苓也在日本学习完毕，回到上海从事电影导演方面的工作。沈西苓告诉我，他认为绘画的局限性比较大，目前应该用戏剧和电影的综合艺术来唤醒醉生梦死的社会。同时，里昂美专的教授也鼓励我画几幅创作，参加里昂美术协会的沙龙展出。

1931年秋，法国报纸刊载了九一八事变的消息。日本军队的铁蹄蹂躏了中国东北整片辽阔肥沃的土地，接着又向关内步步紧逼，中华民

◆ 从左至右：王临乙、常书鸿、吕斯百、李有行

族的命运已处于生死存亡的关头。我们在国外的中国人莫不忧心如焚，都决心回国投身于迫在眉睫的抗战救国工作。窦谷特教授理解我当时的心情。他安慰我说："当然日本人的侵略是不能容忍的，但你们是一个有4亿人民的大国，连年军阀横行，各自为政，当今救亡工作主要在于唤起人民一致抗日。你作为一个画家，应该用你在绘画上的才能，搞一点反映现时爱国思想的作品，这正是你们英雄用武的时候呀！"老师的启发，使我鼓起勇气，画了一幅《乡愁曲》的油画。一个穿中国服装坐着的少妇，面带愁容，正在吹奏竹笛。这是我第一次画人像创作，这也是我进入油画班第二年的一幅油画。老师认为这是一幅有中国风格的绘画。他鼓励我拿这幅画参加里昂沙龙展出，为此我获得优秀画奖状。

1932年夏，我以油画系第一名的成绩毕业于里昂国立美术学校。同年，我参加里昂全市油画家赴巴黎深造公费奖金选拔考试，以《梳妆》油画获得第一名中选。这个奖由里昂已故名画家捐赠基金委员会主持，每年进行全市选拔考试，得奖者享受公费选派赴巴黎深造。我以一个中国人也是中法大学学生的身份得到这个奖金，所以还是按照公费奖金待遇赴巴黎深造。我选择到巴黎高等美术学校法国著名新古典主义画家、法兰西艺术院院士劳伦斯的画室学习。劳伦斯三世以严谨的画风著称于法国画坛二百余年。家族之人都以画历史人物画独步画坛。劳伦斯善肖像人物，又精静物，以简练精到的新古典主义著称。他看了我在里昂的素描与油画，表示已初具绘画基础，但真正的油画必须要从现在开始努力学习。来到了离别4年的巴黎，旧地重游，这个古老城市的一切，都没有多大的变化。但对我来说，已不像初来时那样孤独了，身边有了从国内来的妻子陈芝秀和在里昂出生的女儿沙娜。更难得的是在巴黎又

◆ 1933年，常书鸿、陈芝秀、常沙娜一家合影

和吕斯百、王临乙、曾竹韶、唐一禾、秦宣夫、陈士文、刘开渠、王子云、余炳烈、程鸿寿等一些老同学和朋友见面。他们都是从事建筑、雕塑、绘画各专业的能手。吕斯百和王临乙是在里昂毕业后先我们来到巴黎的。同学们热情地帮助我们建立工作室和家庭住宅。为了大家今后共同学习和生活，我们选择了巴黎第16区巴丁南路[1]的一个画家住宅区安家。以后，以我家为中心，每当工作和学习之余，每一个周末或过年过节，我家就成为聚会聚餐的地方。后来我搬到塔格尔路，并于1934年[2]成立"中国留法艺术学会"，参加者有王临乙、吕斯百、刘开渠、唐一

---

[1] Bardinet，有说在巴黎第14区，官方译法为"博迪南"。常书鸿居住在博迪南路16号。

[2] 成立于1933年。

◆ 1933年，徐悲鸿到巴黎举办"中国近代绘画展览"，留法学生聚集在黄显之住所欢迎徐先生

◆ 1934年，中国留法艺术学会成员在巴黎

禾、廖新学、曾竹韶、陈士文、滑田友、周轻鼎、张贤范、马霁玉、陈芝秀、黄显之、胡善余、秦宣夫、陈依范、王子云、余炳烈、程鸿寿等人。徐悲鸿、蒋碧微夫妇来巴黎举办"中国近代绘画展览"时，也到我们这里来过。这位老一代的艺术教育家和画家，对我们在巴黎学习也做了宝贵的指教。

悲鸿先生还参观了那时我在巴黎举行的个人画展。他对我画的《病妇》《裸女》，以及油画静物《葡萄》给予表扬。《葡萄》后来被法国著名美术评论家评论，认为是一幅具有老子哲理、耐人寻味的佳作。这幅画由法国教育部次长于依斯曼亲自选定收归法国国有。《沙娜画像》油画由现代艺术美术馆馆长窦沙罗亲自来我个人画展会场代表法国国家购去，收藏在巴黎近代美术馆（现藏蓬皮杜艺术文化中心）。1934年在里昂春季沙龙展出的《裸妇》，是1934年巴黎高等美术专科学校劳伦斯画室中得第一名奖的作品，得到美术家学会的金质奖章，也已由法国国

◆ 1934年，中国留法艺术学会成员在常书鸿家聚会（从左至右依次是：常书鸿、陈芝秀、王临乙、陈士文、曾竹韶、吕斯百、韩乐然）

◆ 20世纪30年代，常书鸿获巴黎春季沙龙金奖的奖章

家收购，现藏里昂国立美术馆。我的油画作品曾多次参加法国国家沙龙展，先后获金质奖三枚，银质奖二枚，荣誉奖一枚，我因此成为法国美术家协会会员，法国肖像画协会会员。

自1933年至1935年，我跟巴黎高等美术专科学校教授劳伦斯学习期间，受到他的教导很多。劳伦斯老师从来不把他正在绘制的油画给别人看，但他却对我例外，给我看，并且还教导我如何布局，如何配色，先画什么，边画边思考，按自己的意图画，直到完成一幅作品。画完以后再放放，看看，直至完善。我真是受益匪浅。劳伦斯教授不幸于1935年病逝。参加葬礼时，劳伦斯夫人含泪对我说："教授在世时经常对我说，'常'是他所有学生中最听话、最用功、最有成就的一个！希望你继续努力，不要辜负教授对你的希望！"

我在法国已度过了9年零10个月的光阴。在这里一草一木的兴衰和时序变化中，在紧张的学习阶段，多少个日日夜夜，艺术大师们和他们那些杰出作品，都使我激动，促我思索，给我灵感和力量。那许多个带着面包点心在美术馆边参观边吃地度过的午休时间中，我站在里昂画家

◆ 1935年,常书鸿、陈芝秀、常沙娜一家三口在巴黎

卡米耶·柯罗巨幅《林中仙女之舞》的杰作前面,享受作品中充满了性格和地方色彩的美妙和芳香,犹如欣赏19世纪法国文学家都德的《小物件》那样;站在德拉克洛瓦的《希俄斯岛大屠杀》前面,伟大创作给了我深刻的启示和感受。我由衷地感到,我们的艺术工作者,"只是忙于开个人展览,忙于个人称誉。所以中国的新艺术运动始终是没有中心思想、中心动力,像一个没有轴心的游轮,空对空的,动而无功!"[1]我们应当将自己的艺术投入到社会生活之中,才能创作出伟大的作品来。

---

[1] 见《中国新艺术运动过去的错误与今后的展望》,《艺风》杂志1934年第2卷第8期。

【附】[1]

现代绘画上的题材问题

福楼拜在他的杰作《萨朗波》(Salammbô)完毕之后,与友人通讯中说:"我所感觉的美的就是我所要做的,这是一册不涉及任何主题的书,一册不与外在接触,仅以他坚强的风格(Style)的力如地球的一无执着而运行于太空一样地自己支持着的书。"

福楼拜在这几句话中,使我们明了,所谓真正的艺术品不在外形的逼真,而在内容的充实。所谓题材,不过是限制思想的一个具体的形式。庸凡的艺术家有了好题材亦不知表现,反之,大家以为普通的无甚意趣的题材,对于一个卓绝的诗人或艺术家倒可以发觉许多动人的超脱的创作。

安德烈·方丹(André Fontaine)在他的艺术批评原理及其方法上有一段这样说:"所谓个性的表白并不是自我的肯定,而是从一个超脱的人在某一件细微的事件上意念出来的有趣的景况;因此,所谓个性,是作者活化(Viviriant)事物的自己的意念。"有了个性,有了自己的意念,然后敏锐地观察宇宙间的事物,那细微的激刺、寻常的变故,正是艺术家极好的题材。

现代绘画是现代生活的观照。生活在科学发达、物质充实的环境中,一朵花的蓓蕾,一个海的波涛,禽兽调节的动作,姑娘们的轻笑,壮汉的疾视,披了天鹅一般的鲜果的色泽,一个在赤裸着的肌体中所看见的血的流动,肋的弛张等等,我们的热望左右我们的意志,在上述的事物中渗进我们

---

[1] 本书"附"中文章,考虑到读者阅读习惯,在不影响原意的前提下,将人名、地名及一些语言表达改为适合现代读者阅读的表述。

的灵魂,作为题材。这或许就是现代的狂热罢!

这些题材,与前时宗教、政治、战争的内容虽不同,而表现的却是更真切更入情。

现代人对于肉欲的热情,以及生命的爱好,无疑地引导近代绘画迟疑在技巧上反动的时际,然而这个反动不过是一个外表的形式。实际上近代绘画是追溯传统,吸汲艺术的活的源泉,生活在自然与个己的思想之间,绝不会再归到学院主义的了。这里的近代艺术家是要表现从自我或在眼帘间所见到的,世界之前的人类的智慧中所产生的情绪(Émotions)。

因为是爱生活,近代艺术要使人类爱好近代生活。对于那些定型的题材没有一点点实际的需要。

当然,我们也未始不可说,有了题材,我们可以格外显然地表现时代的真相。然而一个题材,应该使人忘怀,应该脱却了这个虚伪的套袍,在整个画面上的线与块(Masse)的调和,在色与色之间的重量的调节,在艺术家的概念与个性、眼光、手法,尤其是他的灵魂等一切一切之后的小问题。

一个不可言说的温柔,当我们感觉到艺术家本身的灵魂在触动我们的灵魂,本身的感兴在激刺我们的感兴,两个思想正在相互地同化了的瞬间,才是艺术上超级的神化的时际。然而像这一类心灵间的交通,绝不是仅仅由"题材"而来的——只是绘画的本身,那遮蔽着颜色的画的表现,如王尔德(Wilde)所说:这个表面,以真实的纯化所谓体式(Style)来感应我们,以绘画上的线描科学所谓光暗的比照,以及线描上的阿拉伯风格(Arabesques du Dessin),色彩上的艳丽等等来感应我们。因为只有这些才能颤动那崇高与渺远的我们灵魂上的音乐的琴弦。假如调格(Goût)是情感上的某一种东西的时候，那么，真正只有色彩是万物间唯一最神秘的东西。

1934 年 2 月于法国巴黎

（原载《艺风》杂志 1934 年第 2 卷第 8 期）

巴黎中国画展与中国画前途

中国画展在卜姆美术馆[1]开幕之后，虽然有不少好的批评，但是因为是偏于宽泛的不着实际的谈吐，本人就坚持着要自己的老师一同去作一回周详的检阅，想要知道欧洲这班画师究竟对于中国画有什么意见。

我的画师就是法国 19 世纪名画家让-保罗·劳伦斯的儿子，新近去世的以素描负名于法国画坛的让-皮埃尔·劳伦斯的兄弟，法兰西学院院士，巴黎国立高等美术学校油画系教授保罗·阿尔伯特·劳伦斯是也。我把这位画师的衔头不厌其烦地列举出来的缘故，是要表白他是一位自小有艺术的修养、对于绘画有了相当体验的画家。我是在上课的时候请他的，劳伦斯先生说："不知道听见过多少朋友对我讲到中国画展，讲到中国画展的可贵，然而总是忙着忙着，一直到现在还没有机会去参观一次！好吧，我想在礼拜三那天下午，完了课，一定要去一趟，最好是你能够和我一同去，为我解释一点中国画技巧上的问题。"

卜姆美术馆是在皇家花园之中，位于巴黎的中心，协和广场一带本来是车水马龙、行人栉比的地方。那天天气晴和，下午 5 时之后，皇家花园正是

---

[1] 指法国巴黎的法国国家影像美术馆，是 1861 年拿破仑三世在皇家花园西北角加盖的，与花园另一角的橘园美术馆相对。

工作完了的文人游散的地方。卜姆美术馆前支张着新簇簇的中国国旗，与一丈见方的中国美术展览会中法合璧的广告。虽然是在开会15天之后，而且是5时之后，用5法郎（合中币1元）购了入场券去参观的人仍非常多。

我进会场不久，劳伦斯先生与他的太太就来了，非常迫切地，他把我一手拉到左首近代中国画展览室去。

"还是先看古代的吧！"我指着右首一间大展览室说。

"古代的？"他迟疑了一会儿，"那些差不多是从卢浮宫搬来的东西，我想将来看的时候还多，不如去看一看近代的再说。"

"你知道，劳伦斯先生，要明了这近代中国画的根源，有系统的我以为还是从古代的开始较为适当。"

"很好！"他说着我们就从右首古代绘画陈列室看起。

这个画室陈列着的四五十件作品中，自唐、宋、元、明直至清朝，除四五件壁画属于一个姓罗的中国画商之外，其余的40余幅古画全然是外国人所有的。为永久保持起见，这40余幅年代久远、变了色的中国古画，都被装置在玻璃镜框中。这样一个装置，那气象就有一点怪异，至少"古色古香"的风味要减少了好些。

第一张为劳伦斯先生看中了的画，是一张明朝的羊，画纸已变成棕黑色。这是3只绵羊，那卷曲的毛像是硬化又不失自然，那线条的构成、曲线的布置等都非常调和，而又含着崇高伟大的气魄。

"啊！这几只小羊！"劳伦斯先生惊异地叫着，"你看它们一点也没有做作，一点也没矫揉，自然地把画家的风格、气概和那伟大的生命毫无遗漏地表现在纸上。虽然是3只小羊，但是它们给我的印象，比达·芬奇的圣母还要崇高神圣！这样的格调，这样纯洁的画风，你看从文艺复兴之后有多少画家在追求而不能达到的境地。这真是中国的画圣。"

接着他看到赵子昂的骏马图、元代画家画的鹿以及唐人画的一幅有17世纪意大利画派构图风味的《醉酒图》，似乎意外地探得了一个新的艺术的园地。劳伦斯先生赞赏着转过身去，却刚好看到一幅注着明朝（一尺见方）的画像，同样装在一个精致的木框中。这张画像背景涂着青黑色，脸部作惨白色，是一个三四十岁的中年男子，着了青衫，勾描得非常精细，可以说是一张西洋的小型画。

"喏！这一幅画就是朋友们赞赏备至、特别要我注意的画！"劳伦斯太太一见到就叫了起来。

"是什么时代的画？"劳伦斯先生一面走近一步去观察，一面向我问。我说："注解是明朝的画，但我以为像这样的画风，掺杂了西洋画意，或许是清朝的东西吧。"

"你有道理！"劳伦斯先生说，"这张画颇有一点像意大利15世纪画家芒载业的深刻笔法。我以为至少不是纯粹中国画风吧！"

"这是什么意思？劳伦斯先生！"此刻卜姆美术馆馆长忽然走到我们前面，"你是不是说这幅画不是明朝或元朝的东西？你要知道，这一个陈列室的几十幅画是从三四百幅中国画中选出来的，都是选而又选，拣而又拣，在时代上无论如何不会错的！"

"然而，我觉得这幅画确有西洋画的风格，不管是真的也好假的也好！"劳伦斯似乎坚持他的判断。

这时候馆长似乎有点着急，他引着劳伦斯到前面一个画室中陈列的一张乾隆皇帝上朝时的横条前，这是一幅官廷里极其工细的写实图。"你看吧，从18世纪开始中国画才欧化，中国画才有西洋的风格！"馆长先生于是指这边，看那边。"其实，"他继续着说，"我以为中国画自有中国画的特色，他们的理解、他们对于自然的认识都是超过我们不少的。人说，近代的西洋画受了日本画的影响，其实，中国画的历史还在日本画三四百年之前。远东只有中国画而没有日本画，自然我们受的才是中国画的影响。非常不幸的，中国人拼命把西洋画掺杂在他们的国粹画中。像他们，"他指着我，"这一类年轻的人——是生了翼翅的雀子！我始终不喜欢他们到这里来搬这里的东西回去。所以前次开日本画展览会的时候，我是禁止在此地的日本学生与他的先生来参观的。因为我们开展览会的意思，是要把各地的美术、各地的风采特色保留着，并不是要他渐次地磨灭同化了！而他们——青年的学生——却一味厌恶自己的宝藏，来迎取别人已经疲惫不堪的东西。譬如说富其他……"

"不要说到这个宝贝吧，我请你！"劳伦斯先生终于开了口。

"然而富其他画几只洋火匣、香烟头、别针……倒还不坏！"

"不要再说这一个人家所不应该知道的画家了，我请你！"

"那么，"馆长先生急急引导着我们进了近代中国画陈列室，指着徐悲鸿的画说，"你看，像这一个中国人，这样努力地画了这样大的画。最奇怪的是他在几年前亦是巴黎美校的学生，他曾经受了西洋画的教导，回去之后，能够把在欧洲所受的教育运用在自己的国粹画中。他才不是一只生翅膀的雀子，他才是我们——西洋人——所希冀着的中国近代画家！"

"是不是？"他对着我点点头问。

"劳伦斯先生？"

这时候我看看劳伦斯先生，劳伦斯先生却用他两只锐利的眼睛盯在我身上。

"不要说什么，等一等我和你说吧。"劳伦斯先生轻轻在我耳边知会了一声。

馆长先生又引导我们到齐白石的画幅前，他说这才是一个"人才"，一个有才干的画家。于是又走到张大千的画前，他说他的东西有诗意，又熟练。其次是张聿光的画，他在他彩色的金鱼前站住了，他说这是中国现代最为民众欢迎的画家。"你看他非常巧妙的画法，擎一支笔，浸一点墨，一横笔，就是一只金鱼……嗒！"馆长先生的上嘴唇和下嘴唇用力地分开，做出一个干答的声音（意思是顶呱呱的好货！），"我们已决定展览会之后要收买其中最好的几幅。"

馆长忽地转过头来，在壁角上看一幅两尺宽、一尺长的装在银色木框中的画。这张画在整个陈列室中显然有一点独特的气概。画中似乎是一只雄鸡，只用了几条墨线，一条红色线做了鸡冠，非常简单随便，实在说不出什么好坏的话。不料馆长先生指点着说：

"据说这是一个什么美术学校校长的画，否则，我要拿掉他了。记得前年我曾买了一张，也是一个校长的洋画。但我好像以前讲过，不喜欢中国人画西洋画的，所以这张画并没有张挂出来。"

我们匆匆地在馆长指导下看了一周，只听得他一人的解释，但我自始至终不知道劳伦斯先生对于这许多画的见解。当馆长先生解释完毕匆匆忙忙地离开我们以后，我向劳伦斯先生问道："请你告诉我对于这个画展的印象，以及中国青年画家应走的路径。"

"我十二分满意这展览会上的作品给我许多崇高的纯艺术上的意义，因为这个展览使我更加明晰中国艺术在世界艺术上的地位。你看吧，"他重新回到古画陈列室，站在明代的动物画以及赵子昂画的马前，"看这纯真的轮廓，这形体的升华，在这幅画前，我们可以了解这个大艺术家的博学，这个大艺术家对于自然的融化。没有一丝一线的杜撰，没有一形一色的疏忽。这的确是超时代的艺术品，在世界绘画史上占重要地位的杰作。然而不幸的是中国艺术像中国一切文化、礼教、科学一般站在世界全人类之前，做了有功德的人类的先知先觉，发掘了新的宝藏，而终于湮没在没有酬报的不公平的不相识中。所以我说，中国民族是一个牺牲的民族，是一个被牺牲的民族！"他说了一句后又重说一句，似乎在同情的感觉中有了几分惋惜。

"这都是确切的事实，劳伦斯先生，我感谢你对于中国民族的同情。"

"现在，"我继续问着，"在你的眼中以为中国青年画家应走哪一条道路？"

"哪一条路？"劳伦斯先生有一点惊异，"你看吧，这一室从10世纪一直到18世纪的古画，像我以前所说过的一样，是超越了时代、了不起的艺术品。你们的祖先已经为你们开发了走不尽的大道，只要你们努力向前进，不怕没有宝藏发现。"

说着话，我们又重新回到现代中国画陈列室。

"在这个画室中，显然的，"劳伦斯继续说着，"作风有了转变。你们中国的艺术家也似乎与欧洲近代画家走上了同样的道路。当然的，在技巧上讲，这一点墨、一支笔潇潇洒洒在画纸上找大块的东西，近代中国画已脱却了前时期周到细腻的束缚，向奔放豁达的路上走。你看，"他指着高奇峰的山水，指着张大千的风景，指着郑岳的荷花，指着陈树人的花与竹，指着……"这些，这些都可以说是有诗情画意的作品。但是作为一个艺术家穷毕生精力只在这一点上停步不前，缺少伟大、丰厚与正气，幽情上似乎还嫌不足。"

"你的意思是？劳伦斯先生！"

"我的意思是应该多从事人物上的创作,像古画陈列室中《醉酒图》《狩猎图》那一类比较构成点的东西。"

"然而你没有看见徐悲鸿先生的大画吗?"我即刻领他到《九方皋》图前面。

"我佩服这个作者的勇敢,画了这么大一幅画,但是我不能赞美他的素描,你看:一个圆圈,两个,三个,四个,五个,六个,七个……"劳伦斯先生像在画室中改一个初学的学生作业一般,在那幅画上将一个拉马的手臂和脚腿上的一个个表示肌肉的圆圈计算起来说,"无论如何这是一个不好的素描!"

"但是,你没有注意这位作者对于这幅画上几个人物的表情是曾经费过了一番苦心,譬如,"我指着画中人物,"这个马前的老者一望而知是一个博学高贵、昂然不凡的人,那一个戴光帽子的小丑一望而知是一个狡猾庸俗的人,拉马的是一个武夫,等等。此外关于马的姿势、人物的布置,你应该了解这一个作者不是随便涂来的,像富其他一类日本画家之流。"

"对的,你的话。"劳伦斯先生说,"无论如何,中国画家总要比日本画家来得真诚一点。这不但我如此讲,其余一切欧洲的画家都是一致承认这一点。至于富其他那一类卖巧弄妙误己骗人的东西,那更不必讲了。"

"那么你应该爱这幅画的作者了吧?"

"不,不!我始终不喜欢他的素描。他这一点不幸,如日本画家一样,还是缺少真实性。"

"这里有一点应该和你说明的,就是中国画家总是凭想象,从来也没有对着模特儿作实际上的摹写,所以素描上的洗练方面是非常困难的。你应该知道,这位徐先生曾在法习画六七年。西洋画技巧上讲,是已经有了相当修养的人。自己从小就跟他父亲画中国画，对于中国画技巧上也不用说有了相当的功力。像这样，他凭了这两个不同技巧的训练，而融会贯通地产生了两者之间的画。这正是现在中国艺坛上高唱着的中国艺术复兴运动的原则。"

劳伦斯先生目定神聚、非常严肃地对着我说："你要当心！这是最危险的！人可说灰是黑与白两色之间的颜色，黎明是日与夜之间的时辰，莱茵河是法德两国之间的边界，但是世界上没有介乎死与活两者之间的灵魂！艺术是相对的形而上学的民族时代精神的表征，决不是拿西洋画的技巧执行中国画的原则，这一来，就可以说是中西合璧的介乎中西之间的艺术，不，不，决不是这样一回事！"

"那么，你以为应该怎么样才对呢？劳伦斯先生！"

"总而言之，无论中国画也好，日本画也好，西洋画也好，如果一个画家缺少了真实性，那就不是一个艺术家。你看，在我们前面，这几张古代的中国画中，一张有一张的价值，这可以充分证明中华民族是富有艺术天才的民族。我很希望你们这些青年画家不要遗忘你们祖先对于你们艺术资源的启发，不要醉心于西洋画的无上全能！只要追求着前人的目标，没有蹚不通的广道！"

6点钟早已打过了，参观的已全然退出，卜姆美术馆只留着几个守门的和一个馆长窦沙罗先生，还在等候着教授先生出来。

临行前，劳伦斯先生又到古画陈列室走了一遍。

"啊！下次再来吧！"他说着和我握手道别。

走出了美术馆，夏天的时辰，6点钟还是阳光灿烂，协和广场前面的中国国旗与青白红法国三色旗互相辉映，围绕着的是喧噪的汽车与匆忙的行人。在那时刻，那世界的东方，我的可怜的祖国正处在危亡旦夕，与日本签订了和解条约的次日。啊！中国艺术，中华民族，那黄昏一般的前景，正在期待着我们共同的奋斗!

1933年5月31日于巴黎

(原载《艺风》杂志1934年第2卷第9期)

雷诺阿的胜利

  如果我们承认艺术是创作的话,那么艺术进行的动向应该是前推的,离心的,是一切破坏力的原动轴,是时代改造的前驱者!然而不幸的是,历史带着传统的关联,艺术家不一定是创造者。安格尔一生只从事承继达维特古典形态的追求和那没有情感的希腊格调的因袭,所以无论他生前是如何高傲地要想与奔狂勇武的浪漫派前导德拉克洛瓦抗争,他终于还是生在时代里,死在时代里,而没有像德拉克洛瓦那般超越时代。

  雷诺阿与莫奈可说是印象派前锋队伍中两个最独特的具备着卓绝的情操、艰苦奋勇,穷毕生精力向时代挑战着的纯艺术家。我们看见同时代的马奈与德加用可人的色调与笔触,多半还没有脱离传统技术的作品,比较早一点就博得社会的同情与认识,因此他们的作风自始至终没有多大的转变。换一句话说,他们已终止在创造的中程,逗留于成功的路上,而不再冒险去求进取。雷诺阿却是相反地继续在不断的未来中求新生,求艺术的无止境。他并没有像马奈那般用可人的色调和笔触,他并不追求眼前的成功。因此,他是非常可怜地生活在仇视和讥刺的当代社会中,没有灰心,没有气馁,经过半个世纪长期的奋斗,时时刻刻在新的艺术过渡中推进,一直到今天。我们静心静意地在整个艺术史上作了一回周密的检讨之后,才应该毫无疑义地承认，雷诺阿是一个具备锐利的眼光和在现代女子一般充实了香、色、热、肉感的世界上最是深切地把握到核心的一个纯粹超时代的艺术家。

这一位最近在巴黎以一幅《小艺术家》赢得17万法郎高价的作者雷诺阿，同时又在渥郎其美术馆开了一个盛大的个人展览会。一时各报各杂志的好评仿佛把这位大艺术家的品格重新又加上一个新簇簇的、鲜明的冠冕。在这个雷诺阿展览会开幕的前夕，《巴黎晚报》记者又特地去访问雷诺阿的兄弟及雷诺阿的儿子（就是价值17万法郎《小艺术家》画中的模特儿，现在已是30来岁的壮年了），大家都是非常渴望地想探得一点雷诺阿生前的轶事。据说雷诺阿的后裔尚占有一个极重要的收藏品，甚至于保险公司不敢担保，那些遗作的价值是可想而知了。

人说雷诺阿是胜利了，然而请不要忘记他在仇视和讥刺中的奋斗。他不断地追求，这个胜利的酬报是在1933年距他死后14年的今朝。

（注）关于雷诺阿的生平及其作品本文作者正在从事译述，不久当可脱稿刊印。

1933年7月21日于巴黎

（原载《艺风》杂志1934年第2卷第9期）

艺术上的彷徨

对于中国新艺术运动中存在着的种种问题,我在去法国前后和沈西苓、冼星海、王以仁等有过一段时间的争论和商讨。10余年的时间很快过去了,我们走过的道路各不相同。沈西苓从日本回来之后,放弃了绘画,在上海编导了电影《十字街头》,冼星海回国后创作了《黄河大合唱》,王以仁却以突然失踪告终,这都是他们对文艺工作实践的结果。而我,10余年来,虽经刻苦学习,1942年还踯躅在巴黎蒙巴拿斯街头。正如徐悲鸿先生在1942年为我重庆个人画展所写《序》文中所指出,"在留学国目睹艺事之兴替";也正如一本由当代法国艺术评论家尚彼隆针对欧洲画坛写的《今日艺坛的惶惑》的论文集里所揭示的那样:五花八门的艺术倾向,直截了当地提出反映了资本主义世界所面临的一些几乎要崩溃的危殆的现象。欧洲艺术由于资本家和画商的直接操纵,已使巴黎画坛在20世纪30年代中,从立方主义[1],经过超现实主义到完全胡

---

[1] 立体派,西方现代艺术史的一个运动和流派。

闹的"涂鸦主义",彻底反映了丑化、恶化的资本主义经济基础和文化的崩溃。他们否定了造型规律,使艺术成为可以用符号代替的唯心主义抽象的东西。

我一方面既厌恶文学艺术上形式主义的没落与颓废的现象,另一方面对于学院派一些陈陈相因、趑趄不前的绘画理论与实践也感到失望。我的老师劳伦斯的教导使我在创作实践中得到一点进步,但所谓"新现实主义",不过是老现实主义较为简练的改良而已!巴黎这个笼罩着美的神秘面纱的大都市,曾经是,现在还是我历尽艰险争取得来的心目中人类文明的中心、世界艺术的高峰,为什么如今在意识形态上贫乏到这种地步!

在近代法国绘画史上,曾经出现过一些不满于欧洲死气沉沉资本主义现实的画家。他们为了追求真理,要求离开繁华的巴黎,去非洲、亚洲、拉丁美洲,到印度、东南亚等另一个世界吸取养料,从事创作。其中最突出的是象征派的先驱者高更。他离开巴黎蒙马特到南太平洋塔希提岛去从事创作。高更因为不满于绘画上形形色色的陋习,在1881年的一天晚上,将所有的亲戚朋友邀集在巴黎一家咖啡店中,发表了一篇向巴黎人告别的戏剧性的演说之后,次日就束装去塔希提,在那里安家落户,终身从事艺术的探索。今天我设身处地,从自己这几年来巴黎的亲身感受,以及对于艺术创作上存在的一系列问题得不到解决的苦闷心情,我完全理解高更出走的原因,甚至于也设想着有一天,很快地有一天,我也要向巴黎告别。

但是另一方面,我确实也存在对巴黎留恋不舍的矛盾心理。回忆近10年来在法国学习体会的经验,我觉得对于法国政府组织、保护、陈列得那么井井有条、内容丰富的现代博物馆、美术馆,必须再一次进行一番认真的巡礼,细致地参观、欣赏、学习那些自己一直喜爱的中世纪文艺复兴及十八九世纪前后一直到近代的艺术杰作,尤其是包罗万象的卢浮宫,那里珍藏着从希腊的《胜利之神》到意大利文艺复兴盛世的《蒙娜丽莎》等驰名世界的杰作,它们使我毕生难忘。而那些代表法兰西大画家达维特的《拿破仑一世加冕大典》和19世纪安格尔的《土耳其浴室》,德拉克洛瓦的《希俄斯岛大屠杀》,马奈的《草地上的午餐》和以黑人作背景的《裸卧女》,莫奈的《睡莲》,德加的《舞女》,米勒的《晚祷》等等,已经成为世界名画的杰作,都是人世间不朽的创造,它们更深深地刻印在我的心目中,给我以美的熏陶与教育。

但是,我最喜爱的还是法国浪漫派巨子德拉克洛瓦那描写19世纪50年代战争时期,殖民主义者对无辜的非洲人残杀暴行的作品。这是一幅曾经无数次使我感情激动的伟大的杰作。在这幅杰出作品中,画家成功地刻画了一个怀中还抱着乳奶小孩的中年妇女,在她那被一个骑马的殖民主义者强盗用马刀砍得血肉淋漓的胸前,婴孩正在吮着母乳,惨不忍睹的瞬间描绘的惊人技巧和表现能力,在我心灵深处铭记下不可磨灭的印象。回忆1931年因为日本军国主义对我国的侵略,我作为正在异乡的留学生,即兴创作的一幅描写一个坐在中国式家园中的少妇,在吹奏横笛的《怀乡曲》油画,对比之下,实在太不够了。

提到这一段,主要说明法国艺术对我创作上的鼓舞与促进。的确最后一次在这座庄严伟大的卢浮宫古代艺术历史博物馆的几天连续的参观巡视,对我的教育是很大的。我比较希腊、罗马、埃及、印度、波斯古代的文物和艺术名作,它们各自具备着强烈的民族风格和地方特色,每一件艺术作品无论是主题内容或艺术表现手法，都显示了鲜明独特的艺术才华和各自的特点，如希腊艺术的优美、罗马艺术的朴实、埃及艺术的庄严、波斯艺术的金碧辉煌……给我以世界美术史系统的、感性的认识，在我记忆中组成了一个色彩陆离的美的世界。

【附】

中国新艺术运动过去的错误与今后的展望

"五四"以后，关于理智方面的新事业运动如文学、音乐、戏剧等都有了相当的进展，都有了相当的适合于现代中国环境所需的新的雏形。只有所谓新艺术运动，一度呐喊摇旗之后，搬了点西洋的皮表，在抵制洋货的国故画家的拼搏中，如一个没机轴的游轮一般，10余年来只是在因袭、模拟的艺术本质之外徘徊踌躇，而没有一个固定的动向与轮廓。

一向是趋驰于虚玄、神化、气韵的，离现实生活太远、太超脱的精神质的国故画，原是要不得的。后人不知神化自然，却只在Génie（天才）的杰作的外表来观摩，于是仿某某山人笔法这一类可怜的抄袭者倒替代了中国的Génie，而传之徒生后代。中国画精神的死灭反是很久以前的事了！

一、新艺术运动的产生

怀抱了挽救中国艺术的野心，觉得中国艺术之所以冷酷虚空的原因，是在艺术家之不取法于自然。纯化或神化自然是艺术家应有的态度，而要一个不了解自然的人去纯化或神化却是不可能的梦想！所以要挽救中国艺术，必先求中国艺术家之接近自然，回返自然。"五四"之后，幸亏几位艺术界中的先行先觉，从欧洲搬过希腊雕刻的石膏塑像、静物、人体模特儿等，在中国艺术界沉寂的半死了的空气中，从传授秘诀的中国画教学法变为学校的形式。希望中国青年能在大自然中接收一点（真实）印象，而去创造新的艺术！

二、过去的错误

像这样的用意与方法，的确是挽救中国艺术的唯一的道路。然而一直到现在没有见到中国新艺术的定形的缘故是：

A. 国画与洋画的分途

为了要中国国画家接近自然，为了要中国国画家接受自然，于是才设立学校，应用西洋现有的成法，使中国青年由领会而摹写而纯化而神化自然。这里，因为现实方法的必需，觉得中国固有绘画用材之不完备，于是才采用木炭、油色、西洋的用具来作中国新艺术表现的工具。事实上，却仍旧要中国人的精神来施用、来表现，并不能因为鲁迅的《阿Q正传》印在道林纸上，阿Q就变了洋鬼子，阿Q传就变了洋文。然而，我们中国国画家正如国医与西医一般，与这些采用石膏模型、静物、人体和用木炭、油色的画家俨然造成对峙的形势。另一方面这些被称为洋画家的本身也分明地对于用宣纸、花青、赭石、墨色的画家存了各异的心眼。于是乎艺术或美术学校有国画与洋画系的分科，展览或陈列所有国画与洋画特殊的标题；于是乎，爱国之士就批评洋画家为不保存国粹、为甘心附异；于是乎，醉心欧化者唾骂国画画家为冬烘、为守旧。

事情到了一有成见、一有意见就很难说到是非的地步，更没有互相采纳的可能。于是反乎当时提倡中国新艺术运动的先知先觉的本心，国画家因为保存国粹，硬不用所谓洋画应用的颜色。我曾亲自听到一位以国画出名的洋画家说："国画的 Charme（魅力）就在赭石花青那些沉着的色彩与高雅纯正的墨色的调和。"好像一用了洋色就变成了庸俗肤浅似的，不成其为国画。这位先生或许因为他曾经多用了鲜丽的洋色，觉得换一个口味去从事国画纯简的色调，有一个新的意味，正如法国 19 世纪终期印象主义的色与光的全盛时代而有尤金·卡里尔（Eugène Carrière, 1849—1906）用灰漆同类色（Camaïeu）的画来特创一格。然而，有多少人不愿去试用，就因为要保存国粹，不用洋货，因此中国画十余年来仍旧是仿效笔意，在抄袭临摹上用功夫，所谓石膏模型、静物、人体，仅仅在另一个独特的场合中，俨然为洋画家的独有物，而毫无影响于国画的沉昏局面。

在最近法国的中国画展览期中，颇有许多法国艺术家或批评家以为中国人应该画中国画之暗示。所以这次的出品除绢裱、绫裱宣纸上的地道国粹画之外，其余凡有洋画倾向的东西，一概不收。他们以为中国人应该是拖大辫、缠小脚的半开化或全不开化的民族，穿了西装洋鞋都有点嫉妒似的，最好还是保持他们固有形式而不事进化。

然而我们绝不能够承认拖辫子、缠小脚、横卧在乌烟榻上的前世纪的死人为现代中国民族！我们不能倚老卖老地在过去的典型中埋葬新中国的灵魂！所以我们需要一个深切的了解，这里无所谓洋画与国画，无所谓新法与旧法。我们需要共同地展进我们新艺术的途径、一个合乎时代新艺术的产生。

B. 从事于新艺术运动者过去的思想错误

上面我是假定了我们先知先觉对于新艺术运动启发的初旨，搬进石膏模型、静物、人体、西洋的法则是为了要启发中国画家对于自然的冷闲

（Indifférence）倾向的消失，更从自然的外表，从存在物的轮廓上去追求内部的生命。艺术家的人格，原是引渡中国颓废期艺术到一个新领域的桥梁。

然后，我们的先进正在国内时行洋房、洋装、洋菜、洋戏、洋课本的际遇，提倡洋画运动。当时国画与洋画虽没有显明的口号，多少总难免有一点敌对的意思，所以中国绘画史的对面有近代西洋艺术思潮、西洋美术史，芥子园的对面有西洋画范本、近代泰西名画集，等等。不幸，这时候一般人对于洋货与国粹之间颇有新与旧、前进与落伍这一类错误的见解。于是，在美术学校学洋画的青年，抱着新的不落伍的志愿，在求知狂热之下，追随着戴黑绸大领带教授们的倡导，大唱其"一师姆"之说（"一师姆"是从 isme 而来——作者注）。从意大利文艺复兴的"画圣"米开朗琪罗、达·芬奇，一直到法兰西印象主义的"画杰"塞尚、梵高（印象主义以后的主义，当时还不多论及），多半是从日本间接搬过来的西洋艺术史料，本来已偏倾于空泛的论理，再加这教授们的演绎，其结果为了求真实的技巧而来的青年学子，经过三四年的光阴，获得的就是塞尚在巴黎美术学校的落第、梵高在阿尔勒（Arles）割耳朵这一类的近代西洋画史。于是乎知道绘画不必遵从导师，艺术家应该带几分疯狂！歧视"官学派"，崇拜"天才"！好像只有塞尚才是画家的模范，梵高才称得起"天才的艺术家"。聪明的人，早已背弃了"官学派"式艺术教学，在自然对象之外，求"个性的表白"与"天才的成全"。可怜连好的塞尚、梵高的印刷品都不曾见过的，中国衰颓了的艺术场合中的青年只能在几张看都看不清楚的近代画家作品中找寻画圣的精神。于是画静物必画塞尚的苹果，画花卉必画梵高的"向日葵"。

比仿"某某山人"真迹的国画家更不真，现代中国洋画家是仿"某某画杰"的坏油印品；比仿"某某山人"的国画家更不诚实，现代中国洋画家仿

"某某画杰"的油印品而署自己的名字,如是以抄袭为创造,拿别人的观察为自己的印象。所谓中国艺术的复兴运动如果寄托在这一类聪明的艺术家身上,那结果,也不是中国艺术界的先知先觉所期望着的吧?

C. 中心能力的缺少

万里长城的建筑,虽是这般单调,然而因为集合了无数的人工与时间的代价,终于不失其为伟大。中国新艺术运动,虽有国画、洋画的分途与从事艺术运动者过去思想的错误,但如能集中注意力,在一个比较集体的能力圈中去运动,至少像日本画坛一样,在国画与洋画两方面都有显著的形态。然而,中国艺术家处于显然不同的两分野中,却没有显著的这两个能力。

根本自然,要说到中国人利己的本心与嫉人的私意。为了要时新而创立新艺术,好像剪了辫子就算中华民国的国民一样,新艺术的名目既定,只要对着石膏像、静物、人体在工作的人就是新艺术家。而且新艺术家具备了"天才""个性",只要他高兴,今天画古典主义达维特的画,明天画浪漫主义德拉克洛瓦的画,后天画印象主义莫奈、立体主义毕加索的画,而现实主义,而未来主义,而超写实主义,而达达主义、构成主义、表现主义,等等,各派的画法都可以。走新的路是大家所期望的,模仿新的画派也是新艺术家必然的趋势。不幸在中国枯寂的艺术社会中,没有观摩真迹的机会,没有探讨新艺术论理的场合。一个人凭一册翻译复印的画史画集,得到了片面的理解,于是就大声狂呼:"现在我已得到某某主义的真髓,我觉得X主义优于Y主义,于是我已决意要抛弃昨日的我,而从事新主义的现实。"像这一类艺术家的努力,我相信是绝不能有助于中国艺术的改进而谋得中国社会的同情。

因此,大众艺术,也在大众文学的呼声中呐喊出来。实际上,中国民众对于了解艺术的存望，不在那些过分变形的牛鬼蛇神，而在比较合理一点的中国人实际生活、思想的具体表现。已竟为抽象的中国文人画的山水草虫那般冷酷的小"雅情"所倦怠了的中国的灵魂，现在是需要一点有"人间性"的实际能力的创造和导引。

我们的艺术家即已醉心于新兴的思潮，虽然在艺术大众的呼声中，却徘徊于X、Y两个主义游移的信心之间，继续他们超脱的、怪僻的、新艺术的复制。

不必说是空无所有的，这些从印刷品半抄来的新艺术的表壳，为了要使人折服，又不得不自己辩证，于是"某天才艺术家是马蒂斯的忠实信徒，所作极有马氏作风神致"，这一类个人展览会的批评随处可见。

这样的个人研究，个人开展览会，个人批评，个人欢喜个人的主义，个人称誉个人的杰作，中国新艺术运动始终是没有中心思想、中心能力的，像一个没有机轴的游轮，空对空地动而无功。

三、建设中国新艺术的步骤

没有比龚古尔（Edmond de Goncourt，1822—1896）那样更简单明了的艺术的定义，他说："观察、感受、表现，是一切艺术的真诠。"到现在为止，中国近代绘画是在流畅、笔势、墨色方面求表现的快感，而缺少内容。一方面十余年来的中国"洋画"也只在新奇、怪诞方面做主义的迷信者而没有自我的表白。实在说来，中国近代艺术家对于观察、感觉两方面都没有相当的修养，要表现，又因为缺少实在的技巧而不能够，于是以空卖空，造成现在中国缺少内容、无情无感、冷酷生硬的近代绘画形式。

照理，这几个年头内忧外患，中国人民已到极苦痛、极凄凉的地步，被压逼着的中国民族，应该寄托艺术，作精神上的呼唤。不幸，我们的艺术家却依旧在花卉翎毛、静物风景中作个人的玩赏，自己假设自己的天国，以为比较广大一点的艺术家的观察是人类的精神，而不是民族的灵魂。

如是，国画家与洋画家取同样的步骤来离开社会，离开现实的生活孤独地在另一条荒芜的歧路上，而且免不掉相互争斗与攻击。

我以为是应该回头的时候了！不要在表现的不同方法上争是非，不要在现实生活之外求题材，像龚古尔所说的一样，我们应该用自己的眼光来观察，用自己的心灵来感受，等到我们已捉住固定的对象、自己所要表现的内容之后，再慢慢地求笔意、墨色、一切新奇怪诞的"一师姆""二师姆"。

苏俄在革命过程中，为了主义的宣传，为了整个政治运动的推进，会一度流行新的构成主义、无上主义等，作为革除旧有形式的破灭动作。然而不多久，在十月革命16周年纪念的今日，已深深觉得这一类没有实际意味的新的主义的理论，绝不能深入社会人间，终于采取学院派中比较可以取法的形式，加上实际需要而造成他们自己的格调（见拙译《苏俄画坛近况》，《艺风》第2卷第1期）。

只有中国新艺术运动，20年来与中国政治一样，在动荡的局面中摆布，而不会找到自己的灵魂。这过渡的紊乱时日已使我们厌倦、困乏，睡了一般沉昏的时日也是太悠久了。我们觉得，像许多人高唱着中国艺术复兴运动的口号，是应该要设法去实现。

然而在中国这般紊乱的社会，一切都需要复兴似的，大家在十字路口呐喊着的战略已是行不通了。要实现艺术复兴，或是文艺复兴，必得冷冷静静地筹思事实上能够实现的步骤。

A. 确定艺术运动的分野

一直到现在为止，所谓艺术运动，实际上仿佛就是绘画运动。其他时间或空间的包括在同一个场合中的艺术,虽然也在一个新的形式中演进,却始终没有加入这个嚣杂的"艺术运动"的纠纷中。这里所谓确定艺术运动的分野,是要明明白白地指出,除掉绘画之外,还有戏剧、建筑、雕刻、音乐、图案、电影、舞蹈、照相等。在近代艺术运动中占重要地位的艺术的分野,是应该共同来参加这个革命的集团。

因为如中国近代绘画一样,其他一切艺术的形式,也只是在模仿、假冒中求中西合璧那一类形式的呈现。

文明戏盛行了一时之后,然后"哈姆莱特"那类翻译的或原文的洋戏扮演,接着就是所谓普罗的戏剧,那些仍旧免不掉翻译意味的工人生活抽象的描写。结果是"狸猫"依然在"换太子","天女"依然在"散花",中国戏剧很少有改进的痕迹。

建筑方面,营造厂的打样师,把中国大观园式的亭楼台榭,改为洋式楼屋,又因租界上洋人的洋房而仿造中国人的洋房,可怜从来只在精神上求食饱、衣暖、居安的中国人,如今为洋房的洋设备所诱惑,在自来水、煤气、热水管的天堂一般安逸的近代生活形式之下,惊叹、爱戴之不暇,有谁来注意所谓建筑的形式与民族精神的表现呢?

雕刻方面,还是从国民政府起,才知道雕总理的铜像,当时花了多少钱、费了多少时间漂洋过海地从外国去定制了中山陵墓的总理遗像,于是乎才有人想到雕刻的用场。这时候,虽然前前后后已有许多知道西洋雕刻的人才学习回来,大家还是静止在教学的生活中,新的启发还是非常迟缓。

只有图案,也许因为与工业有直接关系的缘故,近年呐喊的声浪是非常显著的。然而脱离了卐字、寿字、八卦、太极的中国唯一的图案艺术方式的近代中国图案艺术家,显然有了两个抄袭的倾向:

（1）东洋式。最显著的还是在中国丝织物方面。因为当时中国采用的拉花机，是从日本间接运输过来，所以一切属于拉花机的纹织物的图案，也是从日本图案师那里如数搬过来的。因为这种日本织物图案的影响，于是画面图案、广告等一切平面图案差不多全然是东洋式的抄袭。

（2）西洋式。也许受了租界洋旅馆的洋屋装饰的引诱，中国木器图案已完全是洋式化了。去了八仙桌而为圆面桌，去了木床而为钢床铁床。当初是直接购用洋货，如今大半已由中国木匠仿制。此外搪瓷、洋瓷、玻璃制品等一切关于立体图案的东西似乎全是西洋式的抄袭。

电影虽然是名目为中国货，实际上关于材料、技巧上的事全然由好莱坞或其他洋人制作。内容，当初完全是大戏，或文明戏的搬场，其后因为卡尔登大戏院这一类洋影戏院、洋影戏的影响，中国电影的进化不过是多亲几个嘴，多握几次手。最近在《巴黎报》上读一个新由中国回法的人，做了一篇中国电影的文章，其中有一段说："过去十余年来的中国电影，与中国人生活离隔太远。一种西洋坏习惯的模仿更减低了它自己的价值。"

还是在中国照相方面或许可以说有一点进步。然而不幸，有两种与中国绘画一样的倾向：

第一，像中国绘画一样，过分在轻巧的自然片段间找雅情（Pittoresque）[1]的题材。

第二，像中国"新派画"一样，在主义上找题材，而没有把中国人的生活，那时代需要的剧幕表现出来。

舞蹈方面，只在全洋式的舞场中，用洋音乐，吃洋酒，当然跳不出中国

---

[1] 法语，风景如画的意思。

的舞。

将上面几样称为比较重要的近代中国艺术的现状检讨一回之后,我们明白,中国艺术的诸形式,除抄袭模仿之外,可以说空无所有。再没有像生存在中国人群中那样不调和、无节奏的地方了!在国外,幻想着国内小姐、太太们着大柳条[1]的像花斑马一样的时装,抱了穿洋装的对手,在洋鼓洋乐的跳舞厅中跳舞时的景况……中国人的缺少"趣味"(Goût)到了这个可怜的样子。从事于艺术运动的人,应该在各分野中,确定自己能力,作向前一步的总动员!

B. 确定艺术运动的动向

如上面所述,近代中国艺术的诸形式在外国货销行的几个大都市中,直接受了西欧各种输入品的影响,显然有了初期变动。然而因为没有步骤,没有方向,一切都很少进展。我们虽然不需要像某种政治主义的实现那般,要有预定的策划,机械一般地去推进,但在中国这样纷乱的社会、艺术落后的民族中,是需要一个急进的动向。

(1)集中能力。不要以为艺术是游戏,艺术之于人类个性天才的表现,而傲然不举地一个人去努力。实际上,经过20年的教训,我们应该省悟这种个人主义行为的不当。因为自己觉得是天才,于是对于一切自己之外的人都以为是笨汉,笨汉做的事当然是不对的,所以也不必去看他,听他。其结果,一切艺术上的实际问题不讨论也不研究,你说你的,我说我的,凭着个人有限的见解来辩证个人所有的疑难。艺术家的自身空洞浅薄,艺术作品哪能不抄袭浮淡?

---

[1] 大柳条指的是一种服装面料。

所以第一步任务，我们应该看得大一点，看得远一点。虽然不想像墨索里尼那般想以法西斯主义的罗马艺术（Romain）来统率国际艺术，但我们中国人至少要在被西洋艺术侵占了的中国艺坛上放出一点中国人的气味来。如果能以中国国际艺术地位的衰落着眼，我们就能明白中国艺术天才的对手应该是外国人而不是中国人。

加之如今中国国运衰落，同胞尽在飞机、车床、电动机、毒瓦斯那里求救国方法的盛势中，被目为好闲阶级的艺术家更不能不有统一的阵线，在艺术能力团中找寻与飞机同样有力的中国民族精神的救助方法。

少不得一个有力量的艺术集团的中心组织，从事于各种艺术的诸同路人，就是这个组织的分子。无论绘画、建筑、雕刻、图案、戏剧、电影、摄影、舞蹈等艺术的分野，都应该被统率在一个大规模的中心组织之下，使各艺术分子都有相当的关系与认识。

（2）各分野的总动员。根据苏格拉底（Socrate）的"美在效用"（Le Beau est Utile）说，在20世纪功利主义超级的时代，一切艺术的形式都趋向实际应用方面发展。艺术家在这个时候能替人类效劳的就是社会整个形式的改善，不要使机械侵占着近世生活太在物质方面粗丑化了。在欧洲，虽然艺术各分野都是一个水平线造成20世纪格调的艺术空气，然而尚有人以为各艺术形式的进展不在同一个步骤上，而有建筑、雕刻、绘画图案共同合作一个理想的艺术集体的现实。

中国艺术，在离这个环境还是很远的今朝，虽然不希望艺术各分野有完全相共的步骤，然而至少也得有一个看得出的移动方向，我们需要绘画、建筑、雕刻、图案等在同一个发力点努力。

也用不着争辩大众艺术或个人艺术的理论，实际上，如果在艺术领域中的能力不是偏向一方面的发展，艺术就如日光一样能"普照众生"而没有大众与个人的分别。然而回首过去的世纪中，艺术与养在玻璃房中的花朵一样变成精贵罕有的宝贝。好像只有绘画、建筑、雕刻才是造形艺术的内容，所谓应用艺术，虽是早就存于人间，但被目为不足轻重的歧路，自来听其长成变化。在欧洲，一直到19世纪中叶才有正式应用艺术的研究。法国的"中央应用工艺美术联合会"始创在1863年，一直到19年之后才有"中央装饰艺术联合会"（Union centrale des Arts Décoratifs），于是有装饰艺术展览会及装饰艺术学校。到如今，装饰艺术已完全夺取了艺术的整个，在现代生活的核心，仿佛比纯绘画、雕刻更重要似的，甚至让近代绘画、雕刻的独立性消失，你看近代艺术史中有多少画家、雕刻家去找寻装饰趣味的作风！

中国人素来以装饰艺术是木匠、铁匠、瓷器匠、裁缝匠等等的必然手艺，自己既不是木匠，又不是铁匠，当然没有顾虑到木器铁器式样的必要。因为是献奉皇上的东西，所以皇宫里的画栋雕梁，只求其细工精制，不管调和不调和、好看不好看。所以中国装饰艺术，只见到功夫的细碎，而没有装饰的本意。

此后，我们应该以装饰艺术为场合，以绘画、建筑、雕刻等为分野，同时动员，来造成中国艺术的整个形式。

C. 确定中国艺术的形式

艺术有显然的国际性，但以地方气候、风俗生活情形之不同，至少表现形式上有不能免的异端。譬如说，法国与波斯、中国与意大利、南欧与北欧，极不可能产生相同的艺术形式，因为无论如何，一个表现民族精神、时代生活的艺术具体的形式，不能脱离时代、脱离民族精神而创造另一个不相关系的异态。

中国人在闭关时代，关上了门，终于静静地、慢慢地造成中国人4000年来文化的形式。自从西洋文明东渐之后，在列强侵略之下的中国半殖民地的民族，自己对自己的信仰全般地消失，觉得一切中国的或是属于中国的东西可以随便弃毁，甚至连黄面孔黑头发、自己的脑袋都要毁灭似的，凡是西洋的东西都是该拿来应用、赞美。因此中国艺术，自从新艺术运动有史以后，就在洋货、洋画的盛行中宣告破产。破产本不一定是坏的现象，如此在破产之后有新的产生。不幸，中国艺术如前几章所述，在破灭之后，只有抄袭而无创造，只有临摹而无启示。

（1）临摹与启示

在如今外货充斥的中国社会，在租界地位占有无上权威的大都市中，对于西洋艺术（这里当然包括一切装饰、建筑等艺术）这样诱人的表形，完全视为夷狄一样，连看都不去看一眼的国粹保存家之类的企望也是不可能的事实。因为交通的方便，全世界的生活形式正在如西装衣服那般有"一体化"的趋势。然而这所谓"一体化"，一是因洋人拿手杖而一切拿了手杖的中国人就算"中国洋人"那样的解释。我们在要变为"中国洋人"拿起手杖之前应该想一想：这一根手杖在我们穿了纺绸长衫、缎面皮底鞋的人的手中是不是相配，在我们素来没有训练，没有节律的闲散的步趋中是否相配，在我们两只手惯于栖宿在袖口中的人是否相配，等等诸问题。

中国新艺术的建设，绝不需要那一类拿杖的"中国人"的洋画的抄袭，而希望中国人能在西洋艺术独特的形式中，得到艺术技巧与论理的新启示。自然，在这里最重要的还是个人的主观，一个有真率性的艺人在生存的时空，得到宇宙间大自然的启示之后而创造。西洋艺术的影响，不但没有如国粹保存家所顾虑的有所伤中国艺术的作用，反而正是产生中国新艺术的唯一的启示。

（2）新艺术形式的创造

所谓新艺术形式的创造，就是现代中国人的灵魂在艺术上的显现，不是洋画的抄袭，不是国画的保存，也不是中西画的合璧。只要能够表示民族性，只要能够表示时代精神、艺术家个人的风格，不论采取洋法或国法都还是中国新艺术的形式。文艺复兴时意大利有达·芬奇与米开朗琪罗，佛拉芒（Flamande）有休伯特·范·埃克及扬·范·埃克（Hubert and Jan Van Eyck），荷兰有让·克卢埃（Jean Clouet），法国有让·富盖（J. Fouquet），德国有阿尔布雷特·丢勒（Albrecht Dürer），这许多杰出的伟人都用同样方法来表示各国的特有风格。并不是因为中国人画中国画或中国人不画中国画而作品的价值就此改变。所以要创造中国新艺术的形式不能太在表现方法上顾虑，而要艺术家个人本能特性的显示。我以为中国艺术家具有中国人的脑袋、中国人的思想、中国人的习俗风尚，所谓个人本能的特性应该就是中国全民族的特性。

四、几个亟待实现的企图

我们如果承认艺术是精神文化形态的具体表现，我们如果相信现世文化除枪炮、机械之外还有人类精神上的重要成分，我们如果希望中国民族在免于灭亡之外还要图自强，中国艺术家既不必对自己负着的责任起了怀疑，更不必说那些非艺术不能救中国的空话。事实在眼前，去做才是最好的凭证。然而个人展览会、个人学校、个人博物馆，那些像中国古董先生拿了珠宝、玉石在沙袋中摩擦，终日受"日月之精华"的呆做法已不能再来应用。我们需要大众的能力与固定的方向来做一个集体的运动。

目前希望实现的是：

A. 全国艺术家联合会之组织

不必讳言的，中国新艺术运动给我们的印象就是几个新艺术家互相仇视谩骂的内容。不管谩骂的动机在哪里，理由在哪边，处于中国貌视艺术存在的社会环境中，这种不幸的现象只能增进他方的轻视与人格的丧失，对于艺术运动的前进受了极大的影响。

我们知道历史上达·芬奇与米开朗琪罗、安格尔与德拉克洛瓦，也会有过不相两立的争斗的事迹，然而我们也明白19世纪印象派以后各派画家的共同合作精神。艺术家的个性尽可以在自己的作品中表现，何必一定要在意气上争斗？

过去失败的事实正好给我们一个教训，觉得此后应该相互在艺术实际问题上讨论，所以全国艺术家联合会的广大组织是刻不容缓地要实现起来。像苏俄一样，自1932年中央党部禁止互相仇视的艺术小团体组织的议案实行之后，一切从前互相仇视的各集团的领袖终于在苏维埃绘画雕刻家联合会中共同合作，一两年来得到显著的效果。我相信中国艺术家如果能在一个集团中合作，也同样可得到意外的进展。

B. 全国美术展览会之组织

好像几年前早已有过全国美术展览会之组织，然而在全国艺术家没有联合之前，全国美术展览会是不会完全的。绝了缘的艺术家东一个"个人展览会"，西一个"个人展览会"，这样在中国暗黑的社会中，想似流星一般的火光是无济于事的。我们需要一个包括建筑、图案、雕刻、绘画等各部具备的大规程的全国美术展览会，这个就是中国艺术家联合会的有机体，规定了开会时期，每年一次持续举行。

在这整个展览会中，我们可以看得各艺术家的努力，与每年艺术形式发展的步趋，给中国社会一个认识艺术创作的机会，减少民众对于艺术的误解与漠视。

C. 中国国立美术博物馆之设立

一直到现在为止，中国还没有一个有系统组织的美术博物馆。不必说中国过去艺术都在"家藏秘室"的收藏家手中"待善价而沽之于东西洋人"，这种现象对于中国的损失，不仅是"国宝外扬"问题，而是更严重的中国艺术的存亡问题。只有在外国美术馆中才能见到中国各时代艺术演进的程序及其变化；只有从外国文的翻译中，才能说明中国美术历史上的价值。查尔斯·斯特林（Charles Sterling）在法国《艺术月刊》（*L'amour de l'art*, 1933）发表过一篇"欧洲文艺复兴时的风景画与中国风景画的比照"，其中将欧洲15世纪文艺复兴时期大画家的风景与中国宋、元、明诸大画家风景画同时并立地对照，构图、线描方面都有极近似的共同点。这证明，中国画在当时确是站在世界艺术运动的前线，而现在，可怜中国人假了革命的命名，说是昨日的、旧的一概都在被抛弃之列，又重新假借了什么第三国际、第四国际的普罗艺术在那里动荡。如此没有过去的观照，没有现在的对比，绝不会产生将来的果实。所以中国国立美术博物馆的设立是目前最大的一个企图。在这个博物馆中我们将有：

（1）关于古代的。除绘画、雕刻之外，其他关于应用美术的如瓷器、木器、珠饰、衣装各种日用品的征集，作一个有系统的展览。

（2）关于近代的。从国外各个大规模艺术展览会出品中选购精美的制作，将近年艺术运动不同的形式作一个有系统的表示，在那里，我们应该要认识过去的是非与将来的借鉴。

事情似乎是简单，一个国立美术博物馆的设立只要有经济总可以逐年充实起来的，然而在中国，最近故宫博物院那一幕活剧，那些穷凶极恶的显官贵籍的行为，又使我们不敢有很多的存望。也许还要艺术家同志与热心的收藏家来自动地组织起来罢！

1933 年于巴黎

（原载于《艺风》杂志 1934 年第 2 卷第 8 期）

法国近代装饰艺术运动概况
—— 1800 至 1934 年法国装饰艺术之演进

前言

为洋货充塞了的中国工艺市场，在机械模仿的追求中，本无暇顾虑到出品的美丑及表征时代国民性的装饰艺术的形与色等诸问题。然而，一方面感觉到中国大都市中民众的需求紧紧地在步着欧洲大都市绅士们的后尘，一方面又感觉到无不从近代新的生活方式方面发展。这一种显然的倾向，原是根基着中国民族的爱美性，自然地暴露，决不仅仅是爱国志士们的布衣政策或抵制外货等诸消极方策所能收效的。我们觉得痛心的是，当今危殆的国运不容许我们民族爱美性的实现。然而，仅仅一点对于中国工艺美术改进的希冀是应该有的。

在国外，眼见欧洲人士对于生活美化的实现，衣、食、住、行各方面调和地装饰，回想到国内同胞，困死在半开化的穷乡僻壤间，在生存形式，与物质生活一样重要的精神方面的享受，我们似乎应该尽力使它在可能范围中实现。最近，感觉到国内对于这方面的努力，确实是一个可喜的现象，然而没有整个的组织与一统的计划是非常困难的。所以做了这篇文章，希望从此努力于装饰艺术的同志能在最近的将来有一个中心组织来统率我们的动力。

装饰艺术的定义

所谓装饰艺术，是近世新创的名词，就是以美为用的实际表现。

真正讲来，一切造形艺术都具有装饰的实质。历史上各种伟大艺术作品如教堂、寺院等，其间需木匠、金银工匠、玻璃匠与画家、雕刻家、建筑家在同样工作情形中去完成整个艺术品。此外有多少日用工艺制作与创造，常人不以为是艺术的成器，实际上却没有一件不是装饰艺术。

总之，一切在相当范围中非常确切地适于某一个物件的定形与合度而制作的，具有美的成分，且是点缀人生的作品，都是装饰艺术的作品。这一类作品在风俗人情与时代思潮的影响之下，不知不觉地呈现一个共同的形迹，从而产生了风格。

19世纪法国装饰艺术的变迁

19世纪第一个周期（1800—1825），法国装饰艺术持续地在它自己独特的风格中呈现着异常的生气。当时流行在各艺术中的节律，与那已成形的统一的倾向，掩护着艺术运动整个的进展。加之当时社会对于艺术品的重视，更鼓励大众努力而使期待着的倾向积极地实现。此外工匠与艺术家密切的组合，是美的技术传习明确地表白着的重要条件。然而这个法国装饰艺术全盛时期并没有保持他久常的荣华，一个突如其来的新的外力，终于使法国装饰艺术倾倒在另一个上。

是在1825年之后，受浪漫主义的影响，艺术家——包括画家与雕刻家——显然表白他们对于一切不是纯艺术的深切的无价值，而创立艺术上的个人主义。当时绅士阶级的社会被突如其来的科学进步所扰，在不习惯的新的生活形式中，无所适从地不知取舍。另一方面，旧的技巧在保持不传秘诀的老工匠死后逐渐失传的时候，受了新发明的机械创作的一个重大打击。于是乎减省人工，在机器动轴的辗转之下，把技匠的生命完完全全地毁灭。从此一切含有个性的艺术制作，就完完全全交给机械的动轴。所谓唯一的工业制品，在这个时候，除从过去的形式中抄袭与演绎之外，已失却他创造的能力。

正当这个坏的际遇，那些浅薄的法国机械制品在1851年伦敦万国展览会中显露他平凡的成绩：当时英国的独创精神，比国的巧妙，德国的沉着与坚毅，美国的大胆，都在法国出品之上。

受了邻国逼迫，从来也没有过的法国装饰艺术的颓废状态给法国人一个极大的打击。怀抱着复兴法国装饰艺术的决心，法国于1863年创设中央应用工艺美术联合会，来保持艺术发展。到1882年，该会又与发起装饰艺术博物馆的基本会并合而为中央装饰艺术联合会。幸而博物馆、图书馆、展览会的存在，该会不断地努力，逐渐地在纯正模式的引观中澄清鉴赏趣味。同时，在1765年创设的图书学校的旧址，由罗佛里·特·拉玉娄在1887年改建了装饰艺术学校。该校初创的时候虽是偏于伦理（在实习方面因限于校址的狭隘，没有极充分的设备），但是有用的教学，加之与几个国立、市立工厂及1889年创设的美术工艺奖励会合作，终于使工艺制品的出产在质与形的方面有极显著的改良成效。

1900年摩登式的谬误

这些新装饰艺术的创造者是真正的艺术家，一点也不顾到旁的问题的纯粹艺术家。他们专门为艺术家或是艺术团体工作，所以免不掉成为当时艺术与文学的核心。

还是当时的建筑家、雕刻家与画家，在1890年找到一个能够代表19世纪终期的独特风格。但是一向之隔离了技术的必需、为意想所驱使的、这些新风格的创造者，在某种原料上工作，而不知原料的性格与来源，往往是一件物品因不知其能力而不能实际应用。

领率他们唯一的向导，就是要免了"已经见过的形式"复现的简单定律。不必说，在当时写实主义、印象主义、后期拉斐尔主义、日本主义等潮流中，一切装饰艺术的制品在花卉的模型中直接或是变化地实现着上述诸主义的风格。这种倾向的导引，往往使装饰图形散乱不集中，或是繁复的图案线条不能与枯乏的材料相吻合。

这个时候的法国装饰艺术，在日用家具、摆设建筑上已显然可以分辨出一个新体式——所谓"摩登式"的产生。然而为了装饰而装饰，专在奇特、别致方面追求的信念，使这个"摩登式"的装饰艺术与实际生活脱离了关系，而没有继续长成的可能。

1900年法国博览会中的出品，终于给"摩登式"一个极大的打击。在这博览会整个的呈现中，显然地要他们自己明白过去的错误，从此，不能再为"装饰而装饰"和在时代需求之外去追求奇特、空泛的形式。

实际上，完全要摒弃旧有的形式，蔑视前时代的创作者的努力也是很没有理由的事情，因为只有在前时代的作品中才可以知道代表时代的装饰艺术的必要条件与实际的可能性，从而启发我们的创作精神。

认清了自己的错误，从1900年博览会之后，法国装饰艺术家才慢慢地向救济改良方面做新的努力。

一个新的动向

一个新的动向与观念开始产生，这时候新的社会在它特殊的外观中形成它特殊的线描。科学的发明不但改变了实际生活,而且习俗人情都已换了新的格式,无论如何,我们现代人所习惯的生活,与前时代的已深切地不相同了。

我们的眼帘已习惯了大都市中繁多的工厂建设侵占了的风景;机车的平行铁轨,占满街市道路的汽车,在天空划出明显形式的飞机运动。

在我们的周遭,无论出行或攻读,无论何时我们都能看见几何体的机械形式(无线电台、电动机、钟表等)。逐渐地,这些线条与形式统治着我们的幻觉。1914年欧战的工业化,多半也是由视觉与精神对于机械形式的习惯有了极端的变化。

科学又连带着改变了卫生的处理,愈演愈逼近地侵入我们的习俗。卫生又鼓励着做规则的运动——这差不多是表示新世纪的当年活泼、果敢的必要形式。

事业与行旅同样在各方面加速地进展,交通的便利、行动的需求也分外地迫切;为这些新的产生而改变过了的近代生活的实际,不容许我们再流连着过去"为装饰而装饰"的虚有形式。最近50年才发明的强度人造光(电灯等),使生存在其间的人的动作明白地暴露,所以在形、体、线各方面只求其清楚与精明,法国装饰艺术在这个时候,才明显地表示他们其实的意味与活的感觉。

近代思潮与近代装饰艺术

所以环境使艺术家不再迟疑在无意识的、对于不了解的过去的崇拜,以及由于职业才给予关怀的装饰与时代感情的关系。他们似乎是需要一般自然而然感觉到社会,感觉到新生的动静,一个新的装饰是不能再少的了。

对于简单线条及几何形体的审视，才开始在新的美学中有简单线条的平衡与配置的整个考虑。

关于这些创作上的问题，艺术家应该去寻找一个适合于当代需要与趣味的解答，但绝不能因此完全否认代表过去人类思想主体的传习。正如塞佛里尼那样以过去的形式做基础、用近代思想去创造新的艺术。

以想象为主体的艺术的本身，应该具有简单与合理两个必要的条件。当时过分典型化的受了立方派影响的所谓活的艺术，最显著的表征就是舍弃旧有的形式。他们正在形体与色调强度的交响中追求艺术品整个结构的平衡与节奏。他们是在"构造"他们的创作。

同样在雕塑方面，为要使立体光暗的节调显现，艺术家省略各部的小节，在大的轮廓与大的面积中寻求整个的调和与全体均衡的效果。

所谓装饰艺术在这个时期比雕塑与绘画更显著地反映着时代的倾向与趣味。于是线条的单节、形体的显豁，非常清楚地在装饰品中表征着艺术的动向。

要免除因简化而发生的平薄与冷淡，同时又适合现代人的幻想，法国装饰艺术家在这个时候就极注意于质料的优良与色泽细腻的玩味。

实际上，这两个新倾向的产生，是受了1900年之后外国艺术形态的影响，最显著的是1909年巴黎沙特莱剧院开演的俄罗斯舞剧，与1910年在巴黎秋季沙龙举行的德国慕尼黑艺术展览会。这两个运动中显然流露出当时装饰艺术在色阶的配置与选择两方面的努力，而使法国装饰艺术引入一个新的境地。

另一方面，根据本能的使动，艺术家在新途径的追求中，从昨日的体式中发现到回返于传习的必要，终于逗留在寻常为实用所限制而吻合于近代生存理想的普通形式之中。

这种可以说是根据现代心理而决定的步骤，重要的还是技巧。因为从这个时候起所谓技巧问题，在装饰艺术家心中占据了一个极重大的地位。

机械工业与装饰艺术的大众化

因从技巧上的推究而开导两条新的路：第一是因科学的进步发觉了许多新颖的材料，第二是由机械的处理实现了许多前时所不能实现或不易实现的理想。

现代法国装饰艺术与欧洲各国同样地统割了一个技巧的新合场之后，在遵循着现代心理而推进的时候，应该产生出一个新的风格。然而所谓风格，是根据时代思想，经过一个长时期的寻求之后，艺术家不期然地综合在某一个新的形式中，而公认这个形式就是经过许多时间寻求而产生的所谓风格。谁知道，经过30余年长期的进步与改革之后，法国装饰艺术已经同时产生了几个风格。

如果我们能退后几步来观察，应该相信装饰艺术家的创造精神方面没有像这个时代更显著更活跃的了。虽然这种精神的表现还是东西散乱的没有统一的联络，虽然个人主义还未全然放弃，但是在这个精神与物质同样神速地在人群间交通的空气中，创造精神终于统治了感影，引起了有意味的形式的产生。两个定期的展览会是扶持这个新形式出产的运动：

其一是创设于1903年的秋季沙龙，以它坚执的忍耐，在每年新作品的展览中引起显著的效果。它的装饰艺术展览部不断地供给新颖与大胆的作品。

其二是创于1901年的装饰艺术家协会的沙龙，联合了著名的工匠与艺术家的作品，每年定期地举行。

此外，还要提到的就是华利爱拉博物馆按时举行的应用艺术品展览会。

一直到1925年，巴黎万国装饰艺术展览会综合了20余年来装饰图案在一个新合场中努力的结果，不再斤斤于抄袭与假造的现象，确是近代人类思想独特精神上的一个大启示。

再次，在严格地追求着新形式的工业活动对于社会的影响，逐渐地由漠视而迎受，此中尤以几家大资本的百货公司相继做了有力的模范。第一个开始是以新的装饰作为店内外构造的还是巴黎春天百货，创立于1913年，是白里马弗拉承揽；其次是麦脱里司的老佛爷百货公司以及1922年博蒙纳的波马舍百货公司、1923年的卢浮百货公司。其他巴黎或外省商店，也逐渐追随着同样的运动，当时在工业与创作家之间又重新构成非常坚强的合作集团。一切工业的支部都同样呈现活的气象，所谓过去的抄袭艺术在现代艺术形式之前终于全部崩溃。

现在，群众已开始采取这个新的发觉，再没有人去想历史上的石箭、油灯以及那带着原始形式的轿子。实际上，除了古玩收藏家在博物馆与研究室做历史上的参考物之外，为什么我们要使不合时代、不合现代思想、不合现代生活的物品在我们的周围呢？

近代装饰艺术的简单化及其成因

此后机械主义像它本身的活力一样，在各方面发展，显然的，现代装饰艺术已整个为工厂制品所侵占。在思想方面与在实际生活一样都根植在这个现代的特殊形态中。此中最显著的是建筑家勒·柯布西耶（美国的摩天大楼的创造者）的纯机械主义的理论。他说："所谓住宅，不过是一个供居住用的机器而已。"甚至于无视一切美学上的传统规律。他对于那些认为有眼无光的人说："你正在找寻现代的风格吗？现代的风格正在你眼面前，在你的电话机、自来水笔、汽车、邮船、飞机，那些为现代应用而创造，并不拘泥于传统，而注重现代生活的实用性上。"不必说，这个理论，结合当时与绘画上的净化主义联合起来的阵线，一度引起多方面的攻击：大家以为早期机械主义上的风格和那些简单的几何形式已不能满足突飞猛进的当代化创作上的需了。他们说：这种简单化的趋势，是人类回返到穴居时代前夜的倒退。其实，如果我们能以时代背景深切地研究一下，就会觉得这其中自有其必然的趋势。

一、关于心理上问题：自从1852年之后，法国装饰艺术在"为装饰而装饰"过分努力的时代，一切笨重、重复的无论在建筑日用器物上都可以见到的花边，糕点系一种堆花图案，大概均无实际的意味。如外国点心上之堆花（今人以此为讥笑）与面条，都已使人讨厌。所以需要一个极简单的形式来改变意味。

同时，我们因为生存在这个为速率所激荡、为紧张的情绪所挤逼、动的烦扰的世界上，所以极需要一种内在的安宁。当我们游息、旅行或正困顿在一个办公室内时，我们不想碰见一个玩弄聪明的繁杂的装饰对象，而是需要一个简单的精纯的形式。

二、关于社会问题的：在现代社会制度中冲击着的人群，要保持自己的永生，只有向集体组织追求，所以要一个人安安静静穷毕生精力去完成一件仅有的艺术杰作的事情是不可能了。在各不相谋的机械分工制造品一大批一大批地充塞了的都市中，即使有了真正艺术家要自己一个人完成一件作品的时候，也不会像19世纪那样繁复与精细地作违反现代人心理的东西了。

此外，在近代社会组织中最显著的一个特点，是近代卫生问题。我们觉得生存最大的原则，在我们衣食住行中除掉装饰之外应该加上卫生的条件。

因此现代装饰中是绝不容许那些堆积尘埃与滋长微生物等一切与扫除洗濯有所妨碍的边缘与雕刻的饰物。这个过分的近代生活卫生的顾虑，不但在近代装饰艺术的"形"的方面有所影响，而且连装饰品应用的"原料"方面都有极显著的改变。譬如从前法国的食品店（如牛奶、肉类、药品、咖啡等等）内外装饰原料都是木料，现在却差不多都用大理石或人造石、瓷砖来替代，就是在普通居宅也都改用瓷砖、玻璃来做墙壁、地板、桌面与洗濯的应用器物。

三、经济问题：在世界不景气的恶潮中，使真正艺术工人完全消没的最大原因是经济问题，使近代人对于艺术装饰品的鉴赏低减的也是经济问题。显然的，在一个工人可以统率50余台织机的出品能力之下，是不再容许一个挑梭手织工人的存在。不管前者与后者货品的精致有什么差别，究竟在小资产阶级的社会中，不能拿百十倍的货价来购一件日用物品，从1928年以来法国受了美国与德国的影响，正在盛行均价百货公司，这种倾向的扩大，正在限制精制品的产出。如今在衣服、木器、日用器物中都有同样的倾向，不必说，此后的装饰艺术将更浅薄更无聊地依伴着现代人生了。

结论

总之，人类精神文化形态的演进，是以时代运向为指归的。装饰艺术运动也与其他艺术运动一样，以人类精神的前趋作他自然的演进。我们既不必如近代法国装饰艺术家作"近代装饰艺术死灭"的悲感，也不必预先估计是否像原始时代一样，装饰艺术当在相当的时期中回归幻灭。

1934年5月1日于巴黎

（原载《艺风》杂志1934年第2卷第8期）

新奇的发现——《敦煌石窟图录》

这一天我从卢浮宫出来，经过卢森堡公园，根据多年在巴黎散步的习惯，总要经过圣杰曼大道，顺便溜到塞纳河畔旧书摊去浏览一下内容丰富的书籍。今天为了留一点参观卢浮宫的古代美术杰作的纪念，我特意去美术图片部找寻……忽然发现了一部由6本小册子装订的《敦煌石窟图录》，我打开了合装的书壳，看到里面是甘肃敦煌千佛洞壁画和塑像图片300余幅，那是我陌生的东西。目录序言说明这些图片是1907年伯希和从中国甘肃敦煌石室中拍摄来的，这是从4世纪到14世纪前后1000年中的创作。这些壁画和雕塑的图片虽然没有颜色，但可以看到大幅大幅佛教画的构图，尤其是5世纪北魏早期壁画，它们遒劲有力的笔触、气魄雄伟的构图像西方拜占庭基督教绘画那样，人物刻画生动有力，其笔触的奔放甚至于比现代野兽派的画还要粗野。但这是1500多年前的古画，这使我十分惊异，令人不能相信。我爱不释手地翻着，看着那二三百幅壁画的照片及各种藏文和蒙文的题字，这是多么新奇的发现呀！半个钟点、一个钟点过去了，这时巴黎晚秋傍晚的夜色已徐徐降

◆ 1908年伯希和在敦煌藏经洞，进行洞窟的编号、测绘、摄影和文字记录工作。随后带走了大批敦煌经卷文物

临，塞纳河畔黄昏的烟雾也慢慢浓起来了，是收拾旧书摊的时候了！书摊的主人看我手不释卷的样子，便问我："是不是想买这部书？"我说："我是中国人，这本书就是一本介绍中国敦煌石窟古代壁画和塑像的照相图册。我很想买它，但不知要多少钱？"他回答说："要100个法郎。"那时我身边没有这么多钱，正在犹豫着，卖书的看我舍不得离开的样子，就说："还有许多敦煌彩色的绢画资料都存在离此地不远的吉美博物馆，你不必买它了，还是亲自去看看再说吧！"

第二天一大早，我来到吉美博物馆，那里展览着伯希和于1907年从敦煌盗来的大量唐代大幅绢画，有一幅是7世纪敦煌佛教信徒捐献给敦煌寺院的《父母恩重经》。时代早于文艺复兴意大利佛罗伦萨画派先驱者乔托700年，早于油画的创始者、文艺复兴弗拉芒画派的大师凡·埃克800年，早于长期侨居于意大利的法国学院派祖师波森1000年。这一事实使我看到，拿远古的西洋文艺发展的早期历史与我们敦煌石窟艺术相比较，无论在时代上或在艺术表现技法上，敦煌艺术更显出隽永先进的技术水平，这对于当时的我来说真是不可思议的奇迹。因为我是一个倾倒在西洋文化，而且曾非常自豪地以蒙巴拿斯的画家自居，言必称希腊罗马，现在面对祖国如此悠久灿烂的文化历史，自责、数典忘祖，真是惭愧之极，不知如何忏悔才是！

从上面两幅壁画的比较，我惊奇地发现东西方文化艺术的发展有如此不同的差距，看到了我国光辉灿烂的过去。我默默思忖着：对待祖国遗产的虚无主义态度，实在是数典忘祖，自顾形惭。回忆在艰苦困难中漂洋过海来到这个世界艺术中心的巴黎，差不多10年来沉浸在希腊罗马美术历史理论与实践的教养中，竟成长发展到如此的地步。在这一事实前面，我对巴黎艺坛的现状深感不满，决心离开巴黎，而等待着我离开巴黎行止的显然不是塔希提，而是蕴藏着千数百年前敦煌民族艺术的宝库。

就在打算要离开巴黎之前，我接到了南京国民党教育部部长王世杰的电报，聘请我为北平艺术专科学校的教授，并要我从速返国任职。我接受了他的邀请。

在巴黎—北平的国际列车上

1936年,一个秋雨漾漾的日子里,我把妻子陈芝秀和女儿沙娜留在巴黎,只身搭上了从巴黎开往北平的国际列车。

我是抱着"艺术高于一切""为艺术而艺术"的观念到巴黎的,在巴黎期间,曾经碰到过国民党人,也碰到过共产党人,我都拒绝入党。这一次从巴黎回国,途经德国、波兰、苏联,历时十五六天。旅途的见闻和亲身的经历,使我那种"艺术高于一切""为艺术而艺术"的观念受到强烈的震动。

在车厢里,我认识了一个日本人,一个法国人,还有一个苏联人。因为他们都讲法语,也是准备去中国的,大家很谈得来,约定一路同行,沿途一起下车访问。这几个外国人过去都曾到过中国,谈起北平来,都非常熟悉。

列车经过德国柏林的时候,我们一起下车访问。我去看望一位在法国相识的德国老太太。她本人是钢琴家,有个女儿是学画画的,那时正想把女儿嫁给一位在法国留学的中国画家。老太太早就写信叫我到德国柏林去看望她。这一次见了面,她非常高兴。她带我参观了柏林的街道,还带我参观了柏林博物馆。在博物馆里,我第一次看到新疆吐鲁番的壁画,我的心又为之一震。我国的稀世之珍不仅被法国的盗徒窃去了,而且也被德国的盗徒掠夺了。

在巴黎看到敦煌的绢画,在柏林又看到吐鲁番的壁画,我从心底里感到,祖国艺术无疑在世界艺术史中拥有崇高的地位。我决心回国后一定要很好地吸取祖国古典艺术的精华,并且发扬光大,使它放射出更加绚丽夺目的光辉!

列车路过波兰华沙的时候,我们几个同伴在友人虞和瑞家过了一夜。华沙是一个古色古香的城市,许多建筑物都是古代遗留下来的。在这里,时间好像是停滞的。离开虞和瑞家以后,列车经过莫斯科,我们没有在那里久待,只匆匆地去瞻仰了红场和列宁墓。

列车驶进满洲里,我心情非常激动,想高声喊:"祖国啊,你的儿子回来了!"列车在满洲里停车时,和我同行的日本人、法国人、俄罗斯人都下车进站游览去了,我却被困在车厢里。几个日本宪兵和汉奸围着我,要检查我的行装。当他们发现我带有一幅法国地图和一本世界地图时,立即查问我说:"你带地图干什么用?""旅行用。"我回答说。我的回答,没有使他们满意。相反,他们倒起了疑心,把我随身带的书都翻了一遍,检查得十分仔细。过去,我一直以为,艺术就是艺术,艺术与政治两者是不搭界的,可是,一踏上沦陷了的满洲里,日本军国主义的政治,就来干预艺术了。在我们自己的国土上,外国人可以到处横行,可是我作为一个中国人,一个回到祖国的中国人,却被困在车上不让我下车去。一股民族尊严受到侵犯的怒火,在我心中燃烧起来。同时,"为艺术而艺术"这一长期以来耸立在心中的金字塔,从此开始坍塌了!

后来,我再也不去理睬那些同行的外国人。到达哈尔滨时,我独个儿上街吃饭,看到人们在秋天就戴着大口罩扫地,感到很疑惑。到底为什么呢?人们只顾自己干活,谁也没有说一句话。沉默着,沉默着,好像整个世界都死去了似的寂静。我转进一家饭馆,看到这里用餐的筷子是日本式的。人们也都低着头在吃饭,昔日的繁华看不到了,大家都像机器人似的。我问同桌一个工人装束的人,出现这种情景究竟是为什么?他轻声细语地告诉我,现在到处都是日本人,还有不少汉奸为虎作伥,谁还敢多说话呢?就连扫地的工人都戴上了大口罩,以免因为多说话而招来是非啊!

这时,我才意识到当亡国奴的耻辱。我们的国家哪像国家啊!我心里忽然着急起来,想尽快地回到祖国的北平去,回到我的同行中间去,回到苦难深重的母亲怀抱中去!

第三章·西行前记

回国后的遭遇

经过十五六天的旅行，我终于来到了北平。我的同行们在车站欢迎我，已记不清当时他们欢迎我的热情话语，但还清楚地记得耳畔响着的车轮轰隆声。

到了北平，所见所闻让我大失所望。这个古老的故都，到处都是傲慢的日本人。在故宫、景山公园等游览胜地，经常可以看到日本人在嬉闹，听到他们的挑逗声。收音机和播音器里传播着各种不堪入耳的小调。我厌倦了！我对同行们说："我要尽快去敦煌。"同行们说："现在不能去，西北政局不稳定，乱得很呐。而且敦煌地处戈壁大沙漠，那里是满目黄沙，旅途也不方便。"他们欢迎我到国立北平艺术专科学校任教。我想，也好，干一段再看看吧。回到祖国没画卖了，要是不工作，连饭也吃不上，还怎么能去敦煌呢？于是我接受北平艺专的教学工作，当西画系主任、教授。很快，我觉察到不少学生经常不来上课，而是在从事各种抗日救国的宣传活动，歌咏、绘画、演出街头剧，等等。

我在艺专上第一堂课的印象，至今还鲜明地留在记忆中。学生们知道我是刚从巴黎归国的人，便纷纷提问沿途的观感。当我讲述到乘巴黎通往北平的国际列车到达满洲里，受到日寇便衣警察和汉奸狗腿子的刁难和侮辱时，课堂上群情激愤。许多人争先发言讲述自己类似的经历，声泪俱下地控诉日本侵略军和国民党卖国政府。接着，大家义愤填膺地唱起了抗日的歌曲："我的家在东北松花江上……"

我的心也被这愤怒的洪流所激动，久久不能平静。我说，我们搞艺术的人，一定要把国家振奋起来，"国家兴亡，匹夫有责"嘛！我说，我过去认为艺术家是可以不问政治的，这是不对的。我们的国家受外国侵略都成这个样子了，艺术家不能只搞艺术。我们一定要振兴中华，挺起我们民族的脊梁。这件事后来传到了艺术专科学校的训导处，这个受国民党控制的训导处，曾暗中调查我的历史，准备对我和一些进步学生加以迫害。然而，他们没有成功。

在北平艺专执教一段时间后，大约在1936年底，国民党教育部次长张道藩通知我参加次年在南京举行的第二届全国美展，并且让我担任北平方面的筹委会委员，做一些筹备工作。我把我的画和一些学生的画都寄去了。不久，张道藩就打电报叫我到南京参加美展筹备工作，我和刘海粟任全国美展评审委员。

为什么张道藩看上了我呢？开始，我不大清楚。我当时只知道他的老婆是法国人，他同我一样过去也学美术，所以看中了我。后来，我才发现，他是想利用我。那时，我国美术界有三派，南京徐悲鸿、上海刘海粟、杭州林风眠，三派都有一定力量。他想独树一帜，但没有人肯跟他，于是他就想利用我刚从国外回来，拉出一派人马来为他工作。我这个人不会那一套，我同三派画家都联系得很好，根本就不存在另立帮派

◆ 1936年，常书鸿在北平国立艺专与学生写生

的念头。

看画展的除国内各界群众外，还有不少外国人。有个德国大使陶德曼，当场买了我的两张静物画。他还叫我到大使馆去，为他和他的夫人画两幅肖像。这次画展之后，我回到了阔别多年的家乡杭州，见到了年迈的老祖母。当时由于父母都已去世，我特地为二老扫墓、做坟，同时还清了家里的旧债，然后又回到北平艺专任教。

1937年7月7日那天，我照例和几个学生去北海公园画画，忽然听到了隆隆的炮声。有人说，日本鬼子在卢沟桥向我们开火了！我们全都一惊，赶紧收拾画具往家走。卢沟桥事变以后，全市大乱，几位画界的同仁一起议论，北平待不住了，还是往南走吧！

我也匆匆忙忙收拾简单的行李、画具，精心挑选了自己的50多幅作品随身带走。这些作品，是我在巴黎留学10年的精华，是妻子陈芝秀新从巴黎装箱运来的。我把家具、书籍等全交托给了当时学校的秘书长赵某，但后来全散失了。1937年7月14日，我乘由北平开往南京的火车，好不容易到了南京。在南京，得知陈芝秀在我一再去信催促下，不久就要带女儿回国的消息，于是我准备到上海去接她们。我还特地去拜访德国大使陶德曼。陶大使很欣赏我的画，说我的作品十分像16世纪德国肖像画家霍尔本的作品。他一见我就问："你准备到哪里去？"我说："不久妻子女儿要从法国回来，我要带家眷到杭州老家去。"他又问我对中日打仗的看法。我说："看样子打不长吧！"他笑笑，不大赞成我的看法，说："尊敬的先生，你可不要太天真了，战争是无情的。这仗，我看不仅要打起来，而且可能要打很长时间哩！"

他看到我随身带着一大卷画，便对我说："你这样带着它方便吗？你要是放心的话，这些画可搁在这里，我替你保存。"我当时就把画交给他了。从此这些画就像泥牛入海，再也没有消息了。事隔14年，新中国成立后的1951年，我们在北京故宫午门城楼上举行"敦煌文物展览"时，当时的外交部举办了一次招待外国驻华使节的专场，要我用法语做接待工作。在场的瑞典公使阿马斯顿先生问我："法国最近出版了一本《沿着玄奘的足迹》的书，你看见过吗？"我回答没有看见此书，公使先生表示他回去后可以将此书寄给我。他记下了我的地址。《沿着玄奘的足迹》这本书寄给我不久，我接到瑞典公使给我的来信，邀我全家到瑞典驻华使馆去做客。我对于这突如其来的邀请不知如何办。我把这个情况请示了郑振铎局长。他同意我按时赴约。我到瑞典驻华使馆后，公使先生热情地接待了我。他微笑着问我有没有丢失什么自己最心爱、最宝贵的东西？我想了半天，歉然地说我想不起来了。这时公使先生就拉开客厅的长沙发。我突然间发现了一个奇迹，都不敢相信自己的眼睛。我看见了1937年7月14日我在北平匆匆用床上的花床单包扎的那一卷画，即我寄存在南京德国驻华大使陶德曼先生那里的一卷油画。我激动得用颤抖的声音问："公使先生，这是怎么回事？"公使先生立即叫一位王先生出来见面。原来事情是这样的，公使先生说："那天参观敦煌文物展览以后，我要王秘书将《沿着玄奘的足迹》一书寄给你。王秘书看到你的名字后，他说你正是他多年要找的人。原来王秘书在南京德国驻华使馆工作，1937年日本占领南京，德国使馆撤退时，王秘书把这卷画带到苏州老家藏起来了。一转眼14年过去了，他一直找不到常先生你。现在他知道你在北京，他希望物归原主。于是我就促成此事，要王秘书到苏州老家取来这卷画，现在是物归原主了。"公使先生要我亲自打开画卷清点画件。我感动得热泪盈眶，摊开了50多幅油画。我说："公使先生和王秘书，我太感激你们了。你们喜欢哪几幅，请留下作纪念吧！"公使先生恳切地说："您的好意我领受了。我认为画就是画家的生命，我不能要。我很快慰，这是我生平做的第二件好事。第一件是在第一次世界大战以后，我给一个孤儿找到了他的亲生母亲；第二件好事，就是使您找到了失而复得的这些如同生命一样宝贵的画。因为这两件事都是通过我而成人之美的，这是我非常欣慰的。"真的，公使先生这种助人为乐的善举使我永远怀念他。

随着日本侵略军的进攻和国民党军队的节节后退，北平艺专向后方迁移。9月，我在杭州接到赵太侔来电，要我立即到江西庐山牯岭办学。我把妻女安顿在上海以后，只身赶往江西南昌，开始了长达两年的逃难生活。

临别时，女儿沙娜给我一块马蹄铁。这是我去长城的路上拾到的，她要我随身带着。因为在欧洲，马蹄铁是幸福的象征。但是，在中国，这块象征幸福的马蹄铁，却差点要了我的命。

列车一到南昌火车站，警察见我西装革履，就拥上来检查我的皮包，他们发现一张我在法国留学时的学生证，在学生证上，我的名字写得很草，像"常青川"似的。据说这个常青川，是当时江西地下党的一位同志。警察问我："你叫常青川吧？"我为了避免麻烦就答应了。他们对我不但怀疑，而且当共产党来处理，翻箱倒箧，又把我的皮包翻了一遍，发现女儿沙娜给我的那块马蹄铁。他们说："你带马蹄铁干什么用？"我说："在欧洲这是幸福的象征。"他们不信，硬说马蹄铁是特务用的联络记号，是什么信号之类的东西。他们不让我走，把我押到警察厅看守所拘留起来。

那时，南昌很热，夜里睡不着觉。我想这一回不得了！他们把我认作常青川，又把马蹄铁视为信号，看样子凶多吉少了。怎么办呢？我掏出几块大洋给一个小警察，叫他替我给武汉的国民党教育部打电报。第二天清早，我的行李到了，教育部长的电报也来了，警察们检查了我的聘书，才把我释放。我立即赶路前去牯岭。

到达牯岭后，与赵太侔和江西籍的讲师谭旦均等经过短期筹备，10月在江西牯岭开学。开学不到两个月，由于战乱，牯岭也不能待了，大家商量去湖南，因此又迁至湖南沅陵。这年11月到达沅陵老鸦溪复课不久，国立杭州艺术专科学校也从杭州迁来。1938年初，教育部决定北平艺专和杭州艺专两校合并为"国立艺术专科学校"，成立了校务委员会，由原杭州艺专校长林风眠任主任委员，原北平艺专校长赵太侔和我任委员。从原来的情况看，杭州艺专的人马多，北平艺专的画具多。

因为各种关系和矛盾，两校的人合不来。我是杭州人，又在北平艺专执教，所以有关人士想让我起一个团结和缓冲的作用。但是，由于派别及许多十分复杂的原因，我左右为难，而且吃力不讨好。国立艺专在沅陵办学的七八个月中，吵闹的事接连不断。我一方面要应付各种烦人的人事纠纷，又要处理大量的办学事务。林风眠和赵太侔因为原来都是校长，有一套原先的人马，除开校务委员会议外，大都住在家中。我成了一个驻校的常务负责人，艰难地处理着办学、生活等多种事务。特别是学校地处沅陵，生活和教学设施缺乏的问题很难解决，合并的两方学校的一些教职员坚持分校的立场。是年秋，北平艺专和杭州艺专的八名教授联名向校务委员会提出改善生活和教学条件的书面要求。林风眠接到书面要求后当夜独自出走，随即杭州艺专的师生就罢教罢课，以至于后来在国民党特务的挑动下发生械斗和围殴进步师生的事件。1938年冬，校务委员会撤销，实行校长制，由滕固任校长，赵太侔被聘为实用艺术部主任，我被聘为造型艺术部主任兼西画系教授。

不久，学校开始撤离沅陵。这次近千名师生员工的大搬迁，因教具多和交通工具缺乏，走走停停，整个过程用了几个月，直到1939年春，才搬到云南昆明。在搬校过程中，因滕固生病住院，委托我负责搬迁时期的全校工作。其间搬至贵阳时，2月4日遭遇了日本飞机的空袭。我们住的旅馆被炸毁，旅客炸死几个，幸好，我们师生无人伤亡，但一些校产设备和师生的财产遭受严重损失，我的全部书画、藏书也化为灰烬。空袭时，我正在医院探望滕固校长。轰炸后，在一片灰烬中，我仅找回了在巴黎学习和参展时得到的金、银两枚奖牌，另三块也一同被毁了。敌机轰炸时，陈芝秀和沙娜均在旅馆。她母女二人从废墟中死里逃

◆ 1939年,常书鸿一家在昆明合影

生,作为难民,被贵阳天主教堂所收容。女儿沙娜进了天主教会创办的小学上学。天主教堂传教的嬷嬷为法国人,她们母女两个因在法国生活了多年,讲得一口流利的法语,因而能够与他们互相沟通。频繁的战乱和生活的颠沛流离,使刚从法国回来的陈芝秀难以看到生活中的出路,心理上也难以找到需要的平衡。在天主教会稍稍安定的生活照顾和布教活动中,她开始信仰天主教义,不久便成了一个十分虔诚的天主教徒,似乎为苦难找到了一种寄托。

1939年春,学校搬迁到云南昆明。经过几个月筹备,先暂借昆华小学校址开学,后迁往昆明附近的安江村。在昆明期间,我曾去越南河内为学校采购了一部分昆明买不到的油画颜料、画布、画笔等,以使师生能开展一些学习和创作。我自己也创作了一部分作品。在西南联大教授闻一多、王逊、颜良和云南大学校长熊庆来的欣赏和促成下,1940年秋在昆明举办了一次常书鸿个人油画展览会,展出了来云南后作的油画、水粉画共30余幅,主要有人物画《家庭像》《沙娜像》《梳妆》,风景画及静物《平地一声雷》《丁香花》《云南腊肝菌》《仙人掌》《葡萄》《安江村溪》等,获得很大反响。

1939年冬,艺专的第二次风潮后,藤固校长辞职,由吕凤子任校长,并于后来迁校于四川重庆。重庆,这个被国民党定为"陪都"的山城,权贵如云,白天虽然频繁地有空袭警报,晚上仍然通宵达旦地过着灯红酒绿的无耻生活。目睹这种情况,不由得使我忆起宋人林升一首有名的《题临安邸》的诗来:"山外青山楼外楼,西湖歌舞几时休?暖风熏得游人醉,直把杭州作汴州。"国家的危难,权贵们并没有系于心头。而我却忧心忡忡,一颗艺术家的心得不到一点安宁。

大后方的风尘

1940年，在任命吕凤子为国立艺术专科学校校长时，吕凤子曾提出对藤固所聘教授职位全部无效的条件，我和秦宣夫、王临乙、李瑞年等未被继续聘任而解职。到重庆后，当时的国民党教育部成立了美术教育委员会。我和其他被解聘的艺术教授都成为其委员，由张道藩任主任，并让我担任秘书。张道藩把他的印章也交给了我。这是一个闲差事，有时间我就和几个朋友从事油画创作。这是我回国以后比较安定的一段生活，得以从事一两年油画创作。我很喜欢嘉陵江边那种熙熙攘攘、杂乱无章的市容，有时在码头上散步，看江水翻滚着愤怒的波浪，咆哮着向东流去。山城重庆的江岸很高，码头工人沿着"天梯"般的石阶，肩负着沉重的货物；轿夫们抬着大腹便便的财主，他们嘴里哼着号子，遍身淌着油汗，踏着艰难的缓慢的脚步，一步一步地登上走不完的石阶。

这不由得使我联想到那个在祖国西北角的敦煌，那个促使我万里迢迢地从国外投奔祖国的敦煌。转眼间4年已经过去了，敦煌还是远在天边，在黄沙蔽天的漠北，可望而不可即。要登上石窟所在的三危山，我的面前还横亘着一条多么漫长的难以攀登的嶙峋险阻的山路啊！

我们几个由美术教育委员会支薪的委员大都有自己的工作室，可以从事一些创作活动，一年多来也画了不少的画。1941年夏季，在四川成都任国民政府教育厅厅长的郭有守来看我，想请我去筹建四川省立艺术专科学校。我虽没有答应，但还是同意了他要我去成都写生和开画展的要求。我在成都及郫县、灌县青城山等地画了三四十幅油画风景写生和水彩画。这次成都画展，郭不仅操办，也撰文介绍，获得极大成功。画展真可谓是载誉蓉城，但却引起了张道藩的妒忌与不满。

在教育部所属的美术教育委员会里任职期间，张道藩叫我在文化会堂上画一张孙中山的像，我答应了，后来，他又叫我画国民党党史，我拒绝了。我说："我不是国民党党员，对国民党党史不了解，怎么能画得了呢？"张道藩说："那你就加入国民党吧，不解决组织问题，怎么行呢？"我说："我不加入国民党。如果要加入的话，在巴黎早就加入了。"张道藩不乐意了，说："你回国以后，要不是我关照，你连饭都吃不上，要不是国民党，能有你的今天？"我没听他的话。我说："我是画画的，不加入国民党。"张道藩着急了，他拿出一大沓入党表格来，搁在我的办公桌上。他说："你要好好考虑一下，以身作则，除去你自己要入党外，还要通过你发展一批才好。"我根本不理睬他，照样画我的画。因为我不肯按照张道藩的意思去办，不久，张就同我发生了冲突。有一天晚上，张道藩故意找碴儿问我："你用我的图章都干了些什么？"我说："领薪金。"他说，他的图章很重要，不能乱用；以后用他的图章，要有记录，要向他汇报。我不高兴地说："我是画画的，干不了秘书这一行。"他说："我相信你，才叫你用我的图章。"他又逼着我加入国民党。

我很气愤地说:"我不是这块料,不干了!"我从抽屉里取出他的图章来,当场交还给他。这时,他也生气了,把脸憋得通红,说:"你怎么能这么办呢?"我说:"说来说去,我这人当不了秘书。"我硬把印章退还给了他。他没有办法,只好把印章收走。从此以后,我对张道藩就疏远了,他对我也冷淡了。

破釜沉舟去敦煌

·

1942年5月，中国共产党的机关报重庆《新华日报》发表了毛泽东《在延安文艺座谈会上的讲话》。这篇文章，在重庆进步的文化界中产生了极其深远的影响。毛泽东的讲话对我也很有启发。

当时，围绕过去河南洛阳龙门浮雕被奸商盗卖的事件，重庆进步的文化界人士正在议论如何继承民族文化遗产和文物保护问题。这块巨大完美的石刻浮雕——《皇后礼佛图》，被人劈成无数碎片，然后分别包装偷运出国。这是当地腐败的官吏和奸商与外国帝国主义分子互相勾结、出卖祖国文物的又一次罪行。各进步报刊纷纷发表文章，对国民党诸如此类的罪行进行揭露和批判。与此相关，对敦煌石窟历次的被大肆劫掠和破坏，人们也对国民党政府提出了批评和建议。为了应付舆论，装饰门面，重庆政府被迫指令教育部筹备成立"国立敦煌艺术研究所"。

谁来负责研究所的工作？在国民党政府里的官僚们只会做官当老爷，绝不肯离开安乐窝，不肯西出阳关去担当这份喝西北风的无名无利的苦差事。再说，他们中也的确没有"懂行"的人，就只好托人在文化

◆ 1942年，常书鸿在重庆凤凰山上画风景

界朋友中物色。

第一个同我谈起去敦煌工作的是当时在监察院当参事的陈凌云。他是我在法国留学时认识的。1934年夏，他到法国考察战后法国救济事业，来巴黎找我做他的翻译。因为那时中国大使馆抽不出人来，我陪他参观并为他翻译了不少资料。他说回国发表时用他和我两人的名义，他回国后出版时却只署上他个人名字。1942年在重庆，有一天我去裱画，恰巧碰上了姓陈的。见面时我没有理睬他。他却对我说以后要来看望我，他现在是监察院参事。事隔两个月之后，他真的来找我了。他说："你不要生气了。这次找你，我有正经的事情。你不是想去敦煌吗？现在机会来了。于右任建议教育部成立敦煌艺术研究所，想让你去当筹委会副主任。筹委会主任由陕甘宁青新五省检察使高一涵担任。你要是愿意的话，我可以回去报告。"接着，他还向我赔礼道歉一番，表示他是真心实意地帮助我去敦煌。我接受了这一邀请。

这以后，我同梁思成教授、艺术家徐悲鸿大师商谈此事。梁思成说："书鸿兄，你这破釜沉舟的决心我太佩服了！如果我身体好，我也想再跟你去一趟呢！祝你有志者事竟成。"徐悲鸿对我的决心也给予了热情的支持和鼓励。他对我说："我们从事艺术工作的人，要学习玄奘苦行僧的精神，要抱着'不入虎穴，焉得虎子'的决心，把敦煌民族艺术宝库的保护、整理和研究工作做到底。"

我接受敦煌工作后，在去敦煌前，曾拜会过于右任先生。他当时任监察院院长。见面时，于右任先生谈起他1940年去西北，专程前往敦煌千佛洞参观考察，发现甘肃敦煌作为民族文化艺术宝库，其价值和意义都是伟大和不可估量的。因此，考察结束后，他就打报告建议将敦煌千佛洞收归国有，招收人才成立"敦煌学院"，对敦煌文物进行保护和研究。他对我下决心去荒漠戈壁中的敦煌十分赞赏。他说，他看到千佛洞，发现这是座包括4世纪到14世纪上千年久远的文化艺术宝库，在整个世界上是罕见的，所以不管国家如何穷都要设法保护。但是那里是沙漠，与城市隔绝，生活十分艰苦，如果是没有事业心的人到那里去，那是干不久也干不好的。要有一个从事艺术又爱好艺术的人到敦煌去干才可以放心。他说，你在国外很久，走的地方很多，看到的东西也很多，你一定会对这个世界少有的民族文化艺术宝库感兴趣而能坚持这一工作。要坚持，因为敦煌的保护和研究关系到民族历史、宗教、语言、文字、艺术等各种复杂的学问，不是一手一足短时间内所能完成的，所以必须要进行长期的研究工作。当然，说到研究工作，那里的环境也是困难的。因为自1900年敦煌的宝藏被发现后，英、法、俄、日、美等国家的所谓专家学者都争先恐后地到那里去寻找石室宝藏，然后根据劫得的文物进行研究，已出版了不少研究敦煌的佛教艺术和写经的有关历史、文艺、宗教等各方面的著作，而且已有"敦煌学"之称。于右任先生建议，敦煌研究所成立以后的研究工作，必须以它所涉及的文化、历史等多方面进行综合研究，但现在敦煌石室的密藏已被外国人拿走了，所以研究其他有关民族文字、交通、地理等专题，必须购置中外有关敦煌的书籍，而这些书籍现在还不易购得，只能待以后再说了。他说，现在敦煌千佛洞除了几百个各时代的石窟，只有上、中、下3个寺院，目前的工作先从保护开始，同时清除积沙，修理栈道桥梁，保护千佛洞林木。研究工作可以从临摹壁画和塑像开始，然后进行研究。我十分赞成于右任先生的想法。他最后对我说起成立敦煌艺术研究所的决定。他说，在报告中他写道："似此东方民族之文艺渊海若再不积极设法保存，世称敦煌文物恐遂湮消，非特为考古暨博物家所叹息，实是民族最大之损失，因此，提议设立敦煌艺术学院招募大学艺术学生，就地研习，寓保管于研究之中，费用不多，成功特大，拟请教育部负责筹划办理。"在第75次国防最高委员会上提议通过后，交由教育部办理。是时教育部因体制等原因，不便成立敦煌艺术学院而改设敦煌艺术研究所。"这并不是我原来的意图。因为中国是个多民族的国家，西北又是全中国很多民族聚居的地方，我的意见是西北必须有一个研究民族文化历史，培养民族干部的机构……当然，你是一个艺术家，也许对西北边疆的民族文化的问题现在还了解不多，但只要你到了兰州以西的青海、新疆等地方，你与这些边疆的少数民族相处之后，一定会和我一样感到这个问题的存在。"他希望我在去敦煌之后，不仅在敦煌保护研究上，在关于"边疆民族文化学院"的设立上能考虑一个意见，打一个草稿。两个多小时的谈话，使我获益匪浅。谈话后，于右任先生还招待我吃饭。以后我曾两次见到于右任先生。一次是我到敦煌后，为保护莫高窟元代六字真言碑不致捶拓过多，而请人制了一个缩印铜版，用于大量印刷，以应酬前来索取六字真言碑碑文拓片的人，为此，请于右任先生在缩印的碑上写了一个题记，一起制版。第二次是1948年在南京举办敦煌艺术展时，他来参观展览，并在纪念册上题了字。

值得在这里提一下的是，关于"边疆民族文化学院"的事。在我去敦煌后的1944年冬，遵于右任先生的嘱托，我抽空开始考虑边疆民族文化学院的设计草案。这一设想，我在兰州筹备敦煌研究所时曾和高一涵交谈过。高一涵也了解于右任先生的这一设想，认为这是于老一向的意见，也曾对他谈起过，但一直没有时间办。高一涵知道国民党在做民族工作方面那种贪污腐败的工作作风，但他的方法也没有脱离大汉族主义的"以夷制夷"的思想范畴。我起草的这个方案是边调查边写的，断断续续直到1946年才完成。因为自己是搞艺术工作的，整个地看，这个方案还是偏重或强调了民族艺术的部分，尤其强调了敦煌艺术对民族艺术的重要意义，提议选拔全国美术院校学习中国画的学生来敦煌学习研究，以繁荣我们的人物画创作。

在当时的环境和条件下，要到敦煌去，说起来容易，做起来却难上难，肯定不是《天方夜谭》中一个充满浪漫色彩的故事。在中国悠久的历史上有过不少出使西域的人物，汉代的张骞和唐代的玄奘便是著名的两个。他们一步一个脚印，长途跋涉在荒无人烟的戈壁沙滩上，经受了各种难以名状的人间和自然界的折磨和考验，以自己的忠贞和毅力，创建了千古传颂的业绩。我当然是不能和他们相比的。我只有一个小小的心愿，就是为保护和研究举世罕见的敦煌石窟这个民族艺术宝库，一辈子在那里干下去。

承担筹委会这一艰巨的任务，靠我这个筹委会副主任一个人当然是不行的，必须组成一个工作班子。根据工作的需要，我必须有几位专长历史考古和摄影、临摹工作的合作者。当我把这个要求向主管部门的教育部负责人提出的时候，想不到他冷冷地对我说："我不能给你找到这些人。看来你只有在你志同道合的朋友中去物色了，或者干脆到当地（甘肃兰州）去解决……"

我的第一个步骤是在重庆物色我的合作者。结果，我又碰到一个骗子和一个自私的文人。有一个是当时中央通讯社的摄影主任。他对我说，他同头头儿搞不好关系，正在闹别扭，他愿意跟我去敦煌，并保证三年之内把敦煌壁画全部用摄影反映出来。我问他要买什么东西，他说："不用买。现在就是有钱也买不到摄影器材。我在通讯社工作，可以借出一套器材来。"他说得天花乱坠，骗取了我的信任。还有一个四川大学的教授，是搞美术史的，他说也要去。这个人自私自利到了极点，这里就不详述了。总之，这两个人跟我一起去敦煌，一个把拍摄的照片资料全部带走了（现在这批照片资料在美国某博物馆），一个把自己所考察记录的关于供养人题记的资料也全部带走了，一点也没有给研究所留下。

当然，除了落实和组织人员以外，最关键的仍然是经费问题。没有经费，人员的落实和所需的设施都将落空。教育部对我们除发给一笔非常有限的经费之外，再也没有任何其他实质性的支持和帮助。我决定开画展，卖家具，当行李，发誓作破釜沉舟的打算。

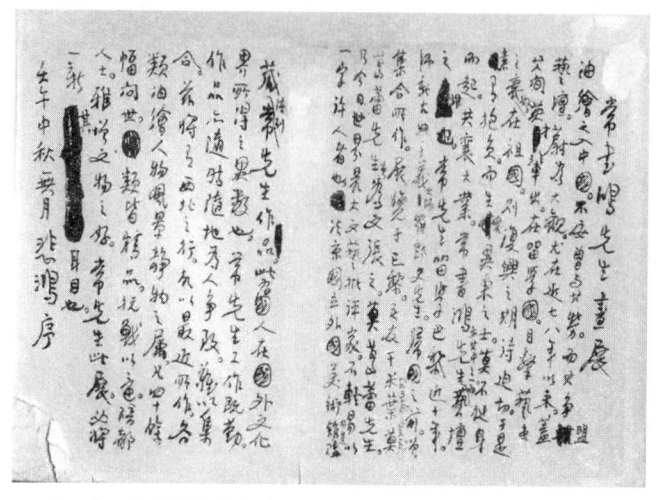

◆ 1942年,徐悲鸿为常书鸿画展所作序

离开重庆前的这次画展,共展出40余幅油画。有一部分在云南等地画的风景和静物,还有1941年起在重庆创作的作品,如回忆贵阳遭受敌机轰炸的作品《是谁炸毁我们的》《四川一农民》以及静物、风景和人体习作等等。画展由徐悲鸿写序,称赞我为中国"艺坛一雄"。序文说:"油绘之入中国,不佞曾与其劳。而其争盟艺坛,蔚为大观,尤在近七八年来,盖其间英才辈出。在留学国,目睽艺事之衰微;在祖国,则复兴之期待迫切。于是素有抱负,而生怀异秉之士,莫不挺身而起,共襄大业。常书鸿先生亦其中之一,而艺坛之雄也。常先生留学巴黎近十年,师新古典主义大师罗郎史[1]先生,归国之前,曾集合所作,展览于巴黎。吾友干米叶·莫葛蕾先生曾为文张之。莫葛蕾先生,乃今日世界最大文艺批评家,不轻易以一字许人者也。法京国立外国美术馆亦购藏

---

[1] 即劳伦斯。

陈列常先生作品，此为国人在国外文化界所得之异数也。常先生工作既勤，作品亦随时随地为人争致，难以集合。兹将有西北之行，故以最近所作，各类油绘人物风景静物之属，凡四十余幅问世，类皆精品。抗战以还，陪都人士，雅增文物之好。常先生此展，必将一新其耳目也。"画展开幕之日，徐悲鸿抱病前来，并当场挑选了一幅静物，后来他送给我一幅国画《五鸡图》，作为我们互赠的纪念品。

这次即将西行的告别画展，得到了重庆各界人士的广泛赞同和支持，展出的 40 余幅油画售出不少，筹得了前往敦煌必需的几万元经费。

1942 年 8 月，重庆报纸上公开报道了"敦煌艺术研究所"即将筹备成立的消息，公布了筹备委员会委员名单，由 7 人组成，陕甘宁青新五省监察使高一涵任主任委员，常书鸿任副主任委员，王子云任秘书，张庚由、郑通和、张大千、窦景椿等任委员。

我于 1936 年为前往敦煌而回国，经过 6 年的坎坷风雨，而如今就要实现西去敦煌的理想，十分兴奋，立即着手准备西行。

第四章

初寓敦煌

沿着河西走廊前进

在 1942 年一个烟雾弥漫的早晨,我只身离开重庆珊瑚坝机场,飞往西北高原的兰州。

严冬的西北高原,一派空旷萧条的凄凉景象。奔腾咆哮的黄河,冰雪初封,显得格外驯服、平静。河边上停放着几架破旧的木轮大水车,挂在车上的竹罐子在呼啸的西北风里发出一阵阵嘶鸣,像是诉说着什么悲凉的遭遇。古城兰州的街道上行人稀少,人们穿着厚厚的棉衣或皮大衣,戴着皮帽子。几辆包着青棉布篷的马车,吱吱嘎嘎地在雪地上碾过;还有几辆马拉的水车,车上一个大木桶,后面有一个出水口,从木塞上滴出的水结成了冰凌,这是从黄河中取水供给居民使用的。在这样的气氛中,我顿生一种凄凉之感。

第二天,任五省检察使和敦煌艺术研究所筹委会主任的高一涵来我下榻的励志社看我。为了工作方便起见,他带我拜会了甘肃省政府主席谷正伦、西北军的朱绍良、省参议会议长张鸿汀(兼《甘肃省通志》主编)、老历史学家慕少堂以及西北公路局局长何竞武等。谷正伦当面指示甘肃省教育厅大力帮助，在原筹备组成员王子云未到时，由郑通和调来天水中学校长李赞亭任秘书，并责成省交通厅和西北公路局负责解决今后敦煌和兰州的交通问题，因当时兰新公路只经过安西，从安西到敦煌120公里没有公路。

1942年底，在兰州召开了敦煌艺术研究所筹备委员会，初步决定了敦煌艺术研究所的各项筹备工作。当时有人提议将研究所所址设在兰州。我说："兰州距敦煌1200公里，这么远怎么搞保护，怎么搞研究呢？"我向于右任也反映了这个意见。于右任支持我的意见。他说他提议建立研究所是寓保护于研究，所以不能离开千佛洞。这样一来，一些原来想在这个问题上打个人算盘的官员脸上就挂起了冰霜，结果对于我提出的工作要求、人员配备、图书器材、绘画材料等问题采取不合作态度，使许多工作难以展开。

时间一天天过去了，人员和物资仍无着落。当时，一提起塞外戈壁滩，不少人便谈虎色变，对于长期去那里工作，则更是望而却步，无人问津了。一天，一个偶然机会，碰到一个在西北公路局工作的国立北平艺专学生龚祥礼，与他一见如故，欣然应允随我前往敦煌，并且又由他介绍了一名小学美术教员陈延儒和我们一块儿去。多了两个人的队伍，总比单枪匹马好得多啊。我内心感到很欣慰。后来，又经过和省教育厅交涉，由省公路局推荐了一位文书，名叫刘荣曾。最后还缺少一名会计，没有办法，我只有到教育厅举办的临时会计训练班去招聘。开始，这个班四十几个人中没有一人愿意应招。半个钟点以后，才有一个穿着长布衫名叫辛普德的人站起来说，他愿意去敦煌。他说他原在武威工作，因为受到马家迫害才来兰州的。这一下总算解决了班子问题！班子虽然不大，但也"五脏俱全"了。

在临离开兰州的前3天，龚祥礼兴高采烈地跑来，让我看一份已购置的物品清单，有纸、墨、笔、颜料、尺子、图钉、圆规等，虽然少得可怜，但我简直是喜出望外了。有了队伍，又有了这份家当，可以干一番事业了。记得我当时很感慨地说，能搞到这些物品，真是不错了。不要忘记，这是在抗战时期的大西北后方。靠这点物品，只要艰苦奋斗，照样可以搞出好东西来。

1943年2月20日清晨，我和李赞廷、龚祥礼、陈延儒、辛普德、刘荣曾一行6人，像中世纪的苦行僧一样，身穿北方的老羊皮大衣，戴着北方老农的毡帽，顶着高原早春的刺骨寒风，乘着一辆破旧的敞篷卡车，开始了一生难忘的敦煌之行。

敦煌是汉武帝为抵御匈奴所建的河西四郡之一。从兰州到敦煌，途经凉州（武威）、甘州（张掖）、肃州（酒泉）三郡，每郡之间相距约五六百华里。按古代中国长途交通驿站的标准行程（也是人畜皆可以完成的行程），是每日70华里，这样，约需半月行期。但是，我们乘着现代化的汽车，却一共走了一个来月，主要是因为当时乘的是老式而破旧的"羊毛车"（苏联支援的一种汽车，因用西北羊毛交换而得名），机器陈旧，又缺少零件，路上经常抛锚，司机还沿途运私货，技术也不高明，加上道路坎坷，因而还赶不上人畜的速度。行速之慢虽然给我们带来不少困苦，却也增加了不少观光的机会。

离开兰州西行，过永登后便进入了祁连山脉中通向古代丝绸之路的河西走廊。这里地势逐渐升高，气候也更加寒冷，沿途人烟稀少，谷野荒凉。几天之后，越过乌鞘岭，我们来到武威郡，也就是古代的凉州郡。这里曾是十六国时期西北的佛教中心。前秦沮渠蒙逊占据此地后，自立为王，号北凉。为巩固政权，他利用来自西方的佛教来统治劳动人民，故而佛教事业昌盛。在凉州至今保留了不少古寺庙和石窟。天梯山石窟就是著名的沮渠蒙逊时代建造的石窟寺，其内容、结构与艺术风格和新疆克孜尔及敦煌千佛洞的早期艺术作品有极为相似之处。但是，这个在汉、唐时代盛极一时，素有"银武威"之称的富庶城市，如今在军阀马步芳的兄弟马步青的统治下，已变得城乡凋敝，田园荒芜，民不聊生了。马步芳不仅挑起民族矛盾，破坏生产，而且肆意拆毁古建筑和盗窃墓葬文物。我在兰州时就听说，马步芳曾派一连步兵，把敦煌石窟封锁了三天三夜，将所有唐代元代的佛塔基座挖掉，搜索密藏，还挖走了一座五代时候曹议金家中的银质宝塔和一只天禧二年的宋代白瓷瓶，以及其他经卷等不少珍贵文物。这个土皇帝过着奢侈的享乐生活。而在他统治下的人民，却贫穷到了不堪设想的地步。我们在汽车站，亲眼看见了这种悲惨景象：人们衣衫褴褛，面带菜色，特别是车站上的一些十三四岁的男女孩子，竟然在冰天雪地里只穿着破烂不堪的棉上衣，腿、脚却完全裸露着。他们拖着冻成紫红色的肢体，提着装有烧洋芋和熟鸡蛋的破篮子，争着向旅客叫卖。那嘶哑颤抖的声音和那凄惨的饥寒景象，真令人不忍目睹。

武威西行的第二郡是历史上较武威更为富有的甘州城，又称"金张掖"，但如今已是到处充满贫穷落后境况，"银武威"不"银"，"金张掖"不"金"了。沿途所见，满目凄凉，田野中几簇干枯的小灌木在寒风中颤抖，沙土堆像荒冢起伏，偶尔遇到一两个身披羊皮的老农，蜷伏在枯瘦的毛驴背上。我们在孤独、寂寞的伴随下，无言地走向斜阳落日、黑水长流的远方。历史记载，公元400年4月16日至7月15日，高僧法显西行过张掖时曾在这里坐夏。这里也是魏晋十六国时期佛教传播的中心之一，曾有不少佛塔和寺院的遗迹，早期石窟马蹄寺就在附近。但令人气愤的是，这些古香古色、雕梁画栋的街道建筑和寺院楼阁，正在由于扩建马路而横遭破坏（这些民族民间建筑遗产，第二年在国民党"开发西北"建筑兰新公路的口号下全部拆毁，荡然无存）。看着那些千百年来显示着劳动人民勤劳智慧的艺术结晶在刀劈斧砍中倒下，在尘土飞扬中淹没，心中凄楚难言。

在张掖至酒泉的途中，有一件事至今记忆犹新。黄昏时分，我们的汽车正在路上颠簸，忽然有一个农民带着一个乘小毛驴的妇女拦车。他们苦苦哀求，说妇女怀中的小孩得了急病，想搭车赶到城里医治。这时车厢里虽然已挤得水泄不通，但大家还是硬挤出一个空档，让这个妇女坐了上来。汽车在寒冷的夜间行驶，戈壁滩上的风沙夹着冰冷的雪花刀割一样地抽打着车上的人。大家都把头缩进老羊皮领子里，就像一袋袋没有生命的货物一样堆在那里。鼻子里呼出的热气马上被冻成冰花，黏结在鼻孔周围，渐渐堵塞，使人的呼吸都感到困难。车上没有一个人讲话，只有风声、破烂羊毛车的马达声和沙粒打在羊皮衣上的声音混杂着在耳边鸣响。在这些声音里，我隐隐约约地开始听到孩子的哭声，在刺骨的狂风中渐渐熄灭了，不久又听到那位妇女的凄酸的哭泣声断断续续地传来。渐渐地，我在极度寒冷中蒙眬地睡着了。清晨，那位妇女突然号啕大哭起来，原来，她怀中有病的婴儿已在半夜冻死了。眼前的惨剧使我心情沉重。我不由联想到，公元前138年，张骞出使西域时，正是沿着这条道路前行，几经危难；4世纪时的法显和尚到西域取经，同样沿此路前行，他的同伴惠景和尚在翻越葱岭时，惨死在风雪严寒之中；唐代名僧玄奘，也在这里买了一匹好马，他想西行时安全度过布隆吉尔有名的风口，临走时碰到一个经常由酒泉走哈密的老人，看了玄奘那匹新买的马说："这匹马在平坦的道路上走倒是好的，但不能走戈壁和风口，它不识路，不识水，到哈密去很危险，不如我这匹老马好。"玄奘听到老人的话很感动地说："对了！你说中要害，我愿意换你的老马。"果然，玄奘在安西迷失道路，在马上昏迷，还是老马把他带到疏勒河水地边，拯救了他的生命。在《西域记》中，他记述九死一生的危难险恶，也就是指这段沙漠行路的艰辛。在这条千百年来的丝绸之路上，留下了多少荣辱盛衰，又掩埋了多少行人尸骨。而现在，偏安重庆的国民党达官显贵们，也许正在灯红酒绿的歌舞场上狂欢醉饮，或者正面对着巧取豪夺的金银财宝大喜过望。但此时此刻，在贫穷落后的塞外，又一条幼小可怜的生命，被贫穷困苦湮没在寂寞的荒野，永无声息地消失了。这辽阔的大西北，为什么竟如此充满着荒凉、贫穷、灾难和死亡？

酒泉郡是汉代建立的历史名城。汉代名将班超在塞外征战 20 年后，曾上书武帝说："臣不敢望酒泉郡，但愿生入玉门关。"他指的就是这个地方。这里也遗留有汉、魏、十六国、隋、唐等各朝代的大量历史文物。如酒泉西北侧的黑水国，即汉代的沙漠古城。人们曾在那里发掘出大批文物，如闻名世界的"居延汉简"，反映了当时各族人民生活情况，也展现了各国之间东西友好往来的政治、经济、文化交流情况。在酒泉城附近的文殊山上，有一个十六国时期北凉沮渠蒙逊修建的石窟寺，寺中文物富有中国早期壁画和彩塑特点。酒泉城西北的嘉峪关是明代所建的通向西陲的城关，也是封建社会流徙犯人的边卡；一出此关，眼前即是一片茫茫无垠的戈壁瀚海了。当地人们流传着这样的歌谣:"出了嘉峪关,两眼泪不干,前望戈壁滩,后望鬼门关。"它反映了当地劳动人民为谋生存而西渡流沙,难卜生死的悲惨命运。酒泉盛产一种"夜光杯",用当地一种玉石制作,杯身细薄,斟上酒后,灯光下透过杯壁可清晰地看到杯中酒的颜色,奇巧玲珑,名誉古今中外。盛唐诗人王翰在一首《凉州词》诗中写道:"葡萄美酒夜光杯,欲饮琵琶马上催。醉卧沙场君莫笑,古来征战几人回!"可见夜光杯已久享盛名了。

出了嘉峪关,沿途看到一些土砌的墩子残垣,这是有名的汉代传递信息的烽燧。所谓"流沙坠简",就是在烽燧附近被流沙所埋藏的汉代边疆戍卒留下的简札。这里也是汉代长城的余脉沿丝绸之路通向敦煌郡的会合处,是东西文化、物资交流,友好往来的重要历史见证。

安西是我们乘汽车行程的最后一站,再往前就没有公路可行了。这里又是被称为"一年一场风"的"风城"。我们于1943年3月20日下午到达这里。到此,一个月的汽车颠簸生活结束了。塞外的黄昏,残阳夕照,昏黄的光线被灰暗的戈壁滩吞没着,显得格外阴冷暗淡。王昌龄诗句"边日少光辉",正是此景的逼真写照。在公路的尽头处,我们看到一块用土坯砌成的四五丈高的泥牌子,上面写着"建设大西北"5个大字,衬托着牌子后面被流沙掩埋的残城一角,破败凋零,一派颓废景象。这真是对国民党当局绝妙的讽刺!联想一路上的所见所闻,在这到处充满贫穷、饥饿、荒凉、颓败的大西北,这块土牌子可算是国民党建设大西北的唯一"建设"了。

从安西到敦煌一段行程,连破旧的公路也没有了,一眼望去,只见一堆堆的沙丘和零零落落的骆驼刺、芨芨草,活像一个巨大的荒坟葬场。这段行程只有靠"沙漠之舟"骆驼的帮忙了。雇了10峰骆驼，开始了我们敦煌行的最后旅程。

骑骆驼，这还是我有生以来的第一次。骆驼很温顺地跪在地上，让人跨上它那毛茸茸的峰背。骆驼起来时先起后腿，当人向前倾时再起前腿，行走时后腿高于前腿。伴随着有节奏的驼铃声，它摇摇摆摆地向前行走，使人感到安全舒适。这不禁使我回忆起小时候在西子湖上微波泛舟的情景，那一起一伏的感觉大有相似之处。"戈壁之舟"果然得名有理。

第一天，我们走了15公里，午夜后到达自古以盛产甜瓜闻名的瓜州口。但是，这个瓜果之乡，如今却因为井水干涸，连人畜饮水也要用毛驴从10公里以外驮来。"瓜州"已变成了徒有虚名的不毛之地。在惨淡凄凉的月光下，山沟里隐约露出几间土房，我们前去投宿。一个守屋的老汉只能提供半缸水，还不够我们7个人（加上骆驼客）的饮用。我们和衣挤在土炕上，度过戈壁滩上的第一夜。

过了瓜州口后，骆驼客告诉我们，下一站要到甜水井打尖。"甜水井"，这名字在我们心中激起一阵兴奋的涟漪，在枯燥的沙州旅行，谁不产生对水的珍爱和向往呢！当夜在漆黑中我们来到甜水井。大家都盼望着痛饮一次甜水。好不容易从井里打上半桶，急忙用兽粪煮开，谁知喝到嘴里却是又苦又臭，刚才那种如饮玉液琼浆的憧憬一下子云消雾散了。第二天早晨，我们才发现，原来井口周围堆满了兽粪。这些水是牲畜长年累月连吃带拉的结果。骆驼客走过来，看到我们一副望着井摇头叹息的失望表情，便说："从安西到敦煌120公里的戈壁滩上，还只有这一口井哩。别看不好喝，对我们牵骆驼、赶牛马的穷苦人来说，可真是一口救命的甘泉哩！"他的话对我们启发很大，"严寒知火暖，饥渴觉水甜"，在日后敦煌艰苦的岁月中，我常想起这口甜水井和骆驼客的话，便增加了茹苦为乐的勇气。

甜水井的下一站，是疙瘩井，闻其名便知无水可寻了。这是一个长满骆驼刺的大沙丘。卸下重载的骆驼没精打采地啃着干瘪瘪的骆驼刺。我们的水已用尽，只好坐卧在沙堆上，啃着又冷又硬的干馍和沙枣锅盔。深夜，辗转难寐，仰望寒空如罩，繁星点点，空旷无声，万籁俱寂。正如古诗所云："天似穹庐，笼盖四野。"然而，这寂静的沙漠之夜，却使游子心潮烦乱，无法与大自然气氛吻合。我突然浮想联翩，记起唐玄奘在《慈恩传》中记述："夜则妖魑举火，烂若繁星……顷间忽见有军众数百队满沙碛间，乍行乍息，皆裘褐驼马之像及旌旗稍纛之形，易貌移质，倏忽千变，遥瞻极著，渐近而微。法师初睹，谓为贼众；渐近见灭……"这种类似的感觉，确是人在孤独的沙漠之夜易产生的幻景。恍惚间，在伯希和《敦煌石窟图录》中所见的飞天夜叉、天神菩萨的形象，也仿佛在眼前浮现。的确，再有一天多的时间，这些艺术形象即可真的呈现在面前了。

当一轮红日从嶙峋的三危山高峰上升起来的时候，骆驼客指着那里说："喏，千佛洞就在太阳的西边，鸣沙山的脚下。"我们顺着方向望去，只见三危山尽头依然是一望无际的戈壁和沙山。骆驼客看我们焦急的样子，便打趣地说："千佛洞是仙境，时隐时现，变化无穷，哪能一下子让人看见呢？"我们不满意他的回答，但也无奈。骆驼依然慢悠悠地在沙滩下印刻着它那莲花瓣一样的美丽图案，驼铃也伴着它的缓慢的脚步叮当地响着。当骆驼转过一个沙丘时，突然，我们不约而同地欢呼起来。从一个沙丘的夹缝里，不远的峡谷中，隐隐露出一片泛绿的树梢头，犹如绿岛点缀其间，真是别有天地。大家争相指点，喜笑颜开。骆驼这时也加快了脚步小跑起来。骆驼客挥鞭吆喝，也无济于事。它们歪歪斜斜地奔下山坡，在一条清澈的小溪边狂饮起来。此时，我们却完全被眼前的壮观景象陶醉了。不远处，透过白杨枝梢，无数开凿在峭壁上的石窟，像蜂房一样密密麻麻。灿烂的阳光，照耀在色彩绚丽的壁画和彩塑上，金碧辉煌，闪烁夺目。整个画面，像一幅巨大的镶满珠宝玉翠的锦绣展现在我们面前，令人惊心动魄，赞叹不已。一股涌自肺腑的对伟大民族艺术敬仰爱戴之情油然而生。我们跳下骆驼，向着向往已久的民族艺术宝库跑去。

致礼莫高窟

来到敦煌的当天,顾不上休息,我们迫不及待地做了初次巡礼。

真是"百闻不如一见"!对这个伟大的艺术宝库,我过去一点支离破碎的了解,简直太肤浅、太可怜了。仅就"千佛洞"的名称而言,过去以为是因有1000尊佛像而得名。看了公元698年李怀让重修莫高窟碑文之后,才知道这个石窟群名为莫高窟,始建于公元366年(东晋十六国的前秦建元二年),到唐代立莫高窟碑时,已累建起大小窟龛1000多个。到那时止,虽已经千余年的风沙侵蚀及人为的毁损,但仍保存较完好的洞窟有数百个。它是中国石窟寺中现存规模最大,保存最完好,也是最古老的艺术宝库之一。这个石窟群,开凿在敦煌东南30公里的三危山和鸣沙山之间,大宕河左岸的酒泉系砾岩的陡壁上。陡壁高三五十米不等,由南至北,开凿石窟的崖壁共1680米,700余窟,分南北二区。南区长940米,是石窟群艺术精华所在。因为地面平坦,沿着大泉细流的冲刷,自南至北,冲向戈壁,洞窟的修凿,顺水流自南向北分上下三四层,垒垒如蜂房,栉比相连。包括晋、魏(北魏、西魏)、隋、唐、五代、宋、西夏、元朝各代修建的壁画、彩塑洞窟309个（按当时张大千编号），中隔上下的马路坡道是原来经过二层台子往返城乡的通道。北区长720米，有大小洞窟200余个。其中大部分是因开始时莫高窟无树木盖房，凿窟为室，供工匠居住，内有壁画和彩塑洞窟5个。整个石窟群共有492个洞窟（新中国成立后历年发现洞窟，现总计有壁画塑像洞窟492个），壁画总面积44830平方米，彩塑2000余身。如果将这些壁画排成2米高的画面展出，这个画廊可达22.5公里长。因此，把敦煌壁画称为世界上唯一最大的古代艺术画廊是当之无愧的（阿富汗的巴米扬是佛教艺术的中心，现经日本考古学者水野清一、樋口隆康10余年的发掘，据称原有洞窟700余个，但屡经战乱至今仅存不过10余个洞窟。到我写此文时，这些洞窟仍在遭受最近掀起的战乱的破坏）。而更为宝贵的是整个石窟的艺术价值。这数量巨大的壁画彩塑，从洞窟建筑结构、壁画的装饰布置、画面的主题内容、民族特征、时代风格看，是自4世纪到14世纪的千余年中，无数艺术匠师们呕心沥血、天才智慧的艺术结晶！这些辉煌的艺术成果，既是中华民族优秀文化艺术的结晶，又是在充分吸收和融合了外来民族文化艺术基础上不断创造的结果，是民族文化艺术交流的集中体现。敦煌艺术是中华民族取之不尽、用之不竭的伟大艺术宝库，也是全世界人民的宝贵艺术财富。

　　置身在敦煌这个艺术宫殿里，每一个洞窟都具有令人陶醉的艺术魅力。那建于五代时期的窟檐斗拱上鲜艳的梁柱花纹，那隋代窟顶的联珠飞马图案，那顾恺之般春蚕吐丝的人物衣纹勾勒，那吴道子般的舞带当风的盛唐飞天，那金碧辉煌的李思训般的用色，这些体现着民族传统和时代风格的山水人物绘画，栩栩如生、呼之欲出地展示在我们眼前。

在这里，我看到了在伯希和《敦煌石窟图录》中所看不到的各时代壁画绚丽灿烂的色彩。而敦煌早期壁画中那种描写人物所用的粗犷遒劲的线条，如敦煌第275窟东晋十六国时期壁画《毗楞竭梨王本生》的故事等，是河西当地民族匠师们的一种特有风格。在这里还可以看到比欧洲文艺复兴大师乔托早1000多年，具有高度现实主义风格的唐代人物的风景画。

意大利14世纪文艺复兴大师乔托画的《圣方济各向小鸟说教》，把人物穿插在简单的树木风景中，小鸟有的在地面走动，有的正展翅飞翔，能给人生动现实的感觉。这幅画是乔托成为文艺复兴先驱者的重要成就。但是与敦煌第217窟《化城喻品》的绘画比较，乔托的作品在艺术造诣上就相形见绌了。在这幅盛唐的画面上，青绿明快的初春景色，展示着现实主义的人物山水布局。画中山峦重叠，行人在弯曲的乡村夹道上鱼贯而行，人物和所处的山水景物随着透视的演变愈远愈小。画中还出色地运用了中国民族传统绘画的一种高瞻远瞩的散点透视法。画面上表现的山山水水、建筑、人物，引导我们的视线从下到上、由近而远、由大至小，经过"落花流水""浮云幻城"及近水远山，最后远远地消失在蓝天白云之中。

特别使我注目的是，在30多个北魏、西魏石窟中，保留着完好的数以千平方米的绚丽多彩、豪放旷达的壁画和朴质淳厚的彩塑及装饰图案。它们的创作思想和表现手法在一定程度上还一丝一缕地保留着汉代的艺术传统，如《狩猎图》《山川树石》和《行云流水》等。早期石窟壁画中加进佛教内容的飞天、夜叉、天神、梵女等，再加上壁画中笔力遒劲的榜书题记，及整个石窟建筑的结构布局，构成了一种"风驰电掣""遒劲超息""气韵生动"的民族传统，而且，这一传统从4世纪至

14世纪历经千年而不衰。

在这个伟大的民族艺术宝库面前,我感到深深内疚的是,自己在漂洋过海、旅居欧洲时期,只认为希腊、罗马和欧洲文艺复兴时期的艺术是世界文艺发展的高峰,而对祖国伟大灿烂的古代艺术却一无所知。今天,面对祖先遗留下来的稀世珍宝,才如梦初醒,追悔莫及。

令人愤慨的是,20世纪初叶,敦煌密室宝藏曾遭到一场帝国主义疯狂的劫掠。如第17窟,在公元1035年(宋仁宗景祐二年)时,为逃避西夏入侵抢掠,莫高窟和尚和当地豪绅把历代宝藏、经卷、画幅、古文艺手抄本、契约3万余件文物封藏在这个位于第16窟甬道北壁的耳洞中(编号第17窟),并用土基将洞口堵塞,画上菩萨像伪装壁画。西夏占据敦煌百余年,封藏文物的主人逃难一去不知所终,从此近千年内无人得知。直到公元1900年5月27日,才为居住下寺的道士王圆箓在清理流沙时偶然发现。后来,当地土豪及外国盗宝者奥勃鲁切夫、斯坦因、伯

◆ 1908年的莫高窟

希和先后强取豪夺数以万计的手抄经卷,以及绣像、幡画等,最后只有8000余卷经卷文书劫后余生,送至北京(现在保存在北京图书馆)。如今,第17窟室已空无所有,只剩下被遗弃在外的洪䇲和尚塑像、北壁唐人画的供养仕女像二身。这两个色彩文雅、栩栩如生的画像,成了历史变迁的目睹者,是帝国主义分子盗窃中华民族宝藏的可耻罪行的见证人。

当时,我默默地站在这个曾经震动世界而今已空无所有的藏经洞中央的洪䇲造像坐坛前,百感交集,思绪万千。宝藏被劫掠已经过去三四十年了,而这样一个伟大的艺术宝库却仍然得不到最低限度的保护和珍视。就在我们初到这里时,窟前还放牧着牛羊,洞窟被当作淘金沙人夜宿的地方。他们在那里做饭烧水,并随意毁坏树木。洞窟中流沙堆积,脱落的壁画夹杂在断垣残壁中随处皆是。洞窟无人管理,无人修缮,无人研究,无人宣传,继续遭受大自然和人为毁损的厄运。眼前,这空空荡荡寂静幽暗的洞室,像是默默地回顾着她的盛衰荣辱,又像无言地怨恨着她至今遭受的悲惨命运。忽地,砰然一声巨响把我从沉思中惊醒,原来是三层上面的第444窟五代的危檐下崩落了一大块岩石,随之是一阵令人呛塞的尘土飞扬。我不胜感慨,负在我们肩上的工作任务将是多么艰巨沉重啊!

敦煌——这个古代丝绸之路的要隘重镇,是从汉代开始兴建的。文献上说:"敦,大也;煌,盛也。"可见,早在公元前2世纪时,这里已成为中国与西域各国进行政治、经济、文化交流的一个大都会了。佛教也因此在这里得到发展。从印度传入中国的佛教,到公元四五世纪的南北朝时期开始盛行。这正是中国历史上各族大迁移、战争频繁、"尚寐无讹,不如无生"的时代。统治者们纷纷利用佛教,宣扬消极处世、逆来顺受的思想，以麻醉人民，巩固其统治地位。同时，广大人民群众在当时的历史条件下，无力摆脱民族压迫和阶级压迫，也只好把佛教当作一种精神安慰剂吞食下去。因此，尽管当时田园荒芜，城市坍圮，但善男信女却节衣缩食，修行拜佛，修造窟龛，作为来世幸福的希望。莫高窟地处丝绸之路上阳关大道的旁边，因此往来东西方的商旅士绅、戍卒卫士，仿照中亚开凿石窟寺的风尚，在敦煌大宕河床西岸峭壁中修造石窟。这是敦煌石窟包括西千佛洞、榆林窟在内的石窟开凿的起源。据现存敦煌文物研究所藏唐武周圣历元年（698）重修莫高窟碑记载，前秦建元二年（366），有一个名叫乐僔的和尚，西游到敦煌三危山下，时近黄昏，西方落日金光万道反射在东面三危山上。只见山上一派耀眼的金光中，好像有千万个佛像出现。和尚把幻觉当真，认为这里一定是块圣地，便在这里凿下了第一个石窟。不久又有一个法良禅师从东方来到这里，又在乐僔窟的旁边凿下第二个洞窟。此后，从十六国至魏、隋、唐、宋、元1000年间，历代石窟就连续不断地修建起来了。

唐代（618—907）是莫高窟发展的高潮时期。这时开凿的洞窟数量最多，艺术造诣也最高。据唐碑碣记载，当时有数以千计的石窟，窟前有木构的窟檐，并有栈道相通。山上建起了一座座金碧辉煌的殿堂，雕檐画栋，光彩夺目。窟前是"前流长河，波映重阁"。然而，经过1000多年风沙雨雪的大自然毁损，敦煌已经发生了"沧海桑田"的变迁。有的窟毁坏消失，有的窟被流沙掩埋，雕檐崩塌，那"波映重阁"的长河宕泉到现在只剩下一股涓涓细流。为了使它不再毁损，我决心以有生之年为敦煌石窟的保存和研究而努力奋斗，绝不让这举世之宝再遭受灾难了。

战风沙筑围墙

1943年3月24日,我们6个人盘坐在千佛洞中寺破庙的土炕上进晚餐。我真有点不习惯盘腿而坐,而会计老辛却坐得非常自如。因为我们到的这天,正值敦煌县城前天受到国民党军队的洗劫,全市罢市,什么也买不到。从老喇嘛那里借来的灯,是用木头剜成的,灯苗很小,光线昏弱;筷子是刚从河滩上折来的红柳枝做成的;主食是用河滩里咸水煮的半生不熟的厚面片;菜是一小碟咸辣子和咸韭菜。这是来敦煌的第一顿晚餐,也是我们新生活的开始。

我的秘书,原来是天水中学的校长老李,久患胃病,经过旅途的疲劳颠沛,终于病倒了,躺在土炕上呻吟。另一个同事提醒我,教育部临行给的那点经费,因为另外请了三位摄影专家,他们从重庆乘飞机就花了我们整个5万元筹备费的三分之一,加上我们来时一路上的开销,现在已经所剩无几了。这里物资昂贵,有钱也买不到东西。千佛洞孤处沙漠戈壁之中,东面是三危山,西面是鸣沙山,北面最近的村舍也在30里戈壁滩以外。在千佛洞里除我们之外,唯一的人烟是上寺一老一少两个

◆ 敦煌莫高窟

喇嘛，下寺一个道人。因此，工作和生活用品都得到县城去买，来回路程有八九十里，走戈壁近路也要七八十里，而我们唯一的交通工具是一辆借来的木轮老牛车，往返至少一天一夜。

在万籁俱寂的戈壁之夜，我被这些牵肠挂肚的难题所困扰，思前顾后，深夜难寐。半夜时分，忽然传来大佛殿檐角的铁马铃被风吹动得叮当作响的声音。那声音有点像我们从安西来敦煌骑的骆驼铃声，只是比骆驼铃更细脆而轻飘。渐渐，大佛殿的铃声变轻了，少了。我迷迷蒙蒙好像又骑上骆驼，在无垠的沙漠上茫然前行，忽而像飞天一样长了翅膀，在石窟群中翱翔飞舞，恍惚间，又梦见头上坍下一大块壁画，压在我身上……

我从梦中惊醒，看见窗外射来一缕晨曦，已是早晨7点多钟了。我起身向着石窟走去，只见一夜风沙，好几处峭壁缺口处，细黄色的流沙像小瀑布一样快速地淌下来，把昨日444窟上层坍塌的一大块崖石淹没

◆ 从崖顶向莫高窟流下的沙

了。有几个窟顶已经破损的洞子，流沙灌入，堆积得人也进不去了。我计算一下，仅南区石窟群中段下层洞窟较密的一段，至少有上百个洞窟已遭到流沙淹埋。后来，我们曾请工程人员计算了一下，若要把全部堵塞的流沙清除，光雇民工就需要法币 300 万元。我一听，吓了一跳，教育部临行给我们的全部筹建资金只有 5 万元，何况已经所剩无几，叫我们怎么雇得起呢？

沙是保护石窟的大敌，一定要首先制服它。眼前最紧迫的问题是没有经费雇民工，这些积沙如何清理？虽然生活工作条件异常艰苦，但工作人员情绪都很高。大家想了不少主意，后来，我们从易喇嘛那里听说过去下寺王道士曾用流水冲沙的办法，于是我们便试着干起来。用绳索拉着木板刮沙，然后再用渠水将积沙冲走，把下层被沙埋的洞窟清理出来。

因为这里原来是无人管理的废墟，三危山下和沙滩边的农民已习惯于把牛羊赶到千佛洞来放牧。当我们来到时,春草在戈壁上尚未生出,老乡们赶来的牛羊经过沙漠上的长途跋涉又渴又饥,只有拼命地啃为数不多的几棵杨树的皮。我再三向牧民交涉,但他们没有办法使饥饿的牛羊不啃树皮。为了加强管理,保护树木以防风沙,我们计划建造一堵长达两公里的土墙,把石窟群围在土墙里面。

我把这一计划向敦煌县陈县长提出,并希望得到他的协助。这位县太爷听我讲完,顿时哈哈大笑起来。他挖苦地说:"你大概是书读得太多了吧,真是一个书呆子!"我听了十分生气地对他说:"这并不是笑话,这是急待解决的问题,否则石窟的大量民族宝藏日夜受损失,难道就听之任之?"他看我生气了,也严肃地对我说:"教授先生,这里可不是湖北和你们浙江,我们是在敦煌千佛洞鸣沙山的脚底下,这里满是沙、沙、沙,叫我哪里弄土去?没有土怎么筑墙呢?尤其是一堵六尺高近三里长的墙,这简直比修万里长城还要难。我的教授先生,实在没有办法!"

"没有办法。"这句话像当头一棒,我惘然若失地回到千佛洞。这是我头一次与当地官员打交道,没想到就碰了壁,还遭到他一番奚落挖苦。回来的路上,我拖着沉重的脚步,心中充满悔恨、愤慨,真不该去找这个家伙。我走得口干舌燥,便一屁股坐在沙丘上,用手掏着沙丘。沙、沙、沙!真是掏不尽的沙,竟没有一星土。细细想来,也真像姓陈的县长讲的,哪里来的土呢?可是,难道就这样束手无策,无所作为吗?

一定要把墙筑起来!

从县城回来不久,一天,这个寂寞空荡的千佛洞,忽然驶来几辆大马车。马车上装着锅灶、柴火、碗筷、油盐酱醋等什物。这是怎么回事？上寺的老喇嘛告诉我说："再过三天就是农历四月初八了，这是佛祖诞生的日子，也是千佛洞一年一度的大庙会。那可是人山人海，热闹非凡的大节日呢！"

"人山人海的大节日！"开始我不大相信，但果然来的人越来越多了。除先来的几家饭馆，还来了不少小商贩，连测字算命的三教九流也都跟着来了。这批人除了有车马的买卖人，其余骑马、骑毛驴和步行的香客都是从石窟群北首的上马路下来的。从上马路北行10里，有个废庙和茶房子，那里有一口水井和一口钟。这口井相传是专供庙会香客饮水用的。至于钟，遇着春天风沙迷漫之日，则打钟来给人们指点行路方向。现在水井已干涸，钟也被人盗走，只有一个废庙了。因为我们研究所占了中寺，所以来赶庙会的香客都住在上寺老喇嘛那里，还带来不少小牛小羊，作为供养喇嘛的布施。老喇嘛说："这是我们的老香客。"老喇嘛和他的徒弟徐喇嘛不知从哪里取出大红绣字的幢幡彩帐，把做道场的大佛殿装饰布置起来，大有节日欢乐气氛。

不久，赶庙进香的人们络绎不绝地拥向了千佛洞。这些人先是住进上、中、下3个寺院，后来3个寺也容不下了，南北两边的石洞窟中也住进了人。还有不少老年人住在洞窟前的树林中。一次，我到下寺来，偶然发现两家饭馆正用沙土筑起一堵小围墙，作为买卖小店。我心里一震，赶忙过去观看。只见他们用沙土加上水，然后夯实，小墙便筑起来了。我急忙向他们打听，像这种办法，能否在千佛洞打一堵长围墙。老乡告诉我，千佛洞的水，含碱量很大，夯实了，完全可以作墙。老乡的话使我高兴得差点像小孩子一样跳起来。真是"山重水复疑无路，柳暗花明又一村"了！修围墙的计划又在我脑海升腾。我仿佛看到一堵围墙已筑起，驯服的流沙被阻在墙外。

庙会期间，真是车水马龙，熙熙攘攘，一派节日盛况。但随之而来的是秩序维持和石窟保护问题。虽然县里出了"布告"，也无济于事，结果洞窟搞脏了，树林中不少树皮和枝丫都被牲口啃得一团糟。我们坚持让这位"县太爷"来此看一看情况，采取措施，并趁此机会，再次提出修筑围墙的问题。县太爷果然也来了。我把老乡修土墙的情况告诉了他，并说："修墙一方面是今后防止游客破坏，一方面是防风沙侵蚀。如果不修墙，继续损坏下去，责任理应由县里负。"这一来，县太爷怕负责任，勉强同意派人来研究修墙计划。这位"县太爷"还答应由县政府和敦煌艺术研究所联合发出布告，宣示敦煌莫高窟又名千佛洞已正式收归国有，并保护千佛洞、禁止放牧牲口和私自进洞窟等。修墙的计划总算有了一线希望。

农历四月初八的庙会过去了，香客们纷纷离去，千佛洞又恢复了往日的寂静，只有那些被啃过皮的树木裸露着白花花的伤痕。

在我们催促下，县里果然派来一个负责工程建设的科长。他打了一下算盘说，一个2米高、2000来米长的土夯墙，要2.7万个工，至少需要2.7万元，加上材料、工具等不能少于3万元。以每天300人施工，需3个月竣工。但我们手中只剩下1000余元了，还要维持生活，等教育部汇款来，更要一段时间（我们一到敦煌就打电报要求汇款，至今3个多月无回音）。最后，决定缩小规模，只修一个1000米长的墙。我们火速拍电报给教育部，希望立即拨款修墙，回电说同意筑墙，款随后汇，但我们等了一个月，仍无音信。这时已进入夏季，往南山挖金沙的人都要经过千佛洞。他们的驴马牲口，便在夜间放牧，继续糟蹋林木庄稼。更严重的是，这些人与土豪劣绅、官僚都有密切关系，流氓成性，任意在洞中居住往来，煮饭烧菜，对石窟艺术作品损坏不小。我们只有6个人，顾此失彼，无法照管，因此，修筑围墙是刻不容缓了。

我又找到县政府，提出先由县里借款动工，汇款一到便还账。那个陈县长，这次竟意料不到地满口答应。他说："我也认为必须赶快把围墙修起来。款子的问题，现在正是青黄不接之际，鄙县也很紧张。但部里的款子久汇不至，为了公事，鄙人有个解决办法。你是个书呆子，暂不要管这些人。由县里想办法雇人、备粮、备柴、备车等等。至于经费，等部里款子寄到后，咱们再来算账，不要忘记包括你的'大作'在内。"他的突然慷慨使我既意外又怀疑，但事情已到了走投无路的关头，也只好由他一手包办了。我最后也答应了送他一张千佛洞风景画为酬谢。

十来天以后，县里派来1个科长、1个科员和5个警察，还有100多个民工，随即粮食、柴草等也都运到千佛洞。经过50多天的施工，民工们起早贪黑，终于即将完工。不料，最后几天，忽然出现民工逃跑的事。我一了解，才知道了真相。原来这些民工都是县太爷派的公差，没有任何报酬，民工用的粮食、柴草都是各乡民工自备。有些乡村收成不好，被派的穷苦民工带的粮少，吃不饱，活又累，实在饿得难熬，只好逃回去。这消息使我大吃一惊。

该县长的卑鄙行径，使我怒不可遏。我在国外期间，曾一度片面强调过西方文明，重洋轻中。直到在巴黎的吉美博物馆中，我才发现了灿烂的祖国文化艺术，发现了伟大的敦煌艺术宝藏，从迷途中惊悟过来。

◆ 千米土墙

我怀着一股强烈的赤子挚情远涉重洋回到祖国的怀抱，但国民党的黑暗统治令我失望。我离开乌烟瘴气的重庆，来到三危山下，把对祖国的热爱寄托在这举世无双的民族事业上。当我刚刚在保护这些千百年艺术匠师劳动成果的工作中迈出微小的一步时，美好愿望却遭受到这个县长可耻的亵渎，变成他投机自肥的赌场，向劳动人民转嫁灾难。第二天我赶进城去质问姓陈的县长。这家伙一看阴谋已被揭穿，便支支吾吾地搪塞起来，什么"你说得有道理，但我们是个穷县，借不出钱呀""老百姓对千佛洞老佛爷很虔诚，给千佛洞修墙是好事呀"等等。我对他说："你要把每个民工的姓名、住址造一个花名册，钱一汇到，便把报酬送还他们。"但使我内疚的是，这桩心愿始终因这笔钱未汇来而未能实现。不过，当时这堵千米土墙，的确对保护洞窟和林木起了很大作用。这也是劳动人民为千佛洞贡献的一份力量。

乐在苦中

仲夏的敦煌，白杨成荫，流水淙淙，景色宜人。在这美好的季节，我们的工作也紧张有序地开展起来。当时人手虽少，条件也很艰苦，但大家初出茅庐，都想干一番事业，所以情绪还不错。我们首先进行的工作是：测绘石窟图、窟前除沙、洞窟内容调查、石窟编号、壁画临摹等。

为了整理洞窟，首先必须清除常年堆积窟前甬道中的流沙。清除积沙的工作是一件繁重的劳动。雇来的一些民工，由于没有经验，又不习惯这种生活，有的做一段时间便托故回乡，一去不返。为了给他们鼓劲，我们所里的职工轮流和他们一起劳动。大家打着赤脚，用自制的"拉沙排"，一人在前面拉，一人在后面推，还喊着号子，互相比赛。我们把积沙一排排推到水渠边，然后提闸放水，把沙冲走。民工们粮食不够吃时，我们设法给他们补贴一些，使他们能逐渐安下心来。

据县里来的工程师估算，单这些积沙，就有10万立方米之多，再加上还要修补那些颓圮不堪的甬道、栈桥等等，工作看来难望短时间完成。我们只能一步一步干。

当我们通过自己的劳动，看到围墙挡住了牲畜的啃咬和破坏，里面的幼林生长得郁郁葱葱，工作人员及参观游览的人能在安全稳固的栈道上来来往往时，心里真是充满了喜悦。

我们到了敦煌，消息不胫而走，声势铺开了！

从大后方陆续来了好几位我在国立艺术专科学校的学生。董希文和他的妻子张琳英，首先风尘仆仆赶到了这孤悬塞外的艺术洞窟，这使我大喜过望。希文是我相当看重的门生，他来了，我仿佛添了左膀右臂。我要他带着琳英着重临摹壁画。隔不多久，张民权也来了。再接着，李浴、周绍淼、乌密风也来了。这些年轻人各有各的追求。李浴就一直在关心和搜集美术史的资料，对这个宝窟自然很快着了迷。有这些年轻人在身边，我的胆气也壮了好多。

但困难也接踵而来。

要临摹壁画，这纸、笔、颜料就难以为继。纸，当时最好的要算四川的平江竹浆纸，但由于交通阻塞买不到了。我们只好就地取材，用窗户皮纸自己来裱褙；笔，画秃了，自己来修理，一用再用。颜料的需要量很大，单靠带来买来的一些颜料，简直是杯水车薪，无济于事。怎么办？我们想来想去，想到古代民间艺人用的颜料，就自己动手做试验。把红泥用水漂净加胶做红色颜料，黄泥做黄色颜料，其他也一一找代用品。这一着棋果然就走活了。这种天然颜料，不仅资源无限丰富，而且还不易褪色。这样，我们一早一晚每人手里一个碗一根小棍，边聊天边碾起颜料来。

这临摹壁画，也是事非经过不知难。洞壁上的画还好说，可以一块一块分片包围。洞顶上的画就要命了，画上几笔，早已手臂酸麻，描绘无力了。加上洞中幽暗，工作中时常要点一支土蜡烛，烛光摇曳，时明时暗，更容易疲倦。看看古代画工的笔法，是这样错落有致，遒劲奔放，许多地方简直是一气呵成。我心里不禁掀起崇敬之情。历代画坛评论，往往只谈士大夫的画，对画工的画，不屑一顾，这种偏见很可笑。看看这儿吧，画工中有多少丹青的高手！我自己用土颜料临摹的几幅北魏壁画，论气势的恢宏，论线条的粗犷，法国野兽派画家乔治·鲁奥的作品，又何尝能超出哩！

就是较为简单的调查工作，也自有一番甘苦。

有一回，我和另外两个同事就经历了一场虚惊。当时我们没有长梯子，只靠一根长的杨树椽子，每隔30公分（厘米）钉上一个短木棍而制成的"蜈蚣梯"，手脚并用地向上攀登。9层楼高44米，其南侧编号为196的窟半悬在30余米高的岩壁上，窟口有前人题字"此洞系从山顶下"，留下了进洞的方法。但我们是从下层架蜈蚣梯上去的。调查结束后，正准备下来时，不慎将梯头移位，梯子倒了。我们被困在洞中，上不着顶下不着地。还是老窦有经验，他瞧了瞧四周的情况说："如今只有从崖头爬陡坡上山顶，险是险些，好在路不长，只有一二十米。我先爬给你们看看……"他说完，果然弯腰躬身，十分敏捷地爬了上去。一个艺专学生，自恃年轻，也奋勇往上爬，谁知刚爬到一小半，连声大喊"不行，不行！"站住了。我也不示弱，试着跨了几步。原以为坡上的沙石是软的，用大力一蹬会踩出一个窟窿，没想到下面砾岩很硬，弹力特大，反而站立不稳，差一点摔下去。惊慌之中，我手中拿的一个调查记录本，飘飘荡荡落到了崖下。老窦看我们这样狼狈，知道不好，忙高喊:"你们都原地站住,不能再动了,我这就下山去拿绳子。"隔了好一阵,他拿回了绳子,从山顶吊下来,才一个一个把我们都拉到了山顶。他又想法去捡回这个调查记录本。

随着调查和保护工作的开始,我们的生活条件变得越来越艰苦了。四五个月过去了,重庆教育部分文没有汇来,只好向敦煌县政府借钱度日,债台越筑越高。为了解决工作中这些棘手的困难,我只好一个人跋涉戈壁,往返城乡,天亮出发,要摸黑才能回到家,常常是精疲力竭,困顿不堪。更使人忧心的是,这个满目疮痍但储满宝藏的石窟,随时会发生危急的警报。昨夜刚发生458窟唐代彩塑的通心木柱因虫蛀突然倒塌,今天在检查时又发现159窟唐塑天王的右臂大块脱落下来。报警之后,随之而来的便是我们一阵艰苦的修补劳动。因为这些文物的修补工作,本身就是艺术性很强的活儿,不敢轻易委托民工,只好亲自动手。

还有一个更可怕的困难,是远离社会的孤独和寂寞。在这个周围40里荒无人烟的戈壁沙洲上,交通不便,信息不灵,职工们没有社会活动,没有文体娱乐,没有亲人团聚的天伦之乐。形影相吊的孤独,使职工们常常为等待一个远方熟人的到来,望眼欲穿;为盼望一封来自亲友的书信,长夜不眠。一旦见到熟人或者接到书信,欢喜若狂,而别人也往往更易勾起思乡的忧愁。特别是有点病痛的时候,这种孤寂之感,更显得可怕了。记得有一回,一位姓陈的同事,偶受暑热,发高烧,当我们备了所里唯一的牛车要拉他进城时,他含着眼泪对我说:"所长,我看来不行了,我死了以后,可别把我扔在沙堆中,请你把我埋在泥土里呀!"他病愈以后,便坚决辞职回南方去了。类似的情况,对大家心理影响很大,因为谁也不知道哪一天病魔会找到自己的头上。的确,如果碰上急性传染病，靠这辆老牛车是很难急救的，那就难逃葬尸沙丘的命运了。在这种低沉的险恶境况下，大家都有一种"但愿生入玉门关"的心情。但对于我这个已下定破釜沉舟之心的"敦煌迷"来说，这些并没有使我动摇。记得画家张大千在1943年初离开莫高窟时，半开玩笑地对我说："我们先走了，而你却要在这里无穷无尽地研究保管下去。书鸿，这可是一个长期的无期徒刑呀！"张大千于1941年和1942年先后两次来敦煌，第一次曾对敦煌洞窟进行了编号，计309号，将唐代洞窟分为初、盛、中、晚四期，并临摹了不少作品。他的画风，在后期受敦煌壁画的影响。老窦原来是张大千手下的杂工，因熟悉情况，勤恳手巧，便继续留下来做些工作。

张大千的话给我一阵苦恼和忧愁，但我的决心已定，笑着对他说，如果认为在敦煌工作是犹如"徒刑"的话，那么即使是"无期"我也在所不辞。因为这是我多年梦寐以求的工作和理想，也正是这种理想使我能够在多种困难和打击面前不懈地坚持下来。

第五章·

艰难岁月

心血沥沥

初到敦煌，我一心都扑在工作上，保护洞窟、内容调查、编号、临摹等都已展开，并取得了成果。每到工作之余，便念及远在千里之外重庆的妻子和儿女。我在信中也不断鼓动妻子携带儿女前来敦煌安家落户。几个月后，为了向教育部要钱和筹备展览的事，我回了一次重庆，并接来了全家。当敦煌这个绚丽多彩的艺术宫殿展现在他们面前时，他们兴奋极了，孩子们适应能力很强，也深深为敦煌艺术的博大与精美而折服。

我们一家住在中寺。中寺又名皇庆寺，离上寺很近，前后共有两个院子。前院院中有两棵栽于清代的老榆树，院中正房（东房）是工作室，北面是办公室和贮藏室，南面是会议室和我的办公室。后院东房是我们设立的陈列室，北面两间是我们的居室，室内两个土炕，由土坯砌的书桌、书架并列在墙边。西南的房子是磨坊，我们所有工作人员的面食都是自己买小麦用毛驴推磨加工的。

同事们住在皇庆寺北侧用马房改建的一排房子里。每间有一个土炕、一张土坯垒起的桌子和书架。大家都在研究所办的食堂吃饭，以面食为主。当时虽然没有硬性规定工作上下班时间，但大家都十分自觉，利用一切时间勤奋工作，饭后都早早进洞子临摹、调查，各干各的。下班时打钟，临时召集人开会时也是打钟。

董希文、张琳英、周绍淼、乌密风、邵其芳、龚祥礼等都上洞子临摹壁画，苏莹辉、李浴调查石窟内容，我除主持所里工作外，也到洞窟中进行调查和临摹。

芝秀和琳英、密风她们一起上了几回洞子以后，艺术创作的热情被重新点燃。她决心临摹雕塑，第一个临摹的是第319窟盛唐坐佛。敦煌石窟中保存着上千尊塑像，具有极高的造型能力和艺术水平。陈芝秀是在巴黎学习雕塑的。她所学的西方雕塑，所看到的西方雕塑作品都是单色的，而敦煌的千尊佛像竟全是金碧辉煌、色彩斑斓的彩塑，这就是说，这些彩塑既是雕塑艺术，又集绘画、装饰艺术于一体，简直美极

◆ 常书鸿在敦煌的故居。简陋的办公室与居所在一起

◆ 早年工作中的常书鸿

了！在第427洞，那里有9尊高大的彩塑，芝秀说她走遍欧洲也没有看到这样生动美妙的彩塑。她们丰满健壮，衣饰华美异常，虽然脸上的贴金已被人刮去，但其神态依旧庄严动人。她在一个个洞中欣赏观摩，几乎每一个都使她激动不已。有时，我们还互相探讨，交流对壁画、雕塑的新认识。陈芝秀对敦煌艺术的热心和开始临摹工作，使我很高兴，也不断地鼓励她。

　　1945年初，原任研究所总务主任的张民权走后，从管理方面来看，我总感到缺少一个有力的帮手。这时正好酒泉的一个熟人介绍来了一个新疆某部队里退下来的小军官，30多岁，浙江人，现在家乡也回不去了，想就近找工作。我们住在沙漠孤洲上，又缺个总务人员，此人不正合适？我一听是浙江人，勾起了乡情，心里已有两三分喜欢了，就说："那么，你请他到敦煌来找我一下，我们见个面再决定好吗？"

　　隔了两三天，那人果然找来了，身带一支驳壳枪。我一听他的口音就问:"你是浙江什么地方人?"他说:"诸暨枫桥人。"我心想:诸暨枫桥,不正是陈芝秀的家乡吗?在这样荒沙大漠举目无亲的边塞里,能听到浙江口音,都算是难得的同乡了,更何况是地地道道的小同乡!我便连忙把芝秀叫出来认一认。两人果然用诸暨话谈上了。

新总务主任上任的不多的日子里,积极性特别高。他骑上所里的一匹枣红马,带上自己的驳壳枪,在沙洲上为我们打来了一只黄羊,不久,又从哈萨克牧民那边为我们买来了一头大肥羊。这样一改善伙食,上上下下一片叫好声。可时间一长,他也就有点吊儿郎当,许多事情显然是做给别人看的,对我显得过分恭顺,对芝秀又显得过分殷勤。

大西北的冬天风大天冷,滴水成冰。经过寒冬的煎熬,开春以来,大家都开心地上洞工作。但我发现陈芝秀的工作热情下降了,临摹塑像的泥和好了,就是塑像基座好多日子也搭不好。她说她有病,坚持要马上去兰州医治。我因所中工作繁忙,没法抽身陪她去。4月13日,我们进城参加友人结婚典礼,得悉友人即将赴兰州,因此,拜托友人关照陈芝秀去兰州就医。4月19日,我送她进城坐车与友人一起离敦煌东去,还写了好几封信,拜托沿途友人关照她。而她走后多日,却一直没有音信。有一天,我去洞中临摹壁画,下午四五点钟,董希文来洞子约我一同回去。我们一边走一边讲到陈芝秀走后没有音信,讲到开春以来的一切变化。董希文劝我宽心,并说师母可能不会来信了。在我的追问下,他拿出一沓信,说这是师母走前,他用钱在徐喇嘛那里截获的陈芝秀送去联系出走的信。我要董把信给我。董说老师您不生气,我就给您。我答应了他。他把一沓信给了我。我一看陈芝秀的信,简直呆了。

我气得悲怆欲绝,连话也说不出来。我只有一个念头,赶紧追,把她追回来，立即牵出枣红马就上了路，拼命往前赶。我估计芝秀最多也只能走到安西，宿夜后才能继续向前走。我只要在天亮前赶到安西，便能够找到。月夜下的戈壁，死一般的沉寂，我感到一股透心的荒凉。这里还经常有强盗出没，一个孤身旅客可以被轻易地没收财物，置于死地，尸体往沙丘里一埋，什么痕迹也没有。而且，这类事情如家常便饭一样，时常发生。但我却顾不上这些了，只知道拼命往前跑，往前赶。到第二天早上，我果然马不停蹄地赶到了安西。但是我找遍了安西的车站、旅店，也没找到她的影子，只听人说，前几天是有一辆汽车往玉门方向开去了，司机旁边好像坐着个打扮漂亮的女人。失望和疲惫一下侵袭了我全身，几乎要一头倒在地上。我强打着精神，匆匆喝了点水，吃了点干粮，给马喂了点草料，坐下休息了一会儿又继续向玉门方向追了过去。不知追了多久，也不知在什么地方，我颤悠悠地从马上摔了下来，失去知觉，什么也不知道了。

　　后来才知道，我是被当时在戈壁滩上找油的玉门油矿地质学家孙建初和一位老工人救起的。那里已地靠赤金，那天他们一清早驰车出发，运送器材到老君庙去，在赤金外的公路旁，发现我一个人倒卧在戈壁滩上，无声无息。经过急救和3天的护理，我才恢复过来。后来当地一个农场的张场长闻讯赶来，他是我浙江的同乡，他安慰我，也劝导我注意身体。他又告诉我说不要再寻找陈芝秀了，她已到了兰州，并立即登报说与我脱离夫妻关系，离婚。在选择事业还是选择家庭的这一关键时刻，家庭和事业都牵绕着我的心，但最终我还是决定以事业为重，让她走吧！不几天，在他们的帮助下，我又回到了敦煌。

　　在子女的哭叫声中，我开始默默地承受着这意想不到的打击。在苦不成寐的长夜里，铁马声声，如泣如诉，更勾起了我万千思绪。回想回国后几年来的坎坷风雨，回想妻子这几年跟我一起遭受的痛苦，在怨恨之后，又感到自己心头袭来的一阵自我谴责。是啊！我没有重视她的思想情绪，没有帮她解开思想疙瘩。在贵阳，遭日寇飞机轰炸后，精神上的创伤也是难以愈合的。后来她成为一个虔诚的天主教徒，每周坚持做礼拜，直到敦煌后也是如此。但条件却不一样了，敦煌是一个佛教圣地，因此也许她还有另外一种内在的和深刻的不适应。她的变化既有她主观思想上的问题，也许更多的还是客观条件上造成的困难及难以忍受的困苦和艰难。陈芝秀出生在浙江诸暨，那里是闻名遐迩的江南鱼米之乡，而长期的法国留学生活，已经使她习惯或者说适应了法国的生活方式。她像一般法国妇女一样每天涂脂抹粉，化妆打扮，喜爱穿高跟鞋，潇洒的风度加上她艺术家的气质，更显得年轻、漂亮。在回国后，她随我从上海、杭州到昆明、贵阳、重庆等地，过着战乱中的办学生活，逐渐适应了一些，但比起在法国安稳而相对富裕的生活而言，条件还是太恶劣了。她一边努力改变生活，有时也逐渐改变自己，但仍有化妆的习惯，衣着也十分讲究。记得刚来敦煌时，她仍是穿着高跟鞋，得体的衣装和经过化妆的模样，与当地封闭的农民们又脏又破的装束形成极为鲜明的对比，也引起了当地人的注目甚至是围观。艰难的生活如果是一天两天或一个月几个月，挺一下就过去了，现在是有日子没有天，不知要到什么时候。有时经费几个月拨不下来，大家在艰难困苦中度日。我自己一心沉在工作中，也没有时间照顾家庭、照顾妻子，工作不顺心时，还在家中与妻子发生口角甚至是争吵。这一切都是我过去所忽视的。使我懊悔的是，我的失误还在于我任用了那个国民党兵痞出身的人当了总务主任。他在背后的鼓动，与妻子陈芝秀的出走也有很大关系……

　　更使我愤怒、憎恨的是国民党政府。在我们为敦煌艺术献身的日子里，总是掀起一阵阵险风恶浪。我们的工资往往被扣住不发。想到这些，我又想起一直支持我们坚持下去的同事。在不寐的长夜里，忽而，我脑中又呈现出一幅幅丰姿多彩的壁画，那栩栩如生的塑像，继而，我又想到第254窟中著名的北魏壁画《萨埵那太子舍身饲虎图》，它那粗犷的画风与深刻的寓意，又一次强烈地冲击着我。我想，萨埵那太子可以舍身饲虎，我为什么不能舍弃一切侍奉艺术、侍奉这座伟大的民族艺术宝库呢？在这兵荒马乱的动荡年代里，它是多么脆弱，多么需要保护，需要终生为它效力的人啊！我如果为了个人的一些挫折与磨难就放弃责任而退却的话，这个劫后余生的艺术宝库，很可能随时再遭劫难！

　　不能走！再严酷的折磨也要坚持干下去。望着窗外如水的月光，我带着自信和不屈服于命运的犟劲沉入了梦乡。在梦中，我看到一个个"飞天"从洞窟中翩翩飞出，天空中飘满五彩缤纷的花朵，铁马的叮当声奏出美妙的乐曲……

北魏248窟 供养菩萨（常沙娜/绘）

北魏257窟 供养菩萨（常沙娜/绘）

西魏 285 窟　供养菩萨（常沙娜／绘）

北周290窟 《说法图》侧面的供养飞天（常沙娜/绘）

北周290窟 佛传故事（局部）（常沙娜/绘）

隋302窟　观音（常沙娜／绘）

隋401窟　观音（常沙娜／绘）

初唐 57 窟　供养菩萨（常沙娜 / 绘）

初唐 220 窟　菩萨（常沙娜 / 绘）

中唐 36 窟　持花龙王侍女（常沙娜 / 绘）

中唐 159 窟　供养人（常沙娜 / 绘）

盛唐 130 窟　"都督夫人"供养（常沙娜 / 绘）

盛唐 130 窟　"都督夫人"侍女供养（常沙娜 / 绘）

中唐 158 窟　涅槃经变菩萨（常沙娜/绘）

晚唐 9 窟　供养人（常沙娜/绘）

晚唐 12 窟　供养人（常沙娜/绘）

五代36窟　海龙王供养菩萨（常沙娜/绘）

五代61窟　于阗国王第三女公主供养（常沙娜/绘）

五代428窟（北周入口处）　五代重修回鹘公主侍女供养人（常沙娜/绘）

五代61窟　女供养人（常沙娜/绘）

宋 326 窟　供养菩萨（常沙娜/绘） 　　　西夏 310 窟　供养菩萨（常沙娜/绘）

西夏 310 窟　供养菩萨（常沙娜/绘） 　　西夏 409 窟　供养人（常沙娜/绘）

元（五代 61 窟入口处）　供养人（常沙娜/绘） 　　元 465 窟　供养菩萨（常沙娜/绘）

西魏 285 窟　树木（常沙娜／绘）

北周 296 窟　树木（常沙娜／绘）

隋 276 窟　树木（常沙娜/绘）

初唐 332、321 窟　散花（常沙娜/绘）

中唐榆林窟 25 窟　树木（常沙娜／绘） 　　中唐榆林窟 25 窟　树木（常沙娜／绘）

盛唐 49 窟　树木（常沙娜／绘）

五代 61 窟　宋榆林窟 17 窟　散花（常沙娜 / 绘）

宋 76 窟　散花（常沙娜 / 绘）

北魏 248 窟　华盖（常沙娜／绘）

北周 428 窟　华盖（常沙娜／绘）

隋302窟　华盖（常沙娜／绘）

隋394窟　华盖（常沙娜／绘）

初唐220窟　华盖（常沙娜／绘）

盛唐103窟　华盖（常沙娜／绘）

西夏97窟　华盖（常沙娜／绘）

北魏 257 窟　挽车白马（常沙娜/绘）

西魏 285 窟　受惊的鹿（常沙娜/绘）

北周 428 窟　虎（常沙娜／绘）

中唐 154 窟　经变中的马（常沙娜／绘）

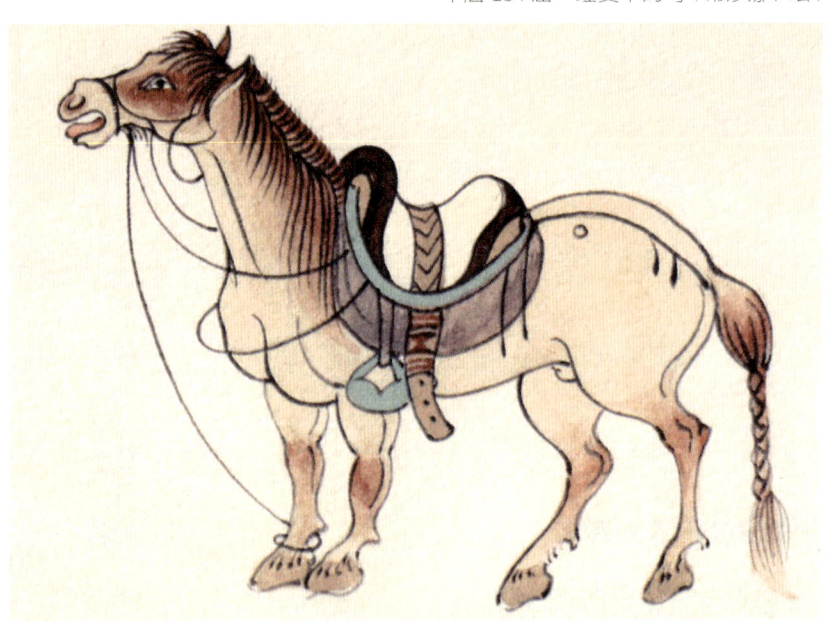

苦渡难关

到敦煌以后，开展工作需要很多钱，这些钱与那些达官显贵的奢侈消费相比是微不足道的。但我们自建所后已半年多时间，教育部却一直没有汇钱来。维持所里的开支，仅靠我在离别重庆开画展时卖画的一点钱，用完后只得向敦煌县政府借钱度日。这也引起一些敦煌县政府人员的怀疑，怀疑我们是否是政府派来的。这种怀疑逐渐已影响到我们的工作了。我接二连三地向教育部打报告，均石沉大海。后来，我给当时支持我来敦煌的梁思成先生发了一个电报，请他帮助询问教育部，落实经费问题。第三天，我接到梁思成的回电，说他接电后即去教育部查询，教育部推到财政部，财政部查后回答说并无一个"国立敦煌艺术研究所"的预算，只有一个"国立东方艺术研究所"的经费计划，因查无地点，无从汇款。并说此事纯属荒唐，现已查明，款即汇出，望继续努力。接到复电后不久寄来的经费，对工作人员的思想情绪起到了暂时的稳定作用，经费除还债外，还有一部分结余。于是我们又托在成都的朋友帮助购买了一点临摹用的绘画颜料、纸张，以及裱画用的绫绢，还买

◆ 常沙娜与爸爸常书鸿、弟弟常嘉陵在莫高窟的林荫路上

了有关敦煌历史、美术包括国外发表的有关敦煌的报告、文章等资料。同时还扩大了编制，招收了几个新的有专业知识的职工。为了专心工作，我还把在酒泉上中学的女儿沙娜叫来，跟我一起学习临摹壁画并照料失去母亲的幼小弟弟。

1945年春，张民权带一批临摹作品，在重庆搞了一个小规模的画展。通过介绍我们的工作成果，向社会广泛介绍我国自北魏以来，各朝各代连续不断地发展创造的敦煌艺术的辉煌成果，以引起整个社会对伟大的民族艺术遗产的重视和爱护，同时希望内地艺术学校毕业生和画家，能到敦煌来学习和研究祖国的传统艺术。

当我憧憬着事业的美好前景时，1945年7月，我们接到国民政府教育部来的一道命令，宣布撤销"敦煌艺术研究所"，命令我们把石窟交给敦煌县政府。这一突如其来的变故，给了我一个严重的打击。我拿着命令，简直呆傻了，前妻出走的折磨刚刚平息，事业上又遭到来自政府的这一刀，真是忍无可忍了！

　　这接踵而来的打击，使我像狂风恶浪中的孤舟一样，忽而浮起，忽而又沉下，刚刚振作起来的热忱，又一次被无情地吞没了。我写信给于右任等，力陈保护敦煌、研究敦煌的重要性，希望他们呼吁保留这成立不到两年的研究所。但呼吁如石沉大海，许久没有消息。正在濒于绝望的时刻，我接到了一封没有发信地址和人名的来信，打开后才知道，原来是曾在我们这里工作的张民权同志在赴延安前于重庆寄来的。他在信中说，由他带去重庆的首批千佛洞壁画摹本，在重庆中苏文协楼上正式展出时，意外地受到驻重庆的中共代表团董必武、周恩来、林伯渠及郭沫若等同志的参观。在信中他还转达了中国共产党领导人以及后方文化界进步人士对我们在边陲戈壁保护祖国艺术遗产所做工作的支持和赞扬。郭沫若在展览观后还在《大公报》上发表了两首感情充沛的诗篇。读完这激动人心的来信，我心中久久不能平静，在戈壁沙海的危难困苦之中，任何一点支持都是十分宝贵和鼓舞人心的，何况我们是得到了中国共产党一大批领导人的同情和支持呢！它像火一样重新点燃了我心中即将熄灭的火种。我立即提笔写信，发给曾支持敦煌工作的爱国民主人士，把国民党教育部取消敦煌艺术研究所的情况告诉他们，并表示，我们坚决不走，要继续干下去的决心，希望他们代为呼吁。

　　不久，我就陆续收到各处热情支持我们坚持下去的信。有一个朋友告诉我，他们正和一个民办艺术机关联系，这个机关已向教育部表示，如部里取消这个国立的艺术研究所，他们就接管。这些信暂时稳定了职工们的情绪，但与教育部的关系已中断一两个月，经费也停发了。我们只好靠那点余款度日，并尽力节约开支，每人每月只发生活费50元。维修工作也只得停下来,但临摹、调查、研究及引导游客参观等工作仍照常进行。

为了应付经费紧张问题,我们也想了一些办法。记得当时我们定做了第428窟的木门,木工材料费就要两三百元。这笔钱在当时可不是小数目。恰好这时城里的一个商人要我画一幅画像。我就借机要求他捐款。他为了要画,拿出了这笔款子,不过还要求将他和他儿孙的名字刻在木门上。在这一时期,我们虽然勉强度日,但职工们情绪受了很大影响,心绪不宁。8月15日,传来了日寇投降的消息,我立即跑到大佛殿的铁钟上重重地敲了21下,并向职工们宣布了这个大喜的消息。这天,为了欢庆抗战胜利,我们杀了一只羊,热热闹闹地聚餐庆祝。这时,国民党政府中央研究院接管我们所的通知也收到了,并汇来了一笔钱。但是,由于日本战败投降,一些职工希望尽快回到过去的敌占区与亲属团聚,有的已无心再待在这个边陲荒凉之地,想尽早离开这里,因而,接着而来的就是一个散伙"复员"的狂潮。

一天晚上,董希文和张琳英夫妇找我来了。

董希文带着难以启齿的神态说:"老师,这几年我俩在这儿受到你的帮助、教育真不少。趁现在日本鬼子投了降,各地好容易恢复了交通,我俩打算回南方老家去看看……"

张琳英又腼腆地加了句:"将来老师如果还办这个所,要我们回来,我们也乐意!"

我心想:这夫妇俩来得最早,可以说为敦煌局面的打开是立下汗马功劳的。董希文临摹的《萨埵那太子舍身饲虎图》等壁画,对原画精髓的理解,对艺术创作上的精益求精,都是相当突出的。张琳英怀孕临产时，由于这儿条件太差，我们是用两头毛驴、一副担架送到县城里去的。30公里的大漠风沙，30公里的行旅颠簸，她都没有说一句半句的埋怨话。据护送的人说，她肚子痛得厉害时，也只是咬牙忍受着……如今抗日战争胜利了，他们想回去探探亲，也是人之常情，我还有什么好非议的呢？这样，我就问了句："你们打算怎么走呢？"

希文说："计划先去北平，看看再说。"

我沉吟了好一会儿，终于松了口："那么好，你们走吧，到北平给我来信。"

我这一松口，希文发自内心地说："我们也是不得已，我和琳英虽然离开了，可心还是和敦煌连在一起的，还是和老师您紧贴着心的！"

就这几句话，我也感到宽慰了。

董希文和张琳英两人一走，我的阵脚就压不住了。

李浴、周绍淼、乌密风三人也向我提出要回东北去。

李浴这一两年来在美术史上的钻研是有成绩的。他多次对我说，我国历来写画史，都是只写几个著名士大夫画家，例如唐代提来提去是阎立本、尉迟乙僧、吴道子、曹霸、韩干、李思训、王维等人，绝口不谈或者只是浮光掠影扯上几句民间的艺术创作，这是不对的。他说他将来要是写画史，就一定要扭转这种倾向，要把敦煌的石窟艺术，作为一个重要的方面来描述。我相信，有志者事竟成。敦煌培养了他，下一步就让他自己去闯荡也好！周绍淼和乌密风夫妇俩早就说过，他们是离不开白山黑水、大豆高粱的。抗战14年，好容易赶走了日本鬼子，他们想回家乡去看看，也都是情理中的事，我更没有理由反对，只得也松了口："好吧，只要你们心中有敦煌就行！"

3人几乎同声说:"老师,这哪能忘得了呢!"

一会儿,李浴还颤声说:"不,我们要把敦煌的花朵,开到各自的岗位上……"

3人走后,又隔了一段时间,留下的潘絜兹也来找我了。他嗫嚅着说:"老师,我也想……"

他的话尽管未说完,可我早已心照不宣了。絜兹原来是张自忠部队上的,下来以后,他为了筹钱上敦煌,一路卖画。到了兰州,他安顿下妻子,就孤身一人风尘仆仆地踏上了河西走廊这块长达2000多里的荒漠之地。他到达敦煌那天,正好国民党教育部不要敦煌研究所了。所里的同事个个愁上眉头,我更是滚油煎心。当他拿出五省检察使高一涵的介绍信给我看时,我真是有难言之隐:原来的人尚且糊不住嘴,怎么能再添丁进口?但我感到这个青年壮志可嘉,最后还是说了句:"你那么远的路跑来了,那就留下吧,苦日子一块儿过!"

潘絜兹来了以后,也真是一把好手,临摹壁画,自有一种风格,刚健清新。他对历代的服饰感兴趣,不遗余力地搜集整理。写起文章来概括性、条理性都较强。当然,我很快了解到,他也有和我类似的处境,妻子是十分反对他来敦煌的。絜兹到这儿后,接连去了几封信,都没有得到妻子的回复。我将心比心,十分理解他现在的处境,但愿不要再蹈我的覆辙才好。这样,我不等他说完,也就松了口:

"好吧,你也走,早点回去看看,事业和家庭都重要,不要学我……"

走了,走了,他们一个个都走了。这对我来说,无疑是失去了同志、至交,工作中的好帮手,患难中相濡以沫的亲人。但又有什么办法呢?

敦煌的夜是如此万籁无声，死沉沉，阴森森的，只有远处传来几声恐怖的狼嗥。这样的夜，我本来是早已习惯了的。可是如今我却是辗转反侧，怎么也不能成寐了。我披衣走出屋，任凉风吹拂。我向北端的石窟群望去，"层楼洞天"依稀可辨，那是多么熟悉的壁画和彩塑，它们在月光下闪烁着光芒，在那里蕴藏着多么珍贵的艺术啊！当我一来到这个千佛洞，我就预感到自己的生命似乎已经与它们融化在一起了。我离不开它们。现在，经过几年的努力，不但没有淡化我对这些石洞的感情，而且更深了。这里有我和同事们付出的众多心血。如第220窟贞观十六年唐代人画的壁画，是初唐时期的代表作品。1944年老工人窦占彪从宋代重绘的泥壁下剥露出来，色彩金碧辉煌，灿烂如新，东壁左右的维摩变中的维摩居士的画像，带有晋代大画家顾恺之"清羸"的画风和神态。这是莫高窟所有50余幅维摩变中最好的一幅。这是前人，包括研究者如伯希和、斯坦因、华尔纳以及张大千所未见识的。第285窟是西魏大统四年和五年（538—539）修建的，是隋唐以前最为精美完整的中国民族艺术代表窟。美国人华尔纳曾于1925年，妄图明目张胆地盗取窟中壁画，遭到敦煌人民的反抗而未得逞。另一个修建于五代太平兴国五年的第61窟的文殊洞西壁画《五台山》立体地图，高5米，长13.5米，是一幅精美绝伦的艺术珍宝。画中的城楼台阁、伽蓝、寺庙、庵、观、亭、阁、桥梁分别布置在"五台"和"繁峙"两县境内500里的寄岩峰和五台峰中，在曲折的山山水水里面还穿插了看不完的山乡行旅、朝山进香的信徒、高僧说法时的听讲群众，旅店、磨坊、行人、走马、骆驼等等无不应有尽有，真是一幅举世无双的现存最大最古的山水人物画地图。

这时，我不由又想起几天前，由敦煌县长带来一个国民党部队军官，在游览中想凭他的势力，明火执仗地拿走石窟中一件北魏彩塑的菩萨像，说是放在他家中让他妈妈拜佛用，真是荒唐。后来我费尽口舌，并以女儿沙娜画的飞天画作为交换，才把那个家伙送走。想到这些，我如果此时离开，把权力交给敦煌的县长，这个艺术宝库的命运是不堪设想的。几年的艰苦岁月，这些洞窟中留下了我们辛勤的汗水，而这些艺术珍品也在艰苦环境中给了我们欢乐和欣慰。思前想后，我默默发誓，我决不能离开，不管任何艰难险阻，我与敦煌艺术终生相伴！

父女画展

两头毛驴上分装着我们一家的简单行李。我骑了一头，沙娜搂着嘉陵骑了另一头。时序又是初冬了，这是1945年的冬天。千佛洞前的白杨树全都赤裸着兀立在风沙中，落叶连同沙山上的泡泡刺，在已结冰凌的大泉宕河上飞旋飘舞。敦煌这时分外清冷和孤独，在朦胧的晨雾中显得灰暗而沉闷。先后来所工作的人大都走了，虽然中央研究院接管了我们研究所，但具体的工作还没有开始，可以说关系也没有接上。这次我们暂时离开千佛洞，也就是为了去重庆落实各种接管关系，以利今后的工作。

我们就要走了。留下的仅有老工友窦占彪和范华两人。从头天起他们就帮我们料理一切。我反复告诉他们，我们一家是暂时去兰州、重庆办事，隔不了多久就会回来。可他们根本不相信，认为研究所的人都走光了，所长是一个巴掌拍不响，也自寻门路去了。一时我也解释不清，临走，我又叮嘱了两句：

"老窦，这洞窟的维护和保管的事就交给你啦，你可要千万上点心！"这个心灵手巧的庄稼汉老窦，眼圈红了红，点点头。我又招呼老范："所里其他的公务杂事，收收发发，都交给你啦，将来可要向我报账！"老范"嗯唷"答应了声，声音也喑哑了。

正在这时，上寺的老喇嘛易昌恕，也急匆匆赶来送行。这几年我们相处得很熟识了。他对宗教是虔诚的，特别是老佛爷的事，从不二心。对生活，他也一天天热爱起来，带着徒弟徐喇嘛，自己种棉花、种麦子、种蔬菜、种瓜，自给有余。他为我们送行，口中不停地念着："阿弥陀佛，阿弥陀佛……"

我们一家就这样暂时离开千佛洞，骑着毛驴到了敦煌县城，辗转乘车，赶到兰州。在兰州，高一涵和省教育厅厅长等人提议我将随身携带的女儿沙娜临摹的壁画作品，以及我在敦煌所作的少数民族的速写和油画写生作品在兰州公开展出，以饱兰州人的眼福，我同意了。这个展览会的名称是"常书鸿父女画展"，展出的作品，大部分是沙娜这几年在敦煌所临摹的各时代壁画的摹本，约三四十幅，我的关于少数民族的油画、速写约二三十幅，展览会地点在兰州双城门。

这次画展取得了意想不到的成功，特别对于沙娜的画，各方面的评论都很好，而且还有一个收获或者说是插曲。在展览期间，一天，一位来自美国的加拿大籍的老妇人，中文名字叫叶丽华，当时在新西兰的中国老朋友路易·艾黎设立在山丹的"工合"培黎学校从事染织教学。她热爱中国，在路过兰州时来看这个展览。她看沙娜画的许多敦煌壁画摹本，认为这些精美的画作出自一个十三四岁的女孩子之手是极为难能可贵的，有很好的培养前途。她看到沙娜亦十分喜爱，主动向我提出她愿意带沙娜去美国学习，并以她自己的劳动所得（她说她是美国一家染织工厂的技工）来提供沙娜去美国的费用和学费、生活费。因那时沙娜才十三四岁，我接到这个邀请时说，孩子现在还太小，没有独立生活的能力，最好过几年以后再说。叶丽华也同意这个意见，说她在培黎学校任教的聘期也是3年，等3年工作结束后再来千佛洞研究这个问题。在这之后，我就再也没有考虑这个问题，总以为那个美国妇人是说了玩的。

但到了1948年夏天，她突然来到千佛洞找我，说她来是为3年前的提议要个回答。我心中很矛盾。沙娜这孩子聪明好学，但自她母亲出走后就没有坚持上完学，有机会到美国去受一些正规教育应该说是好事。经过几天几夜的反复考虑，我最后还是同意叶丽华把沙娜带到美国去学习。但就这样把孩子交给一个外国人，我心里还是很不安的。当一切手续办妥之后，我请了一个相熟的律师写了一个合同，主要是保证叶丽华给常沙娜提供在美国4年的学习、生活费用并做沙娜的监护人等事宜。沙娜去美国后，在波士顿美术博物馆附属美术学校学习美术，同时还勤工俭学。不久她结识了叶丽华的侄女及其朋友，他们都是美国拥护新中国的进步人士，其中有已故的史沫特莱和当时居住在中国的爱泼斯坦等友好人士。通过他们，沙娜参加了中国在美留学生的进步组织。祖国解放后，她积极要求回国。1950年底，她在美国留学生争取早日回国参加新中国建设的热潮中，没有学完就提前回到祖国。

在兰州的画展结束以后，我们即赴重庆。

这时的重庆已相当混乱，所谓的接（劫）收大员满天飞。从南京、上海传来的小道消息和丑闻不断，街上到处是地摊，拍卖着家具、旧衣物及各种来自美国的剩余物资。重庆的达官贵人们大都往南京、上海去了，政府机构几乎没有人好好上班。我在中央研究院里找人也没有找到。经过两三个月的奔走催促，在 5 月间找到了中央研究院的傅斯年院长。他刚从延安参观回来。他当时代表中央研究院的朱家骅，作为留守在重庆本院的负责人。我向他汇报情况以后，他对我孤军奋战、坚持在戈壁之中保护敦煌文物表示十分钦佩和赞赏，并要我将遇到的困难和问题提出来，一定帮助解决。我提出了关于经费、隶属关系和补充人员、购置图书等问题。他说，敦煌艺术研究所今后是隶属中央研究院的一个所，增加人员、购置图书设备马上可以办到。我还要求有一个方便的交通工具，最好是卡车，以便我们将添置的人员设备一起运到敦煌去。最后他帮助拨来了一辆美制十轮大卡车。我们还购置了一台小发电机和照相机、胶卷以及绘图用的纸张、画笔、颜料等。这辆十轮大卡车，满载着我复兴敦煌艺术研究所的希望和新招收的人员、材料开向敦煌。

黎明的前夜

由中央研究院向军政部陈诚要求，军政部后勤部在美军遗留物资中调拨来的大卡车是美国产的斯蒂贝克牌。我们一边装货，一边招兵买马。由中央大学艺术系吕斯百教授和陈之佛教授推荐，我招聘了中央大学艺术系毕业生郭世清及其妻子——南京师范大学毕业的刘缦云，由国立艺专王临乙教授推荐介绍的雕塑系毕业生凌春德也一同前往敦煌。我们于6月中旬由重庆出发，经成都去敦煌。在成都时，我们在四川省立艺专又招聘了该校图案系毕业生范文藻和在艺专任男生指导员兼体育教员的霍熙亮，他原本也是国立艺专的毕业生，我曾教过他。另外搭车前往敦煌的，还有四川省立艺专教授沈福文夫妇。

沈福文教授早已有志于敦煌艺术研究，只是由于种种原因未能成行。在我的热情邀请下，趁着有方便的交通工具，他动心了，只是担心自己留不长。我说："长固然好，短也听便，只要宣传敦煌就行了。"我们两人在车上天南海北聊得很多，核心却是对敦煌艺术的评价问题。因为我是主人，基本上是他问我答。我反复阐述了自己的这样一个认识：

敦煌是一个大画廊，陈列着从两晋到元代1000多年间的艺术代表作。它们的作者主要是"画工""画匠"，没有社会地位，住的是邻近和野人洞差不多的山洞，靠着对宗教的虔诚，一代代毕生从事于壁画和彩塑的创作。他们并不留恋什么残山剩水，也不主张什么胸中丘壑，而是切切实实地描绘社会生活和理想中的佛家世界，使人们喜闻乐见。他们的笔触刚劲有力，线条流畅自如，刚柔相济，用色厚重而明快，描绘精致而完整，造型更是生动完美，美轮美奂。画工所形成的淳朴而浑厚的画风与后来中国文人画的绘画风格，是两种不同的风格和路子。我认为这是中国艺术的正宗与主流。

我的上述认识，是从我真正认识了敦煌后所形成的。我是学西画的，从崇拜西方的艺术大师到以无名的中国民间工匠为自己尊崇的对象，是中国民间艺人所创造的敦煌艺术感动了我，启发了我。敦煌艺术确实是民间画工们创意性的杰作。在壁画、彩塑中，没有完全相同的东西，即便是描写同样经典内容的艺术作品，画工艺人们也能根据自己的创造力和想象力创作出完全不同的作品。如第172窟南北两壁相同内容的西方净土变，画风截然不同；又如第61窟的《五台山》图，既画有磨面的人、登山的人，还画有嬉戏的马，随处可以看到画家独具的匠心。敦煌的艺术作品保存至今仍显得栩栩如生，是因为它们是工匠艺人们用心用灵魂创造出来的。从心灵深处产生出来的创造力，是真实的，与虚假做法是无缘的。真正的艺术品，即使经历千百年，仍能给人以强烈的感染力，其艺术性会经久不衰。沈福文教授也同意我的观点。

车子在路上开开停停，一个月后才到达兰州。这时又来了一个青年人叫段文杰，前些时候我在兰州开"父女画展"时他曾帮助布置展览。

他希望随我到敦煌工作。他说他是重庆国立艺专的毕业生,目前在兰州社会服务处任职业介绍股股长。我接受了他来敦煌工作的要求。在兰州,我们经过短暂的休整,继续西行,于1946年的中秋节前夕到达了敦煌。根据我的安排,郭世清负责总务,其妻刘缦云任会计,段文杰为美术组组长。一过中秋节,敦煌一带的百姓家家户户忙着过冬的事情,为了使这些天府之国来的人们能站稳脚跟,我倾注了相当大的精力,安排过冬事宜,总算度过了又一个严冬。

1947年夏天,我们研究所又增添了一批年轻人,有孙儒僩、黄文馥、欧阳琳、李承仙、薛德嘉、萧克俭等人。1948年冬天,史苇湘也来了。李承仙是重庆国立艺专西画系的毕业生,也是四川省立艺术专科学校教员,立志于敦煌艺术事业。她在从国立艺专毕业的那年,就想去敦煌。1946年5月,我在重庆招收敦煌工作人员时,她来找过我。我让她在笔记本上写下她的名字,她留下了"李承仙"3个字。我问她:"你是油画专业的,为何去敦煌?"她回答说:"我父亲叫李宏惠,原名李寄缘、李容恢,辛亥革命前是孙中山已创建的同盟会的第七位签名者,南洋筹款总办,是一位反清革命家。二伯父叫李瑞清,曾教过张大千先生。当时父亲对我说,作为一名中国画家,首先应该去敦煌,研究中国的民族遗产,研究敦煌,然后创立自己的风格。我父亲与张大千也有较深的交往。张大千去敦煌取得重要收获也启发了我,于是,我下决心去敦煌。"我对她说:"敦煌是远离人烟之地,古代只有军队和流放的犯人才去那里,而且生活非常艰苦,你能受得住吗?"她说:"我已决心献身于艺术,不会因困苦而退却的,您放心吧。"但那一年她没有如约来敦煌,因为她父亲病了。她做了四川省立艺术专科学校的助教。第二年,

◆ 1947年，常书鸿和李承仙的结婚照

我的好友沈福文、学生毕晋吉把我的经历告诉了她。之后，沈、毕二君一直观察她的行止，为她去敦煌的意志所打动。他们认为她会和我一样，成为"敦煌痴人"，于是替我谈到我们结婚的事。1947年9月，李承仙从成都赴兰州，我从敦煌去兰州，在那里结婚后，一起回到敦煌，从此我们成了一对"敦煌痴人"。

李承仙从四川给我带来了张大千赠送给我的礼物，一套日本松本荣一著的《敦煌画研究》。这是上下两册的大型精美图册和研究文字，文字是松本荣一写的博士论文，图册是伯希和拍摄的敦煌图录，全部为黑白版。这套书也是张大千的心爱之物，上面有张大千阅读研究时留下的许多朱笔批文。这套书尤其是研究文字，对于我从事敦煌研究很有帮助。接到张大千这份珍贵的礼物，还使我想起1943年在敦煌，张大千在离开千佛洞时送给我的另一件很有"生命意义"的礼物。那时，张大千即将离开千佛洞回四川，分手时他亲手送给我一个纸卷，说："送给您的这个纸卷,要等我离开后才能看。"我等他乘车去了,打开纸卷一看,原来是他亲笔绘的一幅弯弯曲曲在树林水渠边一隐蔽处找到食用蘑菇的路线示意图。在敦煌莫高窟戈壁之中,没有什么蔬菜,天然的食用菌菇更是难以发现,因此,各人如有发现都尽力不让他人知晓,以保障自己的来源。循着大千先生的地图,我们果真在水渠边发现了他一直采摘的蘑菇生长地,在日后的生活中,还真解决了一些问题。

我常常思念赠送给我蘑菇图的张大千先生。我也从此喜爱画蘑菇,并自赋打油诗一首:

敦煌苦,孤灯夜读草蘑菇。
人间乐,西出阳关故人多。

这批生力军的到来,不仅使研究所充满了朝气,而且使停顿了的不少工作得以开展起来,临摹壁画的队伍也十分齐整了。因此,我开始下决心和拿出精力,集中力量把各个时代有代表性的作品全部临摹下来,以备将来保存资料和展出,系统介绍千余年的中国美术发展演变的情况。

洞窟壁画临摹是一项很艰苦细致的工作。由于石窟开凿在一条坐西朝东的峭壁上,而洞窟一般只有一个向东的进光线的门,加上每个洞窟都有一段甬道,所以经甬道遮掩,真正能照在壁画上的光线十分微弱,到下午光线就更加暗淡。这对临摹者来说,很费眼力,尤其在寒冬季节,又黑又冷的条件下。我们没有梯架设备,没有照明器材,只能在小板桌、小凳上工作,对看不清的地方,就要一手举着小油灯,一手执笔,照一下画一笔,十分费力。要是临摹窟顶画时,就更加艰苦,要仰着头，脖子和身体都成了90°的直角；仰看一眼低头再画一笔，不一会儿就头昏脑涨，有时甚至恶心呕吐，尤其是临摹大幅壁画，困难就更大了。

经过一段时间的探索，我们把壁画临摹细分为客观临摹、复原临摹和整理临摹三种。客观临摹就是现在壁画怎样，临摹的作品也怎样，现画面有缺损，临出来也照缺不误，好处是不失实。复原临摹，就是碰上有缺损的地方，由临摹者揣度而加以补充，使临摹的色彩复原到原来作画时的色相，好处是画面整洁、美观，但容易主观臆断，造成失实。整理临摹，是介于上述两者之间的临摹方法。我们经过反复讨论，认为只有不失实，才有研究价值，仅好看而失真这无疑是舍本逐末。为了保证质量，我们根据情况，有的画由一个人单独起稿，有的是几个人分片包干起稿，但勾墨线、着色都要严格一致。在临摹阶段，为了不断提高临摹水平，精益求精，每到月底，我们用两三个晚上，点上汽油灯，将临摹作品一幅幅挂在墙上，大家共同评议研讨。沈福文教授在时，由我和他负责主讲主评；沈福文教授走后，就由我一个人来做最后讲评。这个方法行之有效，使大家临摹的水平得到提高。事实表明，这一段时间临摹出来的壁画，质量好、数量多，是大家所公认的。

戈壁滩冬天来得早，去得晚。每年10月便下起雪来了。正如唐朝诗人岑参诗中所写："北风卷地白草折，胡天八月即飞雪"，"瀚海阑干百丈冰，愁云惨淡万里凝"。在这样寒冷的季节，颜料凝结，手脚僵硬，洞窟中的临摹工作就只好停下来。这时，我们便转到另一工作方面，改做专题资料的收集和整理工作。1947年冬至1948年春，我带领李承仙、段文杰、萧克俭对莫高窟有壁画和彩塑的洞窟进行全面编号。在莫高窟历史上，早在唐宋时代，为了礼佛和祭拜的需要，洞窟曾有过窟名，如翟家窟、阴家窟、文殊窟，等等。从近代莫高窟的研究历史来看，以阿拉伯数字为序的编号有四次，但各有差别。

1907年，法国人伯希和照其考察的顺序，对洞窟进行编号，共有171号。后来有的洞窟的号与邻近的洞窟号码相同，只是加了A、B、C等英文字母作为区别。这样，伯希和实际编列的洞窟有383个。由于他是按其考察顺序编排号码的，因而所编号码无规律可循。

1941年，张大千按洞窟下、中、上的层位关系和排列次序，从第一层开始由南向北依次编号，第一层结束后又从北向南，第二层按"之"字形编至三四层，共计编有309个窟号。他将大窟中的小窟、耳洞均附于大窟作南或北耳洞，因此，实际洞窟计有441个。

此外还有敦煌官厅编号。1944年我所聘任史岩作石窟供养人题识考察工作。史岩出版供养人画像题识这本书上的图号与洞窟对不上，无法查找。

1943年初，我们到达敦煌并成立研究所后，仍然按照张大千的编号进行洞窟保护和研究，但不久便发现有些不便之处。我们这次编号是以莫高窟上山进城的路线为起点。第一层从北至南按洞窟排列顺序，有一个窟即编一个号，小洞、耳洞均一一编号；第二层由南至北；第三层由北至南。如此按"之"字形编排，计编号465个。

从1948年进行洞窟维修等工作，至1965年开展石窟全面加固工程过程中，又陆续发现了24个洞窟。所以现今莫高窟的编号洞窟计有492个，已为世界公认引用。

在洞窟编号的基础上，我们于1948年又着手壁画和塑像的编号工

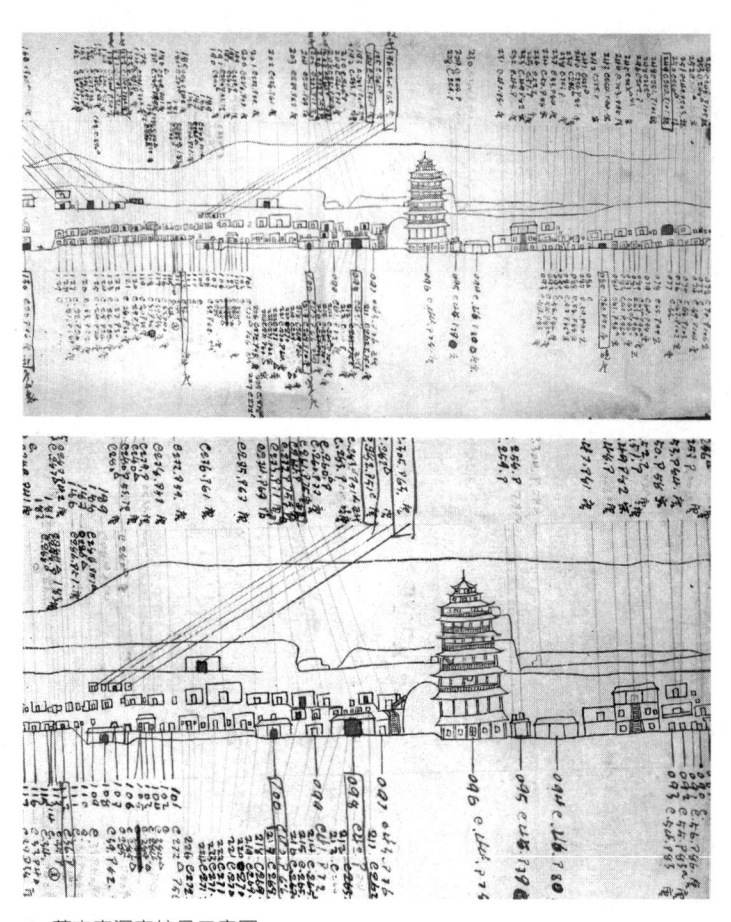

◆ 莫高窟洞窟编号示意图

作。塑像编号于 1957 年完成，全莫高窟共有塑像 2415 尊。1962 年，随着研究工作的深入，我们将塑像分为七类，以期分别加以保护和研究。第一类包括各时代原作保存完好者，未经后代修补，或仅局部修补过，共计 163 尊。第二类包括各时代原作残损者，所谓"残损"主要指残头断指，但神韵犹存，虽经后代修补，仍十分珍贵，计 400 余尊。第三类包括各时代原作经后代修补或妆绘，其中大部分能看出原作面貌，部分

◆ 1948年夏，常沙娜和父亲常书鸿在吕斯百家——中央大学校园内

为后代添补头部或肢体，虽原作精神已失，但有相当大的价值，这类作品数量最多，达900余尊，是研究敦煌彩塑的重要资料。分类初步确定后，1962年聘请全国有关专家加以审定确认，给予分别保护。壁画的分类编号工作，仅在每个洞窟中的各类壁画右下方作了初步编号，由于没有进行专门标记登录，所以也没有最终完成。

经过大家的艰苦努力，我们完成了大量的工作。到1948年初，我们按计划完成了《历代壁画代表作选》《历代藻井图案选》《历代佛光图案选》《历代莲座图案选》《历代线条选》《历代建筑资料选》《历代飞天选》《历代山水人物选》《历代服饰选》以及《宋代佛教故事画选》等十几个专题的编选工作，共选绘了壁画摹本800多幅。

为了宣传敦煌、介绍敦煌、保护敦煌，1948年初，在完成了十几个专题的编选和临摹工作后，我们选了壁画摹本800多幅准备展览。我打报告给教育部，希望这些作品能在各大城市巡回展出，然后再出国展览。直到 1948 年 7 月，才接到通知，让 8 月在南京展出。我携带了这几年来临摹的各时代壁画 500 余幅离开敦煌到酒泉，原准备由酒泉乘民航机到南京，但那时，新疆到西安的民航机已停飞，只好转道到西安，再从西安到南京。到达南京后，我住在中央大学吕斯百那里。当时的教育部部长是朱家骅。见到朱家骅后，我简单谈了一下展览的安排，就开始了近一个月的筹备工作。8 月 22 日，"敦煌艺展"在南京国立中央研究院展出。开幕之日，外交部与教育部还联合邀请了当时驻华外交使节来参观，有美国大使司徒雷登、法国大使戈斯默等。8 月 28 日，蒋介石冒雨前来参观，于右任、陈立夫、孙科、傅斯年等均来参观。在南京展出后，展览又移至上海展出。在上海大新公司楼上展出的一周，参观的人比南京多了几倍，报刊的宣传介绍也很热烈。展出不久，敦煌图案的风格和样式已经在上海新出品的轻工业品中反映了出来。在展出期间，我们也收到一些来信。信中提醒我们说："现在蒋帮的末日已到，希望提高警惕，努力保护敦煌艺术宝库；只有毛主席共产党才能救中国，救敦煌艺术。"我也深深感到蒋介石的灭亡已经即将来临，黑暗也快结束了，在这混乱的时刻，我们要提高警惕。

当时上海的出版情况还不错，我想利用展出机会，将展品中较好的作品彩印出版。由于教育部没有经费，一些热爱敦煌艺术的进步人士愿意私人投资出版。新中国成立后曾担任文化部副部长的郑振铎就是其中一位。他希望这些摹本能够出版发行，但他只能承担出版黑白版。考虑敦煌摹本的色彩价值，我希望出彩色片，因而当原上海建业银行经理黄肇兴提出他愿意出资出版全部彩色版时，我同意了。黄肇兴是董希文的姐夫。在制版期间，有一天，教育部社会教育司斜司长突然来到我住处，拿出教育部长朱家骅的亲笔指示，要我从速把全部敦煌摹本运往台湾展出。为了对付这一指示，我借口说正在印刷，制版未完，完了就去。当时国民党已全线溃败，上海金融市场上一片混乱，人心惶惶。这个社会教育司的剡司长无心久留，对我虚张声势地吓唬一番，说什么手令要遵守，如不照办，后果自负云云，当晚便乘飞机到广州去了。

为了防止国民党教育部取走敦煌全部摹本，我连夜将摹本包扎好分别交给上海李承仙的姐夫朱惠康和杭州我大哥常书林帮助隐藏起来。第三天，我通过朋友搞到一张去兰州的飞机票，离开了上海，辗转兰州、酒泉、安西，回到了千佛洞。当时正是1948年11月初的一个晚上，塞外的严冬季节已经开始。月光下，高大的白杨树在寒风中摇曳着，落叶飞沙满地。我从驴背上下来时，中寺空寂无人，只有老喇嘛迎面走来。这个年过八旬的老人，是我在寺中唯一的邻居。我大声亲热地招呼他。他一见我，急忙拨开围到嘴边的头巾，双手合十，很有礼貌地说："是所长吧？辛苦了！一个人这么晚回来，可冻坏了吧！"说完这些话，他口中念念有词地又走了。

在中寺我们的办公室里，只有两个老的工作人员正围着一堆柴火取暖，见我来了，给我端来一条板凳，倒了一满杯热茶。我和他们边烤火边聊起来。因为经费无着，几年来与我患难与共的职工又有很大一部分另谋生路去了，只留下少数人，他们是其中的两个。他们热情地帮我打扫房间、生火、点灯。他们走后，我环顾四周，离开了几个月，还是那样如常。窗外，一轮孤月，几点繁星，白霜满地。面对窗外无垠的瀚海，我感到一阵空虚与寂寞，真是"倦旅归来，万念俱灰"。信手推开窗户，一股刺骨的寒风迎面而来，灯一下子也被吹灭了。这时，从9层楼上远远传来了清晰的风铃声，多么熟悉的铃声！这种既凄凉又悲壮的声音给我以安慰，给我以希望，也使我意识到自己还在敦煌，在我心系的地方！等我关上窗，重新点上油灯时，发现书桌上、书架上早已落下了一层细细的流沙。沙，这个可恶的得寸进尺的东西！我们在这里已经与它斗了几年，但它还是无孔不入！如果我们退却，它就会把我们连同整个千佛洞全部吞没。坚持下去，与沙斗！我抹去桌上的流沙，振作精神，开始提笔写下了《从敦煌近事说到千佛洞的危机》，后来这篇文章刊登在1948年12月14日上海《大公报》上。在文中我向人们呼吁，支持我们，并提出了与流沙斗争是关系到敦煌洞窟存亡的大问题。这也是对我自己的一种自我激励。

文章刊出后，我陆续收到全国各地不少好心读者的来信。信中对我们在千佛洞工作的人表示热情慰问和支持。记得其中有一封署名"戈扬"的来自上海的信中说："你们的艰苦工作我们不但知道而且经常关心着你们，望坚守岗位不屈不挠地继续努力，直到即将来临的全国人民的大解放。"

1949年初，国民党政府已到了日暮途穷、全面崩溃的时刻。7月份，酒泉来人告诉我们说，甘肃省政府的官僚们正收拾金银财宝，准备经我国新疆、印度逃往台湾省。这时，到处发生溃逃的国民党军队抢劫财物、残害人命的事件。为了防止国民党匪特与溃败的军队互相勾结，破坏、抢劫千佛洞文物，我们一方面加强莫高窟的戒备，一方面仍未停止对洞窟的保护和临摹、研究工作。我们曾组织了几个人的保卫小组，除日夜值班外，并在山口岩边设置岗哨，还在石窟群最高的130、156、158、159窟内储藏了干粮、咸菜和水缸，准备了几支破旧的步枪，以及石块、沙袋等,准备一旦出现紧急情况,就坚守石窟,保护石窟。

这时,各种谣言不断从敦煌城中传来,使一些职工有些惊慌。我们都担心,就我们几个人,万一有一批国民党溃败军队来抢劫石窟文物,真是很难抵抗啊!我们都焦急地期待着解放军早日到来,保卫敦煌,把千年的灿烂艺术珍宝从黑暗的社会中拯救出来,让它永放光芒!

【附】

从敦煌近事说到千佛洞的危机

一

石室藏经的发现,是光绪二十六年五月二十六日的事。其间因为内含经卷、文书、图轴等,关系历史、宗教、文化各方面。其规模之大、影响之深,不但较中国历次文献的发现如:孔壁古文、汲冢竹书、殷墟甲骨、流沙坠简等为重要,即较之18世纪意大利发现的1800余年前的庞贝(Pompéi)古城也无逊色。这个把世界文化史重新改写的大发现,从洛克济(1879)、斯坦因(1907)、伯希和(1908)、橘瑞超(1910)、华尔纳(1924)等先后到达,相继诱窃盗取,因而传布表扬,简直把20世纪这个"发现时代"探险发掘的狂潮,从欧洲扩展至亚洲腹地。一时英、俄、德、法、美、日、瑞典、匈牙利诸国学者均纷纷前来探险发掘,风声所及,昏昧如晚清政府,尚能以保存国故为名,训令敦煌地方当局,收集劫余残经,赍送京师(至今国立北平图书馆[1]收藏的9000余卷经书，就是那时候的收获）。以及晚近专家向达、贺昌群、陈万里、张大千、劳贞一、姜亮夫等都有过各种不同的研究和发表，使国内知识阶级对于发现的经过和价值得到了若干的认识。敦煌之名是这样传播在中国的朝野。

不过敦煌僻处在西北边陲，国人的性情又多好作外游。当初伯希和掠取经卷，满载归国的时候，道经北平，仗他一口流利的中国话，曾在六国饭店陈列展览之际，发表了一篇动人的演说。这篇演说虽曾打动了学者如罗振玉、王国维等兴奋的情绪，并且还根据当时见闻写了好多研究敦煌的文章，但实际来到敦煌考察调查，一直延至民国14年。那时代表北京大学国学门的陈万里先生，因约翰·弗格森（John Calvin Ferguson）之介绍，得以加入美国哈佛大学旅行团与华尔纳等一行同去敦煌。这是中国为敦煌艺术前往调查考察的第一个人。正如沈兼士先生在民国14年出版的陈著《西行日记》序文上所载："余以敦煌近二十年来，外人已屡至其地，顾我国学者，以考古为目的而往者，此殆为嚆矢。"但是这次因为华尔纳在前一年已至敦煌盗窃塑像和壁画的关系，竟遭受地方士绅的坚决阻止，并没有达到理想的成功。民国20年，贺昌群先生根据伯希和所著的《敦煌石窟图录》，以他丰富的中西文化交流史的学识，在《东方杂志》上写了一篇"敦煌佛教艺术的系统"的文章。这篇介绍敦煌佛教艺术的空前论文，除了对于敦煌的历史背景作了一番简要的介绍，并将中国佛教艺术的源流作了揭要的说明。至于敦煌佛教艺术本身的研讨，更有许多独到精深的地方。贺先生虽没有到过敦煌，但他的文章，却给予后来千佛洞的人一种很好的启示。

---

[1] 现中国国家图书馆。

继续着贺氏对于敦煌佛教艺术之介绍，正值抗战前期，国内开发西北声浪高入云霄之际。这个自宋元东西海上交通鼎盛之后，即已沉眠了近10个世纪的河西走廊，重新又被人注意起来了。于是后汉书所称的"华戎所交，一都会也"的敦煌县，就增加了许多游客。随着甘新路的完成，南疆公路的完成，敦煌已变成塞外主要的名胜。但过去到敦煌的人，都是游历性质的旅客，这些旅客除在壁画上记一些"某月某日到此"的无聊题记外，并没有足以记载的事实。至于真为千佛洞壁画而来的，要算民国31年当代国画名家张大千先生。那时候一般国画家正在流行着出国展览争取外汇，大千先生能走到这种绝塞荒郊，"磅礴坐卧其下者几及三载"，他那种"祁寒盛暑，劳苦相勉"，努力于中国古艺术发扬的精神，在最近展览中已经获得了应有的代价！在艺术工作同人的立场，我们要钦佩他先知的聪明与敏捷的行动。较大千先生迟几个月到千佛洞的，还有中央研究院的劳贞一先生，教育部艺文考察团王子云先生，和著名敦煌学专家、汉唐古交通史的权威向觉明先生。也就是那一年，于右任先生偕同高一涵、卫聚贤诸先生视察西北，特来千佛洞巡视，当时看到千佛洞古迹的可贵和设立保管机构的必要，提请第75次国防最高委员会，设立敦煌艺术学院。于先生在原提案上，除简要地把千佛洞历代沿革及内容现状等申述之后，在结尾上有"似此东方民族之文艺渊海，若再不积极设法保存，世称敦煌文物，恐逐湮销！非特为考古暨博物学家所叹息，实是民族最大之损失"。因为这个有力的提议使敦煌千佛洞，由文字的介绍，进入实际保护的行动阶段。当时于先生的提案经国防最高委员会通过之后，正在交由教育部实施筹备办理的时候，向觉明先生以"方回"的笔名，在1930年12月27日重庆《大公报》上发表了一篇长达万余言的"论敦煌千佛洞的管理研究以及其他连带的几个问题"的文章。这篇文章，如傅孟真先生在文首按语上所说"于敦煌文物之原委，历历如数家珍"之外，并从自己身历其境的观察，抛供出保管和研究的实施问题。其内容是那么翔实生动，其爱护敦煌文物的热情，又是那么洋溢于字里行间。曾记得该文发表的时候，陪都正汇集了全国艺术界，举行第三届全国美展的前夕。许多美艺界人士，都非常亲切地展望着西北边塞的一角——那介乎三危、鸣沙二山之间的敦煌千佛洞。因为在那篇文章中，向先生对于当时千佛洞现状的不满，曾引起全国文化界无限同情。这种同情，正如作者在文首所希望一般，后来真个"逐渐化成舆论"了。

教育部为加速敦煌艺术研究所成立的筹备，立即发表高一涵、张庚由、王子云、张维、张大千、郑通和、窦景椿、常书鸿等8人为敦煌艺术研究所筹备委员，并指定高一涵为主任委员，常书鸿为副主任委员，王子云为秘书。筹备委员会由高一涵先生主持在兰州甘宁青监察使署开了两次会，通过保管研究计划大纲，复由高主任委员率领筹备委员会工作人员，于1943年3月24日抵达千佛洞，就地设立办事处，开始筹备工作。

二

千佛洞在敦煌城东南40华里处，1944年研究所成立后，请示甘肃省政府谷主席的同意，由当时敦煌县长陈冰谷发动地方民工，开了一条直达千佛洞的汽车路。从安西来的汽车，在离敦煌城10公里的地方，就可以见到一条南行的支路，行9公里，快进入山峡就可以远远见到那些掺杂错置累累如蜂房的石窟群。石窟全部自南至北共长1612米，包括现在已出土存有壁画的自北魏西魏隋唐五代宋元七代的壁画和塑像。这样大规模的结构，我只有将统计所得的结果，用乘车看画的比喻使没有到过千佛洞的人得到一个概念：全部千佛洞壁画面积凑合起来约计高5米的画共有2.5万余米，就是千佛洞壁画全长可以展开到25公里。换一句话说，我们如果坐着25公里时速的汽车，要一小时的工夫才能把全部壁画飞逝般打一个照会。再加上2000多个塑像，以及各时代建筑的实例，从变化复杂的壁画题材，从绵延相继的历史体系，从包罗齐全的宗教典籍，从演变无穷的艺术系统……这种不能想象的伟大史迹，实在予人以惊心动魄的感觉。

这个曾经北周武帝及唐武宗二朝废佛毁寺的厄运，晚清西陲宗教变乱的焚劫，在十数世纪漫长的经历之后，劫余仅存的国宝，现在是残落荒凉地直立在灰枝绿叶的白杨后面。一湾从大泉南来的细流，蜿蜒曲折地经过全部石窟的壁脚，消逝在北端石窟尽头的戈壁沙石间，一切残破毁坏的迹象，随着西逝的落日增加着衰败危殆的严重感觉。敦煌千佛洞自东晋穆帝永和八年（352）创建至今，已到达1594岁的高龄。他毫无掩饰地，把我们这个自汉唐以降国势衰败的迹象，一如矗立在雅典废墟中的帕特农神庙般在沙漠的边塞中暴露出来。我们随着高一涵先生于1943年3月24日抵达千佛洞的时候，正是中华民族抗战的第7年。这个已经沉睡了近10世纪一度被人遗忘的古迹，能在国家艰苦困难的局面中创立正式保管和研究的机构，我们应该感谢政府的措置。所以当我们到达的瞬间，在万籁俱寂的山谷中，听到从大泉淌来的那一湾细流的水声，仿佛是象征着中华民族一种活力的透露似的。从远古时候起，这条古称宕泉的流水，像中国5000年文化活力一般地没有一个时候止息过！

那时候张大千先生住在上寺，和他同时工作的有画家谢稚柳先生与大千先生的门生弟子暨喇嘛。他们是中国当代艺人第一批自动来到这绝塞边陲，肩担了承先继后工作，艰苦卓绝的英雄。我钦佩他的勇敢，祝福他的成功。住在中寺的是敦煌学权威，曾经在国外研究敦煌流散在欧洲的经卷文籍的向

◆ 张大千在敦煌临摹壁画

觉明教授。当我去拜会的时候,向教授如敦煌平民一样朴素地正在一个苏苏柴的灰盆上用搪瓷杯煨煮一盘沱茶。一枝残余洋蜡的烛光,在塞外寒气未除的早春之夜,使人感到温暖安逸的情调。就在这样的环境中,他们已作了敦煌艺术开导启发的基础工作。事实上,我们以后得到他们不少关于解决千佛洞历史艺术诸种问题的帮助。这里,除感谢之外,并为他们长时期在沙漠中工作的精神致以我们的敬意。此外,我对于认真帮我们去沙开渠工作的敦煌驻军表示感谢,因为根据当时工程师的估计,仅仅去沙工作,雇用民工就需要 300 万元的代价,现在他们已是义务地为我们尽了宝贵的力量。

到目前,事隔 6 年,但我仿佛还看见当时张大千先生在春寒黎明忙忙碌碌指挥入门弟子从事临摹工作的紧张状态,以及向觉明先生独自深夜秉烛俯伏在洞窟高壁上录写题记时聚精会神的侧影,与士兵携带铁铲木耙,清除沙土时热烈奋勇的场面。千佛洞在文献上虽然记载过 10 余个寺院和二三百个寺僧门徒,以及第 300 窟张议潮及其夫人出行图上那样鞍马屏帷贵游的盛况，但经过千余年的沉寂之后，我想1943年，该在千佛洞大事记上记上这样一个重要的时期。可是，这样的时期并不久常。在4月里的塞外初夏，千佛洞梨花盛开的某日，向觉明先生继张大千之后，离此东返。于是千佛洞又像农历四月初八浴佛节时，敦煌全城人士来此拜访释迦牟尼佛诞辰的次日一般，重新又趋冷落孤寂。研究所那时只有5万元的开办费，去了同事工警的长途旅费及一些简单设备，已经没有一个多余的钱了。高一涵在临别的时候对我说："现在你们要抱着白手成家的精神，在千佛洞孤岛上去开辟一个新天地！"是的，我们从碗筷水缸锅盆灯盏炉火柴水薪炭以及驴马大车等无一不要自己去购买准备。而这许多东西，有时候，连敦煌县城都不能买到，就必须向人家商借应用。我们在这里四无居民的沙漠上必须先做生活布置然后才能进行工作。因为我们不是一个暂时机构，我们不是一个定期可以完成的工作队，我们必须要做一个长久打算。

三

这里既然是一个40里无人烟的孤僻所在，一般年轻同事，因为与城市生活隔绝的关系，日久就会有精神上异常孤寂之感！平时如此已甚不安，一到有点病痛的时候，想来想去就变成非常可怕的心理了。记得有一年夏天，同事C君因偶受暑热，发高度的寒热，在我们准备了一辆牛车（要6小时才能达到城内）正要送他进城医治之前，他偷偷流着泪对服侍他的工友说："我死了之后不要把我扔在沙堆中，请你们好好把我葬在泥土里呀！"（后来这位C君在病好了不多久，就辞职回去了。）这种凄惨的话语，往往会影响许多同仁的心理，因为谁也不知道，究竟什么时候，这种病会一样加在自己身上。假使不幸碰到急烈性的传染病的时候，我们也许同样会逃不出死葬无所归的命运。在这种时候，大家都有"但愿生入玉门关"的心情。就是从城内雇来的工匠,做了几天之后,往往会不声不响地私自进城去。没有娱乐,没有社交,孤零零静寂寂地,有时候等待一个人群社团活动的希望,比什么还要迫切。作者的妻——一个在巴黎繁华世界混了八九年的女人,就是为了过不惯这种修道院孤寂冷胁的生活,在 1945 年 4 月抛弃了子女潜逝无踪地奔向她理想的乐园去了! 5 年了,我在这瀚海孤岛中,一个与人世隔绝的死角落,每次碰到因孤僻而引起的烦恼问题——如理想工作人员的不能聘到、柴草马料的无法购运、同仁因疾病而起的恐惧,以及不能久安于此等等——我常常自己在疑问:"千佛洞的环境是否有设立一个类似机构的可能?"于右任先生在提议设立敦煌艺术学院的时候,早已想到这一层,所以在呈请国防最高委员会的原文上有"寓保管于研究"的措辞。他老先生在 1943 年 1 月正当我动身赴西北之前亲自对我说:"这是一个不易久居的地方,所以我要艺术家去担负久常的保管工作。因为只有爱好艺术的人,能从富有的千佛洞历代艺术宝藏中用安慰与快乐来抵销孤僻生活中的苦闷。"

我们在盛夏烈日或严冬风雪中,为了往返城郊,穿越 40 里不生寸草的流沙戈壁,一个人在沙漠单调的声息与牲口的足迹中,默默计算行程远近的时候,那种黄羊奔窜、沙鸟悲鸣、日落沙棵的黄昏景象,使我们仿佛体会到法显、玄奘三藏、马可·波罗、斯文·赫定、徐旭生等那些过去沙漠探险家、旅行家所感到的"沙河阻远,鬼魅热风"那般的境界。是的,我现在方才了解于老先生的话,"我们这里需要对于敦煌艺术具有与宗教信仰一样虔诚的心地的人,方能负担长久保管的任务"。否则,他必须有一个执着沉毅的志愿,或是怀藏着猎取敦煌艺术的私心,才能有所期待地作定期居留。因为自从张大千先生,大规模地将他两三年来七八人精美的敦煌壁画临摹成绩,在渝蓉等地展出之后,敦煌壁画是如此样子的流行与受人爱戴。一部分以画件为商品，作为招摇赢钱目的的人，就不惜拿敦煌之名做一个幌子，展览买卖大发其财。记得有一位L先生，在千佛洞住了一日一夜，借临了些研究所朋友们的画稿，居然大摇大摆地在西北著名城市中开了一次规模不小的敦煌画展。（抗战中，因为艺人们受不到国家对于自由创作者的保障，纷纷放弃了中国画家过去清高雅逸的传统，甚至在十字路口摆狗肉摊子，有待于中国新宪法实施后纠正。因为新宪法上对于文艺创作者规定有保障的原则，那是另一个问题。）但类似上述"敦煌画展"那种不尽不实的流风所披，竟至影响到此间同仁的研究工作，就使我们非常痛心了！因为这几年来，研究所工作的重心，还是仅仅在敦煌艺术的介绍，大部分时间、经费都集中在这个问题上面。我们都知道，敦煌艺术研究，应该从整个东方佛教艺术互参对比中找出路。我们从不能西越葱岭横跨喜马拉雅高原，追溯恒河流域的印度佛教艺术之源，甚而扩充到有关的希腊波斯艺术的渊源，至少也该在国内云冈、龙门、库车、克孜尔那一带石窟艺术做一个实地比较研究工作。但是像这一类的旅行调查研究工作，一定要一笔相当大的费用，而研究所因为过去没有事业费无法实施这种计划。所以几年来要想做一点介绍工作，仅限于简陋的设备与有限的材料，来现实客观地忠实地临摹介绍工作。这种客观的临摹，像欧洲博物院的标本画一样，是一个要藏纳起自己个性的耐心苦劳的事情，绝不是那些马到成功急待渔利者所能做到的。有些在这里共事的朋友，因为待遇的菲薄，同时又以身处异域，不甘久留，所以往往要利用时间带一点可以开展览会的私蓄回去。因而制作粗滥了，工作急慢了！一切结果，离我们的理想还是太远。敦煌艺术研究所，在中国还是一个前无成例的机构。它可能是一个美术陈列馆，但是对于这里几百个石窟的固定性质的古迹，又不甚相同。它可能是一个博物馆，但像这样仅偏于佛教美术的内容东西，称之为博物馆亦非确当。去冬在重庆的时候，曾和傅孟真先生商量了几次，后来拟定了一个"敦煌古迹保管处"的名称。因为敦煌千佛洞研究工作，绝不是几个人在短时期当中所能解决。对于这样一个国家民族文化的宝库，我们必定要尽心尽意负担着严格的保管责任。只要保存得法，使千佛洞的古迹，不要再向坏里去，那么，研究工作是可以随时推进的。我们要像傅孟真先生在向达先生那篇论文的按语上所说，供给"有资格来敦煌研究的人"，由教育部聘请有关教育文化机关学校对于敦煌有兴趣的教授，或是用考试选拔方法收几个研究生到这里来作定期专题研究。仿佛法国培养国内高级艺术人才的美第奇学院（Villa Medicis）那样，把有天才的画家、雕刻家、建筑家、音乐家，用选拔的方法，保送到罗马美第奇学院，学院里有一个院长，负责指导并管理选拔的高才生，到了3年工作期满，回到法国来为艺术界服务。在留学期间，每年暑假均有成绩送到巴黎展览。我想敦煌艺术的研究和发扬，很可以采取类似办法。研究所负责保管之外，并制定严格管理洞窟的规则。现在这里有10余间简单实用的宿舍，生活方面，有一辆卡车，交通运输以及日常材料给养都已有完善的解决。我们对于研究人员除尽量供给一切生活便利外，并应准备必要的工具书（如二十四史、大藏经、佛学辞典等），让他们在此地安静的环境中完成全中国期待着的各种写作。千佛洞虽在沙漠绝塞中，但因为有水有林，在春夏秋三季中，一样的蓝天白云鸟语花香，牛羊鸡犬，瓜果菜蔬无不应有尽有。就是在三九寒冬，这里每天灿烂的天气衬着温暖的阳光，在中午时间也并不十分冻人。假定我们弃其对于城市的特殊迷恋的心理，那么，这里倒是一个理想的研究写作的地方。

四

研究所在这三五年来，保管方面显著的工作，是造了一条长达960多米的围墙，把主要的石窟与树林，及中、下二寺均圈在围墙里面。修了10余条必要通道，一二十个主要的窟门，现在200多个洞窟都可以登临巡视了，最近又做了一个总窟门。对于参观的人，一定要用木制入场证经过登记手续才可以进去，而且每个进去的人都由研究所派员领导。研究所对于研究人员不能漫无限制，近来已绝对禁止两项过去已成了习惯的不合理的方法。其一是用玻璃纸在壁画上直接印摹画稿，其二是用液体喷在画上帮助显示漫漶的壁上题记。千佛洞的壁画都是用粉质的颜料画成的，画的时候是和有胶质的，但经过千百年时间，有些因为氧化作用，变色之后大部浮表在壁画面上，严重松散，很像霉糊物体表面的绿苔。假如要在上面刻画加水，可以想象得到的，这种损坏壁画的措置是如何样子的不合情理。我想一切爱护敦煌壁画的人都应该一致反对这种谋杀性的行动。关于临画问题米芾也曾说过："画可摹，书可临而不可摹！"因为摹画究竟是匠人的事情。西洋画注重"Copier"（临）但绝不能"Décalquer"（印摹），这是同一的理由。何况现在我们要印摹的又是如此脆弱的国家之宝呢？研究所定了两条硬性的条文：（一）研究所同仁不能假借任何理由有印摹与喷水之行动，违则撤职离所。（二）外来研究人员如发现有上项行动即撤销研究许可证，停止其研究工作。这种规定对于到千佛洞来临摹画的人当然是很失望的，因为空手临写究竟比印摹要繁难，要费时费事。为了补救这方面起见，研究所正在设法购置幻灯放大机。现在研究所已有一部小发电机及简单的摄影设备，这种工具是可以补救一般不能空手临摹壁画的人的缺点。至于喷水湿壁的事情，那是没有什么其他代替办法可以来满足研究人员的了！

五

千佛洞修建的年代既如是久远，而其本体又系工程建筑上一件杰作。

这些石窟的开凿，是在一个玉门系砾崖——由无数小石与沙粒只凭一点钙质而附着的脆弱的岩石——的质地中。洞子的型制既不一致，高低大小亦极不同。这里面有高达36米的，有长达17米的，每层洞窟上下的间隔，有几个地方厚度五六厘米。像20窟、301窟，两个大卧佛殿，窟深7米，高6米，长却有17米，窟上都是略作瓢形的平顶，这17米与7米宽的大面积中间没有一根支撑横廊的台脚。上面却负担着千万吨石崖重量，如果没有想到这个窟顶的砾崖仅由一点点钙质附着的事实，谁也不能否认这种大胆的建筑上的尝试，是非现代人所能设想的。至于上下两窟楼层，只隔着五六厘米厚度的那种危险事实，使我们行走其上的人，如履薄冰一般地感觉到心头的恐惶。凡此种种可以证明千佛洞石窟建筑的大胆与巧妙，同时也说明经过千余年来千佛洞石窟已经毁损了500多个洞窟的所以然。因为这种过于巧妙与大胆的工程，也就增加了它被破坏的可能性。

根据当地泥匠所说，千佛洞砾岩用热水润湿之后非常容易凿刻。这番道理，在前年修筑通道和加筑门户的时候已完全验证了。我们在修凿102窟通道时先在砾岩上加上温水然后以铁锄打击，小石沙粒都很快地离开本体，因此知道石窟建筑非常怕潮湿。假如这种石窟建在西南的话，怕早已变成土丘，决不能留存至今。虽然敦煌雨水不多（平均全年约10毫米），但却有很大的风。春冬两季的风，起来的时候，往往飞尘走石，一连几日黄沙披天。因为石窟峭壁上面就是鸣沙山的余脉，那座与窟平行、绵延直立、表面上呈现着波浪形的沙山，就在这种西北风的扫荡中，把表面的沙石经过戈壁吹向石窟峭壁的几个缺口中，像瀑布一般淌下黄色的沙带。比砂纸还要厉害，这沙粒把暴露在断垣残壁间的壁画一层又一层地磨灭。那些流在最下面的，就把没有窟门的洞窟堆塞起来。往往一夜的风沙，会把昨日我们走过的栈道和走廊堆满了厚厚的沙层。这种摩擦，这种沙堆的重量积压是崩毁栈道和崖壁的主因。

有时候，比如在一个平静的初夏午后，我们正在洞窟中静静地工作的时候，忽地会听见崖顶上先剥落一些沙石，继续看就是一大块岩石，崩落到地面沙石上……我们不由得看看上面的一只沙鸟，或是一只白鸽正惊惶地向上面飞开去了——原来这正是小鸟爪子碰到了堆高的沙石而引起的毁坏。

从敦煌文献上，我们看到武周、晚唐、五代、宋、元各朝代都有重修千佛洞的记载，但这些记载，都限于局部的个人洞窟。至于大规模通盘的修理打算，到现在还未曾有过。所以到目前不但"窟檐倾摧，窟壁断毁"，外面一层包护壁岩的壁画，经过千余年来的暴晒磨擦，已经剥蚀殆尽，因此崖壁本身已是全体赤裸。经常的时候，一阵风或甚至一只小鸟的爪都可以引起坍毁崩裂的危险，如果遇着地震或大雨的时候，那就是非常可怕的了！敦煌的雨水大概都在夏冬两季，这几年来千佛洞雨水比往常要多。拿去年来作例子，一冬就下了四次雪，一场雨。西北因为气候寒冷的缘故，下了雪往往会积留一两个月，甚至整个冬天也不会融化。千佛洞的雪也是如此，说它不化吧，但在中午的太阳中，还是慢慢地融解下来。这种水分就慢慢地浸入砾石积层，因而造成崩溃的现象。去年12月15日下了一场雪，24日在窟崖北壁1200米处坍塌了有50米大的一块崖壁。这里面包括了一整个洞窟的破灭，幸而这个洞窟是僧侣用为起住之处的寮房，是一个已经有了裂缝的墙壁。像这样的裂缝在整个崖壁上有20余处，都随时有崩裂的可能，换一句话说将有一二十个充满了各时代的壁画洞窟，受到无可补救的毁灭。5年以来，研究所从筹备成立撤销改隶中央研究院，归隶教育部种种变化，人事不健全，经费不充裕，虽然我们已经做的一些修理，是轻而易举的木柱支架和泥巴搪塞工作，但经过三五年风沙和雨雪的浸蚀，证明这点表面工作是非常靠不住的办法。例如16窟屋檐前一座离开了崖壁本体的大岩石，我们冒了危险非常吃力地加上几支木柱，暂时支撑着，要这块千百吨重量的石块不要跌下来。但是今年1月15日大雪之后，因为柱脚受潮的松陷，那块大岩石倒下来，结果致使17窟门口南壁的不空绢索观音像毁损了一大半。同时那块落下来的大石已把邻窟（17窟）的入口完全堵住了。再如246窟，位于第3层石窟上，一个无法上去的洞子。1945年为了便于巡视，我们在42窟前屋檐上修了一个土砖和泥巴的梯阶，使参观的人可以从263窟的檐道上走上去。不料仅仅一年工夫，这个梯阶整个从42窟窟顶上坍下来了。此外224窟，是位于第4层高处（约高20米），有曹延禄之世修窟檐题记的盛唐洞窟，是千佛洞仅有的，30余具有宝贵题记的洞窟中的一个。因为窟檐上受了历年积储的崩溃下来的碎石重量压逼，把一根支架在上面的横梁，从崖壁上去1尺长的地位，将整个残破的窟檐歪斜倾倒，直成了一座摇摇欲坠的"危楼"了……诸如此类的险象，我可以继续一五一十地写下去。

　　现在千佛洞需要有一个紧急的修理工程，一个通盘计划的全面整修工程。因为目前呈现在吾人眼目间的，似乎已到材料学上的危险断面。如果用武周圣历元年重修莫高窟佛龛碑上所载，那时候"计窟室一千余龛"，来推断现存427个窟室的寿命，恐怕不到200年工夫敦煌石室就会完全毁灭了。前年冬天美国善后救济总署欧彼得（Edwin P. Oths）与芮鲁德（Luther R. Ray）同了工业合作协会的唐逊（P. Townsend）先生来参观千佛洞。其中芮鲁德先生是工程专家，他对于千佛洞是非常着急地表示需要紧急的修理工程，可能将这许多有无上的宝藏展延到比从开建到现在还要久远的时间。因为这里的气候是可以使现代的工程发挥它最大的效果。"但是这种工程需一笔很大的款子呀！"当他问我："中国现在是否可能着手这类彻底修理工程？"我回答他的是："我们应该要彻底修理，但是目前是否有这样的能力，那我不能回答。"最后芮先生在我的纪念册上写着"May God continue to preserve the beauties of the Dung Waug Caves"几个使我们痛心的字眼。因为对于一个生存期间负责保管的人，睁眼看到千佛洞崩溃相继的险象，自己又没有能力来挽回的时候，实在是一种最残酷的刑罚。

六

今年是石窟藏经发现的第48年，再过两年是整整半个世纪，这已不能算是一个短时期了。我们对于千佛洞这个民族文化至高至上的结晶，那系连着5000年来黄帝子孙唯一的内在的生命，似乎应该有一个办法，作一番不能再延拓的紧急兴修工程。这种工程，除去几个危险裂缝要迫切地架住外，对于整个千佛洞，先要做一个补包岩壁外壳的基础工程，然后再修支架柱梁，恢复栈道走廊。像唐大历十一年陇西李府君重修功德碑记所载："……是得旁开虚洞，横敞危楼"，这种栈道走廊，一方面可作为各层石窟的通道。连带着，我们还要把每一个窟门补修起来，然后再逐洞逐窟地作壁画和塑像补修工程。国家要拿出一批不算少数的款子，也许要经过十年八年才能完成工作。

七

现在是塞外的深夜，我坐在元代及道光年间重修过的皇庆寺一个庙廊上写这些琐事，外面一颗颗细沙从破了的窗帘中透进来，正是"警风拥沙散如时雨"，那一粒粒沙子像南方春雨一般散落在砚台上，这种沙子是从荒原大漠漫无边际的瀚海中随着风浪奔腾前来，也就是这种沙子，它盖没了房舍，填塞水道，在不知不觉中使沙漠上的城市变成废墟，绿树变成枯枝。自古多少远徙边塞，站在国防最前线的卫兵戍卒，曾经在这种黑风黄沙中奋斗生存，要使人与自然的力量，决定胜负消长！48年前（1900）斯文·赫定在罗布淖尔沙漠中发现的楼兰长眠城，是失陷于纪元后一世纪之初一个为沙子埋没了千余年的古城，这正是汉魏没落了的中国政治势力的象征。我们不要小看这轻微沙粒，它时时刻刻在进行毁坏千佛洞宝藏的工作，也就是对中华民族文化能否万世永生的一个试探！

（原载上海《大公报》1948年12月14日）

第六章 · 国宝之光

欢庆解放

荣辱盛衰几千年，雄鸡一唱天下白。

1949年9月28日，塞外晴空如洗，阳光灿烂，一面鲜艳的红旗飘扬在敦煌古城城头。继酒泉、玉门、安西解放之后，敦煌沙州古城也宣告解放了！

敦煌——这个戈壁滩上的孤岛绿洲，玉门关内"华戎所支"、汉代始建的古城，留下了4世纪至14世纪前后千余年来历代劳动人民创造出来的举世无双的佛教艺术的珍贵财富，铭刻着古代西域各族人民之间经济文化友好往来友谊的篇章。自20世纪初敦煌石室密藏发现以来，这里又留下了帝国主义分子劫夺盗窃敦煌文物文献的痕迹。如今，沧桑巨变，劳动人民创造的艺术宝库，终于回到了劳动人民的怀抱。从此，敦煌历史翻开了崭新的一页，莫高窟开始了美好的新生时期。这一天，我们在古老的千佛洞雷音寺前升起了鲜艳的红旗。因为一时弄不到鞭炮，我们便到九层楼上敲响了那口声音洪亮的大铜钟，连续敲了21下，浑厚的钟声伴随着我们的欢呼，在沉睡千年而初醒的峡谷中回荡着，欢庆着敦煌新时代的到来。这是自庆贺抗日战争胜利击钟以来，我们第二次击钟庆贺。当天下午，从敦煌县城里回来的老工人窦占彪告诉我：由毛主席、朱总司令共同签署的安民布告已张贴在大街小巷。我们大家动手，连夜把已经准备好的欢迎中国共产党和中国人民解放军的大幅红标语张挂在白杨、果树的枝干上，迎接解放军来到千佛洞。第二天一清早，一支雄壮的解放军队伍，乘坐3辆大卡车来到莫高窟。他们在下寺——三清宫门外下了车，排着整齐的队伍，服装整洁，精神饱满，队伍前面红旗招展，迎着莫高窟大门口列队而来。这是我生平第一次见到亲人解放军的到来。走在前面的是几位年纪稍长的军官，但服装与士兵无异。我猜想，这大概就是驰骋南北战场的将军们吧！迎着阳光，我向他们走去。这时一位年轻力强的战士向我走过来。他和蔼地问我："你就是这里的领导常所长吗？"我回答："正是。"我接着问："你们的首长呢？"这时两位面带笑容、目光炯炯有神的解放军向我走来。年轻军人介绍说："这是我们的张献奎团长和戚成德政委。"这时张团长一个快步走到我面前。我握着张团长的双手，久久没有松开。我把他们一行领进早已布置好的接待室。这里就是中寺皇庆寺前院我办公室外间的会议室。在这个不足30平方米的会议室里，我们研究所的10多位同事和解放军战士挤满了一屋。因为会议室地方小，那些坐不下的战士们就在院内大榆树下摆设的凳子上休息。在接待室里，我向张团长一行一一介绍了我们研究所的同事们。张团长风趣地说："你看，我们是不是三头六臂、青面獠牙像蒋匪帮所宣传那样的怪物呀？"我听了忍不住笑了起来，说："没有人相信他们说的鬼话，他们自己才是十恶不赦、杀人放火的强盗呢！他们在临解放的前两天，还在阳关所在的南湖进行了野蛮的抢劫，他们还扬言要来千佛洞。为此，我们还做了一些保护莫高窟石窟文物的工事呢！"说着我们就分作几个小队引导着子弟兵参观石窟。大家都兴高采烈地边导游边讲解。我带领张团长等一行参观。他们很仔细地听我介绍敦煌石窟艺术，面对五彩缤纷的壁画和彩塑，惊叹我们祖国有这么美好的文化艺术遗产，一再嘱咐我们要好好保护。当我们经过石窟群南端第130窟，从底层小洞门沿着傍岩的狭窄暗梯道鱼贯而行攀登第156、158、159窟这一组最高层洞窟后，就看到了我们在暗道口用麻布做的沙袋和装满大量鹅卵石的口袋堆筑的工事。张团长很认真地看了我们的工事及洞窟内备藏的干粮、水缸和铺盖等等。我笑着对张团长说："这是我们这些没有战斗经验的书生们的幻想，一定没有实用价值的吧！"不料张团长却用赞叹的口气说："很好！很好！别看你们表面上文质彬彬，到了紧要关头还真的有两手呢！现在，有了共产党和毛主席的领导，在解放了的新中国，你们专心做保护和研究工作吧！有我们在，你们再也不用担心害怕了。过去，你们在沙漠中长期工作的精神是很可贵的。我相信你们今后会更好地从事石窟的保护和研究，专心致志地贡献自己的智慧和力量！"说罢，他从口袋里掏出一本小册子给我。这是一个以郭沫若同志为首的北平文化界向全国文化界发表的宣言。宣言中强调指出："文化工作者只有在政治上坚决向中国共产党靠拢才有光明的出路。"并号召人们在新形势下努力学习，加强思想改造。这个小册子里还登载了郭沫若同志到达初解放的北平时，在火车站上即席向新闻记者发表的激动人心的诗句：多少人民血，换得此和平！

　　我看了后，感动地对张团长说："谢谢你们，这正是我们需要好好学习的材料啊！"

第六章

几天后，我接到刚成立的敦煌县人民政府的邀请，红色信皮上写着"常书鸿所长收"几个大字。这是我第一次荣幸地参加敦煌县庆祝胜利解放的军民联欢庆祝大会。驻敦煌的骑兵师专门派警卫送来一匹白色灰点的大马，警卫员在扶我上马时说："这是贺老总的好马。"我骑上马不到一个小时就赶到城里了。这个城市不久前还是商店倒闭、路无行人、死气沉沉的塞外城镇。这时，我想起了前几天进城时的一次遭遇。为了防范坏人，我们骑马进城总要在身上背一根棍子，同时也可以打狼，因为戈壁滩上经常有恶狼出现，狼是怕棍子的。那天我们骑马走到纪家庄，这是到达敦煌县城附近的第一个村落。我们几个人在距村庄远远的地方，就听到村内一阵阵敲锣打鼓声，不一会儿又听到延续不断地敲打铁桶、铁盆等的各种声音，还有人的吆喊声。这时我们真是进退两难，进村吧，怕遇到麻烦，退后吧，是光秃秃的沙漠戈壁，怎么办呢？我想，事到临头也只有闯进村去。我一扬鞭，打马进了村庄，习惯地走进经常来去歇脚的纪老汉家里。纪老汉见到我们哈哈大笑，说这是一场误会的喜剧呀！原来他们刚才远远看见几个骑马背棒子的人，还以为国民党的残兵败将又来抢掠了呢！所以大家敲锣敲桶以通信息。他还说："想不到如今草木皆兵，连你这位菩萨所长也遭了误会，不要见怪。"我说，大家彼此一样，在千佛洞我们也防患于万一，在洞子里构筑了工事，这些土匪不能不防。

解放了的敦煌县城，生机勃勃，欣欣向荣。大街小巷张灯结彩、红旗飘扬。商店营业，生意兴隆。街头熙熙攘攘，军民联欢的秧歌队、高跷队披红挂绿，在喧闹的锣鼓、震耳欲聋的鞭炮声中，载歌载舞地从四面八方拥出来。人人笑逐颜开，欢呼庆贺。入夜后，敦煌钟楼上按照旧时敦煌古郡在农历正月十五日张挂彩画壁灯的传统风俗，悬挂了一幅高3丈宽2丈的绢绘彩色经变画像，绢画后壁架上点燃了近百盏油灯，透过灯光使整个彩画在夜空中闪闪发光，真是金碧辉煌、普天同庆。彩画前有欢腾的人们在尽情地歌唱着"解放区的天，是晴朗的天，解放区的人民好喜欢……"一边唱一边扭秧歌。我仿佛觉得自己置身在敦煌壁画中"西方净土极乐世界"的幻想天地中。我正沉醉在这美好的场景时，冷不防，一个快乐活泼的小战士，一把将我拖进了军民联欢的秧歌队，笑嘻嘻地说："常所长，你不认识我吧？我就是那天骑兵师派到千佛洞接你的，那天你还带我看了千佛洞壁画上那些跳舞的伎乐，那跳的真来劲，那是古代舞。我们现在解放了，我们跳的是腰鼓秧歌舞。你也来参加吧！"我说："谢谢你。实在对不起，我不会跳舞。"小战士热情地说："没关系，我们大家都不会，来，跳一跳秧歌吧！"说话间不由分说就把我拉进了人流中，随着腰鼓和铜镲的咚咚咚、嚓嚓嚓的声音，这样前进半步，后退二步，再进三步，随着一进一退双手顺势摆动，身体也随着音乐的节奏扭动。在小战士的帮助带动下，我模仿着别人的动作，来来往往地转动身子，这是我生平第一次跳秧歌舞，也是生平第一次与解放军、农民一起联欢。受到热情洋溢的青年们纯朴情感的陶融，我仿佛也变得像年轻的小伙子那样，边唱边跳，不知疲倦地到了午夜。

第一个国庆节刚过，我们正在接待着一批批连续不断地乘卡车来千佛洞参观的解放军队伍时，又意外地收到郭沫若同志发自首都北京的电报和郑振铎同志热情洋溢地希望我们坚守工作岗位的来信。回忆1945年，当我在敦煌突然接到教育部取消国立敦煌艺术研究所通令的时刻，郑振铎同志安慰我说，以后是可以改变的，只要努力。后来我们特地派张民权同志带着仅有的一些摹本，在四川重庆七星岩中苏友好会堂举办了一个敦煌壁画摹本展览会，以引起朝野对我们工作的同情和支持。当时正在重庆与国民党进行和谈的周恩来、董必武和郭沫若同志还亲临展览会，给予我们宝贵的支持。现在刚解放，郭老又热情地来电慰问，并鼓励我们要更好地为人民保护好敦煌民族文化宝库的遗产。郑振铎同志是最早支持我去敦煌的好友之一。他还以私人名义投资印刷出版了《域外壁画集》。他对敦煌艺术极为爱好，1948年"敦煌艺术展"在上海展出时，他曾在各方面给予大力支持和帮助。这时他又在信中对我们多年在沙漠戈壁中，为祖国保护敦煌文物艺术表示衷心的慰问，并殷切地希望我们坚守岗位，继续努力，在保护和研究工作中做出更大的贡献。在荒凉的大西北沙漠中，几经风雨，苦度近6年岁月的我们，在今天得到广大人民群众的慰问和鼓励关怀时，兴奋的心情是难以用笔墨形容的。共产党领导下的新中国对祖国文化遗产的关心和爱护，恰恰与国民党反动政府对文化工作残酷的摧残破坏形成鲜明的对照。

这期间，我们又陆续收到来自北京、沈阳、上海等地的不少慰问信件、书籍及有关党的文艺政策宣传资料，其中有毛主席的《在延安文艺座谈会上的讲话》和《新民主主义论》等重要的学习文件。这使我们的思想认识得到了进一步的提高。但在我们所里也有少数不能正确理解党的文艺文物政策的人。他们以"左"的面貌出现，把挂在上寺的清朝道光十一年"雷音寺"的匾额和九层楼大佛殿有关修建九层楼大佛殿的历史记录的匾额等统统都拉下来了。1949年10月20日，酒泉军分区接管敦煌艺术研究所，由于军分区负责同志不了解我们文物工作的性质和目的，对于像我这样在法国留学10年的留学生，聚集在戈壁沙漠中工作很不理解。当时听了我们所某些人的谗言，把研究所的工作定为特务性质，错误地没收了我们的发电机、照相机、收音机、绘画和办公用品，还进行了搜查，到我住宅正式向我宣布"要彻底清点你的一切财物，不准转移，听候发落"，并抄收了我的绘画用品、照相机、缝衣机等等。这种错误做法，后来酒泉地委闻讯后，立即加以纠正。1949年12月底，酒泉地委副书记贺建三同志和酒泉专署刘文山专员亲自来到研究所，向我们道歉，并做了必要的说明。他们说由于没有调查研究，不了解敦煌艺术研究所业务的性质和常书鸿所长领导下艰苦工作的精神，你们不但没有错误，而且是应该受到党和国家鼓励和保护的。刘专员还带来了大量的小米、棉军服、棉鞋、皮手套等工作和生活的必需品，并退还前些时被错误地没收的所中公物和我的私人财产。除了表示慰问，他还传达了地委刘长亮书记的指示：大家要在常书鸿所长领导下，继续为祖国伟大的民族艺术宝库莫高窟的保护和研究做出努力。酒泉地区党委对于我们无微不至的照顾，使我们全所同志更好地团结起来了。大家又开始了临摹和研究工作。但也有少数人，过去虽然在所里从事过临摹等工作，一解放，认为只有跟解放军去搞土改才是革命的，而视临摹和研究是与封建迷信打交道，是错误，于是闹情绪，打报告要求离开。酒泉地委和专署的领导同志帮助我们做思想工作，并专门派汽车来接研究所的一些干部到酒泉去过解放后的第一个新年。我和李承仙等少数几个同志为了照管所中的日常工作仍然留在千佛洞。为了欢庆解放后的第一个新年，我们绘制了新年画。这些工作得到敦煌县委石志刚书记等同志的支持和鼓励。同时，驻敦煌的解放军队伍以及进疆的解放军部队，他们需要大会和会议室礼堂内用的大幅毛主席、朱总司令的画像，我也十分乐意地承担了这项任务。我和李承仙在两三米高的白洋布上，用炭精粉绘制一幅又一幅的毛主席和朱总司令的画像。在敦煌，这个小小的古城，我亲眼看见解放几个月以来的显著变化。我们一面画像，一面从心里认识到毛主席、朱总司令和人民解放军的伟大，真是没有共产党就没有新中国。

春节后，在酒泉过春节的一些同志回来了，天气也逐渐暖和了，已经到了每年最好的进洞窟临摹、研究的季节，但受"左"倾思潮影响，一些同事坚持不再进行"宣传封建迷信"的壁画临摹工作，提议搞大生产。在"不劳动者不得食"的口号下，我们不得不放弃了继续对壁画和彩塑进行分类临摹和研究的计划，而全部投入了蔬菜和粮食的生产。在千佛洞围墙内的一片小土地上，我们种哈密瓜、芹菜、洋芋、韭菜、小麦、胡麻等蔬菜和作物。在极左思潮的鼓动下，少数人还提出每周评选一次所长，每周评定一次各人的劳动报酬等计划，迫使每个人不管身体好坏都得到田间劳动，一直到1950年秋天天气转冷的时候。看看这么多研究人员全都放弃了研究工作，而整天看上去在劳动实际上无所事事的情况，我不得不把所中存在的严重情况向政务院文化教育委员会社会文化事业管理局和郑振铎局长做了汇报。不久我便接到西北军政委员会文化部通知，将由西北军政委员会文化部领导派员来所解决问题。9月间西北军政委员会文化部文物处赵望云处长、张明坦副处长前来接管敦煌艺术研究所。他们随身携带了不少慰问品，其中包括我们工作中急需的收音机、绘画颜料、笔墨纸张、文化用品等等，还给我那出生不久的儿子嘉煌送了一套大红缎绣花衣服。当孩子的妈妈李承仙再三推辞不肯接受时，张明坦副处长说："这是党组织对你们的关怀，非接受不可哟！

这也是延安解放区的老规矩，是军民一家干革命的老传统，这一点礼物务必全部收下！"他们含有真挚感情的话，使我们像见到亲人一样，感到温暖，不禁流下热泪来。就这样不到半天，张明坦同志及我们原来早已熟悉的画家赵望云同志就同大家打成一片了。四五天过去后，适逢传统的中秋节，根据赵望云和张明坦同志的提议，举行一个象征全所团结的"月光晚会"。月光晚会在中寺前院两棵大榆树间露天举行。这天晚上，戈壁滩月光如洗，桌桌摆满刚摘下的大红枣、桃、梨、哈密瓜、白兰瓜、西瓜和大如面盆、上面雕刻着敦煌藻井图案的胡饼，显示出敦煌地区特有的秋色。画家又是书法家的赵望云同志嘴中含着香烟低着头，拉着"山丹丹开花红艳艳"的陕北抒情曲调，晚会在锣声中开幕了！尽管晚会开得不错，但我总感觉到有些人思想还在作怪。我对张明坦同志表示了我的担心。张明坦同志劝我说："思想工作要慢慢来，不能求之过急。"并说，"西北军政委员会文化部要在本月晚些时候在西安召开西北文艺工作者代表大会，你是文化部早已决定了的代表，现在这里的初步工作已告一段落，你就和我们一道去西安开会吧。"

筹备京展

西北军政委员会文化部文物处赵望云处长和张明坦副处长，在离所之前对我们过去的研究保护和临摹工作，给予了肯定和赞许，并积极热情地帮助我们做出了七八年来工作经验和教训的总结，决定了今后的工作计划、经费预算及工作人员工资待遇等等。从此，我们敦煌艺术研究所就直接受西北军政委员会文化部领导了。

9月间，在西北军政委员会文化部接管工作完毕后，我接到西北文代会的邀请，要我随赵望云、张明坦两同志同去西安参加西北文艺工作者第一次代表大会。把所中工作安排以后，我与赵、张两位处长离开了千佛洞，到敦煌县城准备搭车东去。就在即将离开敦煌县城的前夕，赵望云处长和所中一些干部在县城秦腔剧院看戏，我和张明坦副处长在招待所聊天的时候，接到中央人民政府政务院文化教育委员会社会文化事业管理局局长郑振铎给我的急电，内称："经中央研究决定，配合抗美援朝，进行爱国主义教育，在北京举办一个大型敦煌文物展览会，请速即携带全部敦煌壁画摹本和重要经卷文物来京筹备为要。"我拆看之后，随即将电报交给张明坦同志。张问我有什么困难没有？摹本是否在敦煌？我说没有什么困难，因为绝大部分摹本曾经于1948年携去在南京和上海公开展出。我汇报说，那时国民党已在崩溃前夕，物价飞涨，金圆券暴跌，人心惶惶，虽在兵荒马乱的时候，但上海展出后，仍受到广大人民的爱戴，建议应该出版彩色图录。上海《大公报》曾建议政府投资印行。我曾经去信教育部要求拨款在沪印刷出版，但那时南京政府已决定迁移广州，回信说是目前无法考虑出版。上海热爱敦煌艺术的有心人见国民党不肯投资，有些私人向我表示愿资助出版。郑振铎先生第一个表示愿意个人投资出版，并邀我到他寓所面商出版事宜。那时他正在用珂罗版精印《域外壁画集》，堆满了一大间房子。郑先生还亲自签名送给我一部刚印好的《域外壁画集》。后来因战乱和国民党教育部要索取全部壁画摹本去台湾，我设法将摹本隐藏在上海和杭州两地。我对张明坦同志说，那次展览的摹本现在还在上海和杭州，可以很快取到；另外还有1949年所临的壁画摹本仍在所里。为了开完会不再返回敦煌取其他的文物资料，必须这次就随身带走。但当时距第二天出发的时间上午9时整只有12个小时。敦煌县城又没有至千佛洞的汽车，走便道也得七八十里路，要经过二层台大沙梁，怎么办？张明坦同志焦急地看着我。我立即决定自己骑马连夜返回千佛洞，取进京参展的文物资料。在中秋明月下，我独自策马奔向戈壁滩。骑在马上奔驰，使我想起1945年不分昼夜骑马奔向玉门的往事，两种不同的心境，苦乐悬殊。唐代诗人王昌龄的《从军行》再次使我体会到策马戈壁的特殊氛围：

青海长云暗雪山，孤城遥望玉门关。

第六章　国宝之光

> 黄沙百战穿金甲，不破楼兰终不还。

驰马赶到千佛洞，我立即把这个消息告诉留守在研究所的李承仙、黄文馥、欧阳琳三位女同志。她们听说敦煌艺术要到人民的首都去展出，一个个都忘记了半夜的疲倦，赶紧与我共同检点六朝写经、唐代绢画，以及1948、1949年临摹的各种壁画代表作品、专题小品，一直到三危山显露出黎明曙光、时钟已指到4点的时候。装了一个皮箱和一个长卷，捆在马背上，我又快马加鞭地一口气赶回敦煌。经过佛爷庙时，太阳从三危山上慢慢升起来，起早贪黑的沙边上勤苦的农民早已套上牲口在地上耕作了。等我跑进城时，已是上午9点钟，一辆大卡车已装得满满的。张明坦坐在车顶上对我招手说："就等你上来开车了！"我下了马，把从马背上取下来的皮箱和长画卷交给张明坦，爬上卡车，汽车随即发动。我擦擦脸上的汗水，对张明坦同志说："总算赶上了。"车子加了油正在发动时，忽然从财神巷我所驻城办事处跑出3个所里的青年人，拦住车子向我喊道："不能走！""把你的展品放下来，才能走！"我说："为什么不能走？这是昨夜社会文化事业管理局打急电要我带去北京开展览会的，请示了张明坦决定的。""有社会文化事业管理局电报也不能走！"有人叫喊着，"决定了也不能走！因为这是错误的决定！我们不能拿牛鬼蛇神、封建迷信的东西到庄严的人民首都展出！"我说："这是郑振铎局长的指示。"一青年接着说："郑振铎的指示也是错误的！"我对于这种一贯以幼稚的、"左"的面貌出现的投机分子的做法非常气愤。于是我只能看着张明坦处长，要他做出决定："您看怎么办？"他看着我手中拿着的一卷壁画摹本说："你把手中那卷画留下来罢！"我闷着一肚子的气,将手中一卷壁画摹本交给了他们。汽车开动了,离开敦煌时已10点半了。我对张明坦和坐在司机台上的赵处长说:"这帮蛮不讲理的人行为实在幼稚可笑,如果我们没有寄存在南方的大量摹本,敦煌文物在首都的展出将成为不可能的了!""那也绝不能让他们如此放肆!"坐在司机台中的赵望云同志愤怒地表示,"刚才发生的事是无理取闹的捣乱!"汽车冲过甜水井沙窝子,很快在敦煌至安西的公路上加速前进。

因为赶路,汽车经过安西、玉门、嘉峪关、酒泉,在河西走廊上日行夜宿地赶了三天三夜。在兰州住了一宿,继续乘汽车东行,越过华家岭、天水、宝鸡到达丝绸之路的故都——西安。

西安,这座历史古城,新中国成立后是西北军政委员会的所在地,是广大西北地区政治军事文化艺术的中心。我们到达后就受到西北军政委员会文化部柯仲平部长等领导的热诚接待。通过赵望云、张明坦同志的介绍,第一次会见了延安的老诗人柯仲平同志。他用慰问的口气,表示热烈欢迎来自敦煌宝窟的同志参加西北文代会。张明坦同志还介绍我会见了习仲勋主任,以及王元方、石鲁等同志。他们都是参加过延安文艺座谈会的西北革命文艺老干部。通过和他们的会见,我们有机会进一步加深了对党的文艺工作方针政策的理解,初步认识到文艺为工农兵服务方向,以及如何在普及的基础上提高和在提高的基础上普及的辩证关系。这次来西安参加西北文代会,是我一生文艺工作中一个非常重要的转变契机。第一次西北文代会是由彭德怀将军讲话开始的。他主要说明文艺和工农兵相结合,并不是要文艺工作者都来当兵,现在全国解放,国家建设时期,需要文化艺术的发展。彭总的讲话,使我明白了我们所存在的放弃敦煌研究和保护工作的思潮是"左"的错误观点。

西北文代会期间,地方剧团分别演出了西北各地的地方剧种。除观摩演出外,会议还组织安排我们参观了长安古都周秦汉隋唐等11个朝代的文物古迹。通过参观访问,使我知道最早的西周奴隶制社会是在西安附近建立的。由于关中的自然条件优越,很久很久以前就有人类在这里繁衍生息。在灞河南岸公主岭上发现的"蓝田猿人"化石,揭开了五六十万年前,旧石器时代原始人类的历史篇章。在渭、沣、灞、涅河两岸阶地上,又是新石器时代原始人类居住和生活的地方,如半坡遗址,是一个典型的母系氏族社会村落。周人初期生活在关中西部,经过几次迁徙,后来定居在岐山、扶风之间的周原。在周文王、武王时期,已把王城移到今西安城西沣河西岸,建立了丰、镐两京。在公元前11世纪,武王兴兵灭商后,丰镐就成为西安历史上第一次出现的最大的京都。在这里,先后有秦、西汉、隋、唐等11个朝代建都,历时1100多年,是我国建都较早、为时最长的都城。我们的祖先,在这里创造了灿烂的文化,遗留下不少气宇万千、金碧辉煌的建筑,以及名胜古迹、艺术珍品。但因年湮代远、几经沧桑,秦时的阿房宫,汉代的未央宫,唐代的大明宫,这些壮丽的伟大建筑都随着兵燹战乱的破坏,至今只是一堆残砖颓垣,供人们凭吊而已。

长安古代遗址中与敦煌佛教艺术关系最密切的,是唐高宗为纪念高僧玄奘而兴建的兴教寺、大雁塔和慈恩寺。据古籍记载,慈恩寺修建于唐贞观二十二年(648),是唐高宗李治为太子时,为了追念他的母亲文德皇后而建造的,所以寺名"慈恩"。唐代高僧玄奘为了保护佛经,建议修造大雁塔。这个塔建于唐高宗永徽三年(652),初建时只有5层,高180尺,武周长安年间(701)重加修建,由5层加到10层,后经损毁再经修建，现为7层高塔。唐代著名诗人岑参有诗曰：

> 塔势如涌出，孤高耸天宫。
> 登临出世界，磴道盘虚空。
> 突兀压神州，峥嵘如鬼工。
> 四角碍白日，七层摩苍穹。
> 下窥指高鸟，俯听闻惊风。
> ……

那天，我随参加西北第一次文化艺术代表大会的代表们一道瞻望高塔，联想到玄奘法师西行求法，从唐贞观三年（629）至贞观十九年（645），穿越浩瀚无边的戈壁沙漠，翻越峻岭，背负佛像和经籍，不管盛夏和严冬风霜雨雪，白天和黑夜，一步一个脚印地行进，完成了史无前例的历时19年步行5万里的西游历程。他把中国的古文化介绍到印度等国，又从印度带回657部梵文经典。回国后，在西安慈恩寺内译经达10年之久，创立了中国佛教的一大支派——慈恩宗。这位旷古少有的一代宗师不仅给我们以刻苦钻研的勇气和力量，而且使我感到保护和研究敦煌佛教艺术的责任和应尽的义务。

10月初，西安秋高气爽，西北文化部特别安排我们到临潼骊山华清池胜地游览。这是有3000多年历史的温泉胜地。温泉从山间流出，水温一般在42℃左右，水内含有多种化学成分，常用温泉沐浴可以医治疾病，是著名的疗养胜地。这里有一座唐代遗留下来的宫苑。唐代的华清池，建于开元十一年（723），天宝十一年（752）改名为华清宫，温泉池也改名华清池。这是唐代玄宗皇帝李隆基和他的宠妃杨玉环经常居住游乐的地方,至今还有他们当年洗澡游幸的遗迹。唐代诗人白居易(772—846)曾在他的名作《长恨歌》中描写道:

春寒赐浴华清池,温泉水滑洗凝脂。

诗人杜牧(803—852)在《过华清宫》诗中也写过:

长安回望绣成堆,山顶千门次第开。
一骑红尘妃子笑,无人知是荔枝来。

这正是封建王朝骄奢淫逸的写照。唐玄宗为了取悦贵妃,不惜万里行程,用奔马驿站从四川、广东专程送鲜荔枝来长安,万里跋涉,不知跑死了多少人和马。真是:

汉皇重色思倾国,御宇多年求不得,
杨家有女初长成,养在深闺人未识,
天生丽质难自弃,一朝选在君王侧。
回眸一笑百媚生,六宫粉黛无颜色,
春寒赐浴华清池,温泉水滑洗凝脂,
侍儿扶起娇无力,始是新承恩泽时。
……

——白居易《长恨歌》

这是我初到长安时第一个深刻的印象。

在参加西北文代会后，根据郑振铎局长来信的指示，为尽快完成首都敦煌艺术展览会的筹备工作，要我火速去京研究筹备事宜。我于1950年10月与赵望云同志一起从西安来到首都北京。1937年七七事变后，在炮火硝烟中我匆匆离开这座古城，距今已13年了。今日的北京与昔日的北平真有天壤之别。在前门火车站下车，古老的正阳门两侧有轨电车叮叮当当来回奔驰，扩音喇叭播送着"嗨啦啦啦啦！嗨啦啦啦！天空出彩霞呀，地上开红花呀！中朝人民力量大，打败了美国军呀……"雄壮的歌声，到处红旗招展，一派欣欣向荣的景象。新中国站起来了，怎能不叫亿万人民欢欣鼓舞！

在社会文化事业管理局所在的北京团城楼上，郑振铎局长和王冶秋副局长亲自接见了我们。我与郑振铎自1948年11月在上海分手至今也已两年。我们不约而同地讲："我们真是后会有期，两年来好吧！"郑振铎向我们谈了这次中国决定在北京举办敦煌文物展览的意义。他说："展览能作为当前抗美援朝运动中爱国主义教育内容之一。"听到这个消息，我们都很兴奋。这是新中国成立以来对我们工作的第一次检阅和召唤，也是对我们工作的肯定和鼓励。

展览会由敦煌文物研究所和中国历史博物馆主办。为了取回1948年分别转移在上海、杭州的敦煌壁画摹本，我派李承仙、常沙娜两人于1951年1月到上海、杭州两地，取回寄存在上海亲戚朱惠康先生家中和杭州亲戚常书林家中的全部敦煌壁画摹本。他们为我们妥善保存了全部摹本，毫无缺损，使我们十分感激。

为了积极进行工作，文化教育委员会社会文化事业管理局，决定借历史博物馆西朝房为敦煌文物展览会联合工作室，筹备展览工作。筹备工作在郑振铎和王冶秋主持下进行，在历史博物馆、北京大学、清华大学、中央美术学院、科学院考古研究所有关学者、专家、教授夏鼐、向达、王重民、徐悲鸿、梁思成、周一良、周叔迦、邓以蛰、王逊、沈从文、阴法鲁、陈梦家、董希文、傅乐焕、阎文儒、宿白等热心帮助指导下，由潘絜兹、李承仙、常沙娜和历史博物馆的同志们负责编排布置。自1950年12月开始，经过近5个月的紧张工作，于1951年4月初筹备就绪。开幕之前，郑振铎局长还在团城——当时是社会文化事业管理局所在地，召集首都有关敦煌学及敦煌艺术研究专家举行会议。郑振铎报告了敦煌文物展览会筹备的经过，提出敦煌石窟艺术是敦煌学的重要组成部分，也是祖国民族艺术自4世纪到14世纪前后1000多年，中国佛教艺术发展原原本本的无比重要的宝库。"而这个宝库，像藏经洞宝藏一样受无缝不钻的帝国主义者们的觊觎，他们借考古为名，像在云冈、龙门一样，胶粘、斧砍……当我们叙述着一部我国近50年来帝国主义侵略的惨痛经过，也便是叙述着一部我国文化、文物近50年来被帝国主义侵略、掠夺的惨痛经过。这一切使我们提高了爱国主义精神，使我们感谢中国共产党和毛主席彻底干净地扫除了百年来帝国主义的腥膻，使中国人民从此站立了起来。我们绝不允许过去的那种被侵略、被掠夺的惨痛史重演！只有在人民政权之下，才能保护人民最高艺术创作与文物，而不令其遭受掠夺与破坏。这便是敦煌文物展览的主要意义。"郑振铎的讲话，受到在场专家们的热烈鼓掌。

郑振铎先生学贯中外古今，著作等身。我在去法国之前，由当时在杭州的作家王以仁介绍，1924年第一次在杭州梅花碑旧书店看到他。

他手里拎着一个大包袱，包着他从旧书店里收购来的明、清善本书。他笑着问我："你喜欢《小说月报》吗？"王以仁先生说："他就是西谛先生，商务印书馆出版的《小说月报》的主编。"我说："我喜欢读《小说月报》的小说。""那很好。"郑振铎先生说，"我以后给你寄几本。"不久，果然收到他寄来的好几本《小说月报》《妇女杂志》和《东方杂志》等，从此引起我对文学的爱好。所以当1948年6月，我在上海办"敦煌艺术展览"时，他特地到大新公司展览会场来找我。他说："这次敦煌艺术展览在上海影响很大、很好。"他很想把全部展品印刷出版，为此，邀我到他家里去吃饭，研究如何有计划地把敦煌壁画印刷出版。他还亲自签名送给我四本他编辑的《域外壁画集》，该画集是用珂罗版精印的。临行时，他问我的行止。我说："这几天教育部派专人来沪催我带着全部展品到台湾展出，我已断然拒绝，处理一下展品的安排后，就返回敦煌。"握手道别时，郑先生信心百倍地说："我们后会有期！"

我在这里之所以要倒叙难忘的过去这一段"后会有期"珍重道别的插曲，是因为在新中国成立前，郑振铎先生就不仅是一个专家学者，而且是一位真正爱护祖国民族文化遗产的战士，是一位一贯如一地热爱祖国文化艺术、热爱祖国的赤子。他在新中国成立前就完成了《敦煌俗文学》的写作。在我的成长和敦煌工作中，他一直给予关心、支持和鼓舞。他既是师长，后来又是领导，但不管如何，他对我总是坦诚和信任的。新中国成立初期，当我在敦煌受到所里那些干部威胁并扬言要对我清算斗争、扫地出门的时候，他来信要我坚守岗位。所以，当我在北京再次见到他时，心里是多么感激和兴奋啊！

接待周总理参观展览

"敦煌文物展览"的展出会场设在故宫午门楼上。4月7日是星期天,这天上午,布展的同志们都休息去了,展览会场只有我一个人在校对整理展品,忽然接到中南海打来的电话,说今天下午有一位首长要来展览会场参观。我说今天是星期日,同志们都不在会场。打电话的同志问:"你是谁?"我说:"我是常书鸿。"那人回答说:"只要你来接待就可以了。请你在下午3时准备接待,不要外出。"我向历史博物馆延安时期的老干部张秘书汇报了上述情况,并请他下午3时一同接待。这天下午2时,我和张秘书早早来到午门楼上,望着端门的进口处,当时天正下着蒙蒙细雨。两点半时,我看到一辆小轿车从端门朝着午门开过来,最后停在午门城楼下。警卫员先从车中走出来,并把他带着的一件淡蓝色雨衣,披在下车的首长身上。我和张秘书同时走到前楼台阶上迎接。我们发现健步走上台阶的正是我们敬爱的周总理。他看到我们没有拿伞,站在细雨中等候他的到来,就马上把披在肩上的雨衣脱下来交给警卫员。我们见到总理,张秘书先为我做了介绍,总理马上紧紧地握住我的手，热情地看着我说："早已知道你了！记得还是在1945年，我在重庆七星岩也曾看到你们办的敦煌摹本展览会。已五六年了。但那次只有一二十件展品，现在规模大得多了！"我说："我也知道早在五六年前，总理就对我们的工作给以支持和鼓励，正因为您的鼓励和支持，我们才得以继续工作。"这时总理满意地望着午门楼上大厅里张挂着的数以百计的摹本和展品及经卷文物等。它们引起了总理的关切和兴趣。

展品分三大陈列室陈列：

第一陈列室：序厅及敦煌文物参考资料

1. 总说明。

2. 敦煌文物参考资料。

（1）本所于1945年在中寺土地庙发现的北魏写经68卷；

（2）唐代白描绢画菩萨像3幅；

（3）辽阳汉墓壁画残片（摹本）；

（4）敦煌壁画残片（实物）；

彩塑模本等。

第二陈列室：

1. 莫高窟地理环境与历史背景；

2. 莫高窟历代之代表作壁画摹本；

（1）北魏、西魏时代壁画摹本共256幅；

（2）隋代壁画摹本共177幅；

（3）唐代（分初、盛、中、晚）、五代、宋、西夏、元各时期代表作壁画摹本等共计3655幅。

第三陈列室：历年帝国主义者劫夺敦煌文物罪证。

第一室中有一幅横批白底红字的大标语：标语前面写了"代序"2字，接着写了毛主席《在延安文艺座谈会上的讲话》片段："我们必须继承一切优秀的文学艺术遗产，批判地吸收其中一切有益的东西，作为我们从此时此地的人民生活中的文学艺术原料创造作品时候的借鉴。"总理在这个大标语前站着，仔细地看后说："毛主席在延安文艺座谈会上讲的这段话，今天看来仍然非常重要。全国广大的文艺工作者对于如何从人民生活中吸取养料，批判地对待古代民族的历史文物，从古代封建社会和现在资本主义的各式各样的创作中，批判地吸收其中对革命有益的因素，作为我们加工成为观念形态上的文学艺术作品是非常重要的。但是今天我们还有一个与帝国主义斗争（指抗美援朝）的任务。我们敦煌灿烂的文物，半个多世纪以来，在昏庸的清王朝和国民党反动派放任不管的情况下，受到了帝国主义者的掠夺和破坏！这个展览会起到了配合抗美援朝进行爱国主义教育运动的作用。我们自1945年在重庆见到你们初步的临摹工作时，就鼓励你们要在困难中坚持工作。直到今天看到你们如此丰富的业绩，我是非常高兴的！"我当时亲聆总理的赞誉和教诲，感激得不知说什么好，只是说了句："我们虽然做了一些工作，但离党和人民对我们的要求，还是很不够的！"总理爽朗地说："不！绝不是这样！你们长期在敦煌艰苦的环境中，做了不少工作。"接着总理又说："看了你们这许多临摹作品，想敦煌艺术的发展，一定会有一个全盛时期，我想请你讲一讲为什么会这样发展呢？"我说："我过去在法国是学习希腊罗马时期的西洋美术史的，对于祖国的艺术毫无所知，这几年虽然在敦煌用心研究，但我学习得很不够，只能简单地说说。敦煌艺术，是汉魏以来佛教自印度传入后，中国民族造型艺术突飞猛进发展的结果。在此以前，中国古代艺术，主要通过墓葬壁画、明器、俑人以及祭祀时用的器皿等反映出来。自汉武帝派张骞出使西域后，随着佛教的传入，佛教艺术也相应地由天竺通过丝绸之路传入中国。这使文学艺术原来为封建统治阶级歌功颂德、举贤戒愚的主题内容，改变为宣传佛陀一生及佛陀在成佛之前的芸芸众生的宗教内容。通过宣传要人们相信，只要善男信女一心念佛，人人都有进入西方极乐世界的希望。大乘佛教与早期印度教不同之处，在于它不分贫富贵贱，简单的念佛修行就可以得到解脱，所以佛教就越来越符合广大民众的希望和幻想，成为世界宗教之一。宣传这种来自印度难明难解的异国佛教教义，需要用艺术的手段来加以烘染和解释。这就是地处丝绸之路要隘的敦煌佛教艺术经过千年的不断产生和发展，才能够留传给我们如此丰富而且灿烂的佛教艺术遗产的主要原因。"总理一直在注意听我讲，有时对着展出的摹本不断地点头。他对 428 窟北魏飞天的摹本感到笔触、用色非常有力、浑厚。他说："我看这和云冈、龙门石窟雕刻一样，其气势之雄伟，造型之生动，使我们体味到中国艺术的'气韵生动'。从敦煌壁画摹本看来，表现得更加突出。"总理停了一刻继续说："当然，雕刻在石头上展现的是刀斧之功，这里在壁画上却是笔墨之力，南齐谢赫的'画有六法'是当时评选中国画创作的标准。想不到在敦煌壁画中得到了印证！"总理对敦煌艺术的高论，使我十分钦佩，欢喜赞叹，真是胜读十年书。总理又回过来看北魏 428 窟董希文临摹的《降魔变》。他对这张画很感兴趣，在仔细地欣赏魔兵外道的服装和魔女变丑妇的描写时说："这些笔触，颇有龙门十二品、魏碑上龙飞凤舞的气魄。"他说："有些神鬼的造型，使我想到——可能你也记得，巴黎圣母院檐上装饰着的怪兽的造型。"总理敏锐地感觉到了敦煌北魏艺术与欧洲艺术之间的有机联系。巴黎圣母院是早期哥特式建筑的代表。哥特式艺术是希腊罗马艺术与少数民族哥特人的文化艺术相结合的产物。敦煌北魏时期艺术，实际上也是汉族文化与西北少数民族鲜卑拓跋族文化相结合而形成的。我向总理表达自己不成熟的看法时说，这是否可以说是中国文艺复兴的一个征兆呢？魏晋时期的其他艺术也是这样，如书法艺术，从殷墟甲骨文经商周、秦汉至魏晋形成一个新的发展高潮，晋代的王羲之、陶渊明、顾恺之等在书法、绘画等方面独领风骚时，也正是敦煌石窟艺术开始确立之时。敦煌石窟除壁画外，还有大量写经、绢画、刺绣等珍宝。敦煌艺术，实际上是中国古代艺术的一个缩影，也是古代文化的一个光辉结晶。我将敦煌的千年发展称为"敦煌世纪"，"敦煌世纪"也就是中国的文艺复兴的世纪。我大胆地向周总理说出了自己上述不成熟的看法。总理笑着对我说："那也是一家之言吧。这一问题，我们必须要和研究敦煌学的同志们共同探讨。因为这是关系到民族文化历史的一个严肃的学术问题，要大家根据研究成果，提出自己的看法，进行学术讨论。这是非常重要的，因为人家盗窃了敦煌的文化艺术宝藏，一到他们国度里就进行'敦煌学'的研究，而我们反而默默无所作为，那我们还算是一个中国人吗？"

总理亲切的教导，依然像昨天刚讲过的那样留在我的记忆中。忆及1951年4月7日下午4时许，总理慈祥的笑貌和手拿总理的雨衣在旁的警卫，仿佛是昨天的事一样。但时间迅速流逝，已经是30多年前的事了！这些我时刻记在心上，深感自己垂暮之年，尤其是总理逝世后，我一直想把总理对我们的期望逐步变成现实，但是却不容易做到。十年动乱中，敦煌文物被列为宣传迷信的毒草。江青明目张胆地说，敦煌艺术没有什么可继承的东西。我在总理逝世后曾小心谨慎地写了一篇悼念总理的文章，还被人指着鼻子说："有人利用总理逝世的机会写文章，名为悼念，实际上想借此机会抬高自己。"今天我敢于在这里大笔直书，是因为，第一，人民法庭对"四人帮"的判决已经在执行；第二，我在一个偶然的机会，遇见了当年陪周总理参观敦煌文物展览的警卫员。那是在 1979 年阿克赛哈萨克族自治县举行县庆的日子里。那天晚会我和李承仙在招待所没有去参加，这时住在我们隔壁的酒泉军分区王山辉司令员到我们房间来看我们。他说："你们大概不认识我了。今天我有意不去参加晚会，想与你叙叙旧。"他说他是 28 年前陪周总理看敦煌文物展览的警卫员。我高兴极了，想不到站在我面前的这位五十来岁的军区司令员就是当年 20 岁左右的精干的小伙子。我们在阿克赛庆祝大会主席台上同坐一起，但我没认出来，而他也有意专门找一个只有我们二人的时间好好畅谈，所以他主动地和我讲起了当年我和总理两个多小时谈话的情景。他说，总理曾把我们的谈话记在他的小笔记本上。总理说："由我们中国人自己来钻研敦煌学，这一点是非常重要的。"在西方，"敦煌学"是由法国、英国、德国、瑞典、日本等国的人发起的。在获知敦煌石窟藏经后，以法国汉学家伯希和，英国的斯坦因，日本的羽田亨，俄罗斯的柯兹洛夫、奥勃鲁切夫等，自 20 世纪初（1907 年开始）都争先恐后来敦煌掠夺，把敦煌文书卷轴等据为己有，并集合上述国家的汉学家从事敦煌文物的研究，成立一种专门学科名为"敦煌学"（Tunhuangology）。现在老一辈的人都已故去了，各国"敦煌学"研究者已是第三四代，而我们则以过去的罗振玉、王国维、刘半农、王重民、贺昌群、向达、冯承钧诸先生作为第一代，后来专门从事敦煌学的研究者很少，新中国成立后，也有些从事敦煌研究的人，他们都是专一的研究中外交通史或敦煌佛教艺术的，连微观都谈不到。现在我们应该急起直追，要用宏观大局，去展开敦煌学的研究，才能适应四个现代化的要求。

总理在看到257窟《九色鹿本生》画以及428窟北魏《舍身饲虎》那一条用之字形连环发展的长幅故事画时，惊异地对我指出：这不是我们古代的连环故事画吗？这样卷轴式横幅展开的连环画创作方式，为什么不为被我们今天称为"小人书"的儿童读物所采用呢？为什么在这方面不"古为今用，推陈出新"呢？面对如此宝贵的民族艺术遗产，你们应该当仁不让地振臂一呼，使敦煌石窟艺术宝藏在我们这一代获得新生。面对总理对我们的鞭策和期望，我当时表示一定要把总理的指示在工作中贯彻下去。总理好像发觉了什么似的，望着我继续说："当然，工作是一步一步来的，你们多年来在沙漠艰苦地区工作和生活，主要的任务就是保护敦煌文物，介绍宣扬敦煌文物，尤其是开凿在长达1公里崖壁上的四五百个布满了千百年前古代艺术家创作的雕塑和壁画的石窟，其保护工作是繁重的。从今天我看到的几百幅壁画摹本已可看出，你们做了非常宝贵的贡献！古为今用，推陈出新的工作也是需要我们大家来做的……"接着，我给总理继续介绍隋、唐盛世的大幅壁画。这段时期，标志着南北朝中国佛教艺术发展的黄金时代。

隋代享祚的时间虽短暂，但敦煌地处丝绸之路中外交通要道，在中亚、南亚频繁的交往中，在民族艺术传统的基础上，传来了除印度之外，希腊、罗马拜占庭及伊朗的艺术因素，在题材内容和表现形式上有了很大的发展，形成了中国封建时期隋唐美术发展的高峰。由于大乘佛教教义提出人们在痛苦和解脱面前完全平等的思想，隋唐壁画题材已由"净土变"大幅描写西方极乐世界的主题，代替了北魏时期比较盛行的题材。在敦煌隋唐壁画中，可以看到展子虔《游春图》描绘的房屋、台阁、宫观、山水、树石，胜似隋代精工细绘的壁画，还可以看到唐代贞观十六年（642）的维摩变壁画的《帝王听法图》，它使我们想到阎立本精心刻画历代帝王的绘画气魄，从此可以证明隋唐时代中原画风的西去。总理对于敦煌隋唐金碧辉煌的壁画十分欣赏。他说通过你们的摹本，使我认识到：中国唐代壁画与佛教内容相结合之后，绘画题材广泛了。唐代绘画名作《凌烟阁功臣二十四人图》《历代帝王图》，还有《外国图》的绘画风格已经反映在唐代敦煌的壁画中，如东壁的《维摩诘变》，北侧画的汉代帝王和侍臣，南侧画的维摩身后的外国王子，与画史上记载的阎立本的《历代帝王图》《外国图》都相符合，也反映了唐帝国当时国势强盛，外国人来朝盛世的情景。

　　既吸收了域外的因素，又发挥了民族传统的敦煌唐代艺术，应给以很高的评价。我在一些飞天的摹本上强调了吴道子的"吴带当风"的飞天特色，也是根据这种吴带的出色描写，唐代及以后的"飞天"无不临风起舞，婀娜多姿，这表现了南齐谢赫所强调的气韵生动的特色。另一方面，我又向总理指出：与吴道子差不多同时专作佛画的画家曹不兴，他是以描写犍陀罗塑像的衣褶闻名的画家。那种僧人穿着紧贴在身上的袈裟的描法，被称为铁线描。因此，当时评论家以"曹衣出水"称赞曹不兴，而以宽松的衣褶为"吴带当风"盛赞吴道子。这说明了唐代很多著名画家都以佛画出名，也说明当时佛教艺术在朝野的风行。敦煌壁画中出现大幅"西方净土变相"等构图，也是在这个时期发生和发展起来的。壁画中的所谓变相，是根据佛教经典，把其中所叙述的信仰中心或是依据佛传或本生故事等的局部画出来。但经典内容讲教义的多抽象难懂，画家挑选其故事发生的地方或其他容易图绘的部分表达出来。如《西方极乐世界》被描绘得像天上宫殿那样富丽堂皇，佛和菩萨、飞天、伎乐、七宝八珍等有声有色，无不包罗在内；又譬如说把某一尊佛以及他的侍从和他们在净土区域内的种种活动，用一幅完整的构图表现出来。这样就使敦煌艺术成为丰富多彩的佛教艺术的宝库。总理对敦煌艺术予以高度的评价，他说这是中国古代社会创造的文化，在敦煌四百多个洞子中还有更了不起的东西，对于这些古代文化，我们必须像对待生命一样地把它们很好地保存下去。正如毛主席所说的，保存下去是为了批判地吸收它们民主性的精华，作为我们从此时此地的人民生活中的文学艺术加工成为观念形态上的文学艺术作品时的借鉴。另一方面，通过这次敦煌文物在北京的展览，要全国人民知道我国古代劳动人民的伟大创造，歌颂伟大的人民、伟大的祖国。

最后，总理跨入了第三陈列室——"帝国主义者劫夺敦煌一带文物罪证"。这里除一张19世纪帝国主义劫夺我国珍贵文化遗产的表格外，还陈列了被盗窃去的新疆和敦煌一带的壁画、绢画的照片百余件，还有重要的文书照片等。总理说："这很好，这些铁一般的证据，雄辩地说明了帝国主义者近百年来用各种方法，巧取豪夺我们祖先遗留下来的珍贵文物，破坏我国的文化。为了保卫祖国，为了保卫祖国伟大的文化遗产，我们必须同仇敌忾，举国动员起来进行抗美援朝斗争。这个展览会必将起到激发我们爱祖国、爱祖国灿烂文化的作用。因此，你们多年来在沙漠中艰苦的工作，今天已在一定程度上起到了团结人民、教育人民、打击敌人的作用！"总理临别前还亲切地问我们工作上有什么困难，并鼓励我们要再接再厉，要一辈子在沙漠中把敦煌文物的保护和研究工作干到底。我当时以激动的心情，向敬爱的周总理作了坚决的保证。

【附】

周总理关怀敦煌文物工作

我们敬爱的周恩来总理逝世一周年了。回忆周总理对敦煌文物工作的亲切关怀和谆谆教导，我们格外怀念周总理。

敬爱的周总理对于敦煌文物工作的关怀、鼓励和指导，使我们永世难忘。在周总理的亲切关怀下，1972年至1973年，中国出土文物展览在北京公开展出，国际友人大为赞赏，纷纷要求能将这批"文化大革命"后的出土文物拿到他们的国都去公开展出。后来，这些文物远涉重洋到许多国家展出，增进了我国人民与各国人民的友谊，被誉为"文物外交"。当时，我正在北京，有关部门的领导同志，经常向我们传达敬爱的周总理在日理万机之余，往往在午夜或次日凌晨，对文物工作的谆谆教导和详细指示，这使全国各地来首都的文物工作者深为感动。就在敬爱的周总理这些指示的感召下，有人动员我写一篇被周总理所推崇为古今中外独一无二的武威出土的"东汉铜奔马"的文章。总理指示，文章可以用现存古今中外有名的"马"的造型艺术来做比较,但不应有丝毫大国沙文主义的夸张语气。在同志们的鼓励下,我曾担任了这一工作,勉强完成了这一艰巨任务。后来文章在《光明日报》发表后,自己殷切地等待着读者的批评意见。但是,不久就听说我的这篇拙文得到了总理的认可,并要有关部门的同志看一看。敬爱的周总理总是这样鼓励和鞭策我们,哪怕是极其微小的成绩。

正当我决心以有生的晚年为敦煌文物工作贡献一切的时候,像晴天霹雳一样,传来了敬爱的周总理逝世的噩耗。在举国悲痛的时刻,我不能不从我们在敦煌石窟30余年的工作历程中,缅怀总理对我们的帮助教育和鞭策鼓舞。

早在1943年,为了保护闻名中外的敦煌石窟艺术,我曾冒险犯难地来到敦煌,负责筹备敦煌艺术研究所。在缺少经费和人力的情况下,工作很难开展。经过一年筹备,该所于1944年正式成立,那时只有六七个人员,经费很少。1945年,为了催取经费,我们特地把几年来临摹的10余幅壁画摹本也带到重庆展出。教育部不但不给经费,而且突如其来地宣布撤销国立敦煌艺术研究所。没奈何,我们只有向社会呼吁,把10余幅在敦煌临摹的壁画摹本在重庆七星岗中苏友好协会展出。谁知,在当时反动统治下乌烟瘴气的重庆,竟毫无反应。正在我们悔伤万分的时候,忽然有一天,在门可罗雀的展览会场上,却意外地得到周总理、董必武副主席、郭沫若等同志亲临这个小小的展览会场参观。总理对我们在艰苦卓绝的境遇中从事保护石窟艺术的工作表示热情的支持和赞扬,要我们不屈服,坚持斗争,使戈壁滩上这个重要的敦煌石窟宝藏的保护工作顽强地坚持下去。

新中国成立后不久,我们在1950年就接到中央人民政府的通知,要我们把所有敦煌壁画的摹本和有关石窟出土文物拿到北京,为首都人民筹备展出敦煌文物。记得那是1951年4月的一个星期天的下午，工作的同志们正在休息，我在天安门后面午门楼上筹备、布置敦煌文物展览会，忽然接到中南海一个电话，说有一位首长将来会场参观，要我准备接待，不要外出。当时天还在下雨，看到从天安门开来一辆小轿车停在午门楼下，一位首长，只有一位同志陪同，冒着细雨雄健有力地一口气走到午门楼上展览会场。原来这位首长就是我们敬爱的周总理。这是我解放后第一次看到总理慈祥微笑的面容，握到总理紧紧有力的手。他那样轻车简从，平易近人的态度，使我毫无顾虑地敢于谈起话来。当时在午门城楼上宽阔的大厅里，只有总理和随行的一位同志以及我3个人。总理从重庆看到我们敦煌壁画的摹本开始，问到我们在敦煌解放前后的工作和生活情况，又阐明了中央人民政府这次配合抗美援朝爱国主义教育运动在首都展出敦煌文物的决定。我除向总理汇报了我们敦煌解放前后的工作情况外，把这次筹备敦煌文物展览的经过和展出内容的概况也一并向总理作了汇报和请示。总理仔细地听我的汇报，并提出了一些有关敦煌石窟艺术的特点，要我陪同参观。总理沿着敦煌文物展览布置的路线边走边看，要我把展品的内容一一加以说明。他不时提出宝贵的指示，纠正我们陈列、布置、说明等方面一些不适当和错误的地方。总理高兴地说，通过看你们精心摹制的临本，我如同到敦煌石窟中去了一样，大开眼界。你们多年来在沙漠中艰苦劳动是值得称道的。总理还说，这是劳动人民创造出来的灿烂的古代文化，我们必须很好地保存。保存是为了批判地吸收它的精华，古为今用。另一方面，通过敦煌文物展览，要全国人民知道劳动人民的伟大创造和祖国的伟大艺术传统。

当总理走进第三陈列室"帝国主义者劫夺敦煌一带文物罪证"的时候，总理亲切地对我说，这很好。这些铁一般的证据，雄辩地说明了帝国主义者如何用各式各样巧取豪夺的方法来盗窃和破坏我们的文化遗产。为了保卫祖国，为了保卫祖国的伟大文化遗产，我们必须同仇敌忾，加强抗美援朝的决心和力量。当举国正在动员抗美援朝的时刻，这个敦煌文物展览将会起到爱国主义教育的作用。总理两个多小时的亲切教导，使我开始懂得毛主席指示的文艺为工农兵服务，为无产阶级政治服务的意义。最后，总理还热情鼓励我们在沙漠中做一辈子敦煌文物宝库的保护和研究工作。

"是的，我一定要按照总理的指示，决心做一辈子敦煌文物的保护和研究工作。"我在握别总理时，以激动的心情，向敬爱的总理作了坚决的保证。

1964年，当我正在参加第三届全国人民代表大会期间，正当总理在作政府工作报告中间休息的时候，大会秘书处派人来要我和华罗庚、张瑞芳3位同志去见总理。敬爱的总理在百忙中，连休会也不稍休息，使我得有机会又一次亲耳聆听总理的谆谆教导。总理紧紧握着我的手，问敦煌的情况，问是否有什么需要帮助解决的问题。总理还说，敦煌工作不是一辈子所能做完的，必须子子孙孙都在那里继续努力工作，才能完成。我回答总理说："请总理放心，我一定把您的指示带给敦煌全体工作同志，一定要把敦煌文物工作当作祖祖辈辈一代接一代的事业干下去！"

从1963年开始，政府还拨发巨款，对敦煌石窟实施了全面维修加固工程。这一工程进行了4年，一直到"文化大革命"中才完成。完工之后，我把在石窟维修加固工程完毕后所摄的一整套照片寄给了总理，向他汇报，并表示希望总理有机会来敦煌指导工作。

1972年我去北京参观出土文物，总理知道我在北京健康不太好的情况后，就让有关部门安排我在北京医疗，并且带话要我恢复健康后再返回工作岗位，就这样我留住北京直到1973年2月。后来得知总理在陪同法国总统蓬皮杜参观云冈石窟时还问到我在哪里，王冶秋同志告诉总理说我已回敦煌，总理才放了心。总理日理万机，对待像我这样一个做一般工作的人，竟是如此关怀备至，令人感戴不止。

真没想到，在我还在继续做敦煌文物工作，而我们的工作离总理的要求和党的希望还很远的时候，竟传来了总理逝世的噩耗，我再也不能见到敬爱的总理，再也不能向他老人家汇报了……我几次流泪写了上面的回忆。我一定要化悲痛为力量，学习总理的伟大革命精神，继续工作，鞠躬尽瘁。

(原载《甘肃日报》1977年1月7日)

人民的表彰

周总理参观后,"敦煌文物展览"于4月10日举行预展,接待中央人民政府有关首长及文化艺术、文物、科学各界人士200余人参观。4月13日正式公开展出。郑振铎局长亲自主持开幕式,而且把荣宝斋赶印出来的、由郑振铎撰写序文的《敦煌壁画选辑》分赠给参加开幕式的来宾们。郑振铎局长和我以及筹备展览的同志都到会场作说明接待。中央人民政府政务院副总理兼文化教育委员会主任、中国科学院院长郭沫若同志曾亲临会场指导,并挥毫书写了"这样规模的研究业绩值得钦佩,不仅在美术史上是一大贡献,在爱国主义教育上贡献更大"的题字。胡愈之同志也题了字:"我从这里认识了我们祖国的伟大,也认识了我们文艺工作者的伟大。"这次展出的敦煌文物、文献及壁画摹本等共计1 220件,这是新中国成立以来规模最大的一次文物展览会。

此次展出的六朝写经是1944年8月间密藏在敦煌莫高窟中寺(即皇庆寺)后面土地庙神像腹中的,共计68件(其中第68件系8件残品),其中精品16卷:

展品编号35：大慈如来告 （北魏兴安三年五月十日）

展品编号36：佛说灌顶章问拔除过罪生死得度经（北魏太和十一年五月十五日）

展品编号37：孝经 （北魏和平二年十一月六日）

展品编号38：诗经 （六朝）

展品编号39：自在王菩萨经 （六朝）

展品编号40：金光明经 （六朝）

展品编号41：佛经偈语 （六朝）

展品编号42：涅槃经 （六朝）

展品编号43：佛经 （六朝）

展品编号44：摩诃般若波罗蜜远离品 （六朝）

展品编号45：涅槃经 （六朝）

展品编号46：普门道品 （六朝）

展品编号47：幢将表 （六朝）

展品编号48：帐 （六朝）

展品编号49：帐 （六朝）

展品编号50：中论经 （六朝）

（以上编号系根据1951年中华人民共和国中央人民政府文化部文物局出版《文物参考资料》第2卷第4期附录——敦煌文物展览目录。）

发现这批非常重要的六朝写经也是偶然的。在1944年建所初期，一切都因陋就简，对付着过。为了解决从莫高窟到敦煌县城的交通问题，凭着我们的关系，当时的敦煌县县长陈西谷热情帮助，将法院处理走私鸦片案收缴的一匹红棕马送给我们，连同原来买的两头驴子，一头拉车的黄牛，所里共计有4头牲口。饲养这些牲口需要草料和储存草料的房屋。我们选择了位于中寺后面的小土地庙。在土地庙里有清朝末年制作的3尊泥塑。因为这些泥塑制作技巧也不太好，价值不太大，我们就决定把这3尊像移到河对面塔中去。

老工人窦占彪负责3尊塑像的搬迁工作。1944年8月30日这天，他突然急匆匆地跑来向我报告，说在搬迁这3尊泥塑时发现这些泥塑的中心支柱在基座下埋得很深，因为没有别的办法移动，只好拆开塑像，拆开后发现泥塑中心支柱是桃木的。敦煌塑像的一般制作方法是先在中心立一根木头，在木头上端再绑上一根短木头，呈十字形，周围用芦苇和麦草严实地包起来，再在上面用麦秸和泥做大致的形状，然后用绵和泥来完成细部和表面，最后才着色。敦煌的古代居民，大都迷信神灵，他们相信使用桃木可以避邪驱鬼害，因此选择了桃木作泥塑的中心支柱。令搬迁工人奇怪的是，包木头的材料不是麦草也不是芦苇，而是写经残片。所以，他就立即来向所长报告。我立即到现场查看，的确很奇怪，包裹在中心支柱桃木上的确实是写经，仅仅包扎着写经，也没有用泥和水，所以保存得很好，纸质又细又薄，墨色焦黑，书法严正，遒劲有力。敦煌六朝写经真迹的发现，的确是空前惊人的发现。为了鉴定检查以昭郑重，我特地邀请正在敦煌佛爷庙发掘晋墓的中央研究院考古专家夏鼐、向达、阎文儒等参加我们的工作。当时所中全体职工董希文、李浴、陈延儒、张琳英、苏莹辉、邵芳、陈芝秀、辛普德、刘荣曾等也共同参加了验收工作。这次发现敦煌北朝写经的专文报道刊登在民国34年（1945）4月20日兰州出版的《西北日报·西北文化》"敦煌艺术特辑"第 1 期上。

　　这次发现是继 1900 年震撼世界的敦煌石窟藏经洞之后的又一次意外的重大发现。写经虽然数量不多，而且残损，但全系北朝写经，它的意义却是很大的。据现已去世的当时 70 多岁的敦煌莫高窟上寺（即雷音寺）住持老喇嘛易昌恕回忆：土地庙和上寺——雷音寺同时建于清代道光十一年（1831）间。上寺门口还有"清道光十一年建雷音寺"的匾额。土地庙神像是道光年间建土地庙时塑造的，比 1900 年发现的敦煌藏经洞早 69 年。这就可以断定，这批新发现的北朝写经绝不是第 17 窟藏经洞里的东西。那么，这些写经是哪里来的呢？这就给我们提出了一个很有意义的问题，有待今后工作中继续探讨。

　　这次展出引起了在首都的中外参观者的极大热情和关注，外交部还特定了一天专门用来接待各国驻华使节和国际友人。一位瑞典公使兴奋地说："我国有一个敦煌学专家叫高本汉。他毕生研究敦煌学中的文书写经，在文字书法上做文章，但从来没有讲到有关敦煌壁画艺术的成就。可惜他已去世了，否则我一定要请他看看在敦煌学的宝藏中，还有许多珍贵的佛教艺术遗产。"首都人流如潮的参观群众，第一次看到了千余年前祖国劳动人民在敦煌所创造的敦煌艺术和文物等宝贵的文化遗产，同时也看到了帝国主义劫夺祖国文物的可耻行为。热情的工农兵和知识分子在留言簿上纷纷表示了自己对祖国文物的爱护与对帝国主义者的无比愤怒。我没有想到七八年来我们在沙漠上艰苦的工作，今天在革命的建设事业中和抗美援朝的爱国主义教育中，起着如此积极的推动和鼓舞作用。

　　这次展出获得很大的成功和反响，全国多家报纸、杂志都纷纷撰文介绍敦煌文物艺术，并对我们的工作表示赞扬。《人民日报》除出《敦煌文物展览》一整版图画和文字的专刊外，还由柏生同志——《人民日报》记者，撰写了一篇题为《艰苦工作八年的敦煌文物研究所工作人员》的专文报道。在展览会结束前，中央人民政府于6月6日再一次隆重给予我们全体工作同志以奖金和奖状。

颁奖大会是在中国科学院礼堂举行的，会后还举行了宴会。科学界和文艺界人士郭沫若、沈雁冰、阳翰笙、李四光、吴有训、王冶秋、陈梦家、阴法鲁、王重民、张衡、董希文等参加了颁奖典礼（郑振铎因出差在外未能出席）。由我代表敦煌文物研究所接受奖状和奖金。郭老将奖状发给我时还讲了鼓励我们的话，要我带领全所工作人员在党的领导下，再接再厉，为敦煌文物的保护和研究工作做出更大更好的成绩来！

当时新华通讯社的报道说："政务院文化教育委员会敦煌文物研究所全体工作人员，8年来在极其艰苦困难的条件下，从事敦煌莫高窟壁画的摹绘和研究工作，成绩很大，对我国自北魏、隋唐以来千余年间劳动人民辉煌灿烂的文化遗产，尽了宣扬和保护之功，特呈请政务院批准，发给该所全体工作人员奖状及奖金，以示鼓励。"

郭沫若副总理亲笔书写的奖状："敦煌文物研究所全体工作人员在所长常书鸿领导下长期埋头工作，保护并摹绘了一千五百多年来前代劳动人民辉煌的艺术伟制，使广大人民得到欣赏研究的机会。这种爱国主义的精神是值得表扬的。特颁奖状，以资鼓励。"这张奖状不是一般印制的奖状，而是特制的、长4尺宽2尺、边上画着富丽堂皇的敦煌唐代图案，并盖有中华人民共和国政务院文化教育委员会的朱红大印，十分庄严。当我代表全所工作人员从郭沫若手中接过奖状时，幸福、激动的泪水夺眶而出,思潮翻滚,百感交集。

奖状不幸在 1968 年一次对我的批斗会上被画了两个大叉叉。1978 年,在北京第一次全国文联扩大会议上,根据群众的意见,才由苏州工艺美术厂同志用泰山石精心刻制了一块碑石,现存敦煌文物研究所陈列馆内。

获奖的当天晚上,我伏案疾书,把这一喜讯向全所工作人员汇报。记得我最后一段是这样写的:"今天的问题是,为了不辜负党和人民政府给我们的鼓励和鞭策,我们应该再接再厉,以忘我的热情和劳动,更进一步对敦煌文物加强保护和研究,用马列主义、毛泽东思想为武器,对敦煌文物进行批判地研究和分析,推陈出新,古为今用,作为我们从此时此地的人民生活中的文学艺术加工成为观念形态上的文学艺术作品时的借鉴。"

当晚,我回忆着新中国成立以来的一幕幕令人振奋的情景,想到党和人民对敦煌事业的巨大支持、关怀、鼓励和鞭策,激情满怀,辗转难寐,半个世纪以来令人痛心凄怆的往事又一幕幕地展现在眼前。人们都知道,1900 年 5 月 26 日,敦煌石窟藏经洞的发现,是 20 世纪初期我国文物考古方面震撼世界的伟大发现。它使我国中、古时代自 4 世纪到 14 世纪千余年间政治、经济、军事、天文、地理、历史、文学、艺术、民族关系、宗教信仰等方面的情况,以活生生的逼真的艺术造型和文字手卷公之于世。但是,由于清王朝的腐败和孱弱,以及地方官吏的昏庸和无知,自 1907 年以来,听任斯坦因、伯希和、柯兹洛夫、勒柯克、格伦威德尔和橘瑞超等帝国主义分子纷纷窜来敦煌千佛洞,采用种种利诱、诓骗、恐吓、威胁等软硬兼施的卑鄙手段,先后盗走数以万计的经卷、文书、刻本、佛画、丝织物等等珍贵文物。他们把所窃赃物据为己有，并作为"善本""珍品"封闭在伦敦、巴黎、列宁格勒等地的博物馆或图书馆中，甚至不让中国人过目、抄写、拍照。

可喜的是，这样的日子已经一去不复返了。现在，在国内的敦煌石窟艺术文物已全部回到人民手中，成为全体人民的财富。而这个艺术主体如今在人民手中得到珍视爱护，再也不会受到任何人的破坏了。今后，我们要永远做敦煌艺术宝库的忠实守卫者，让伟大的敦煌艺术世代相传，千古流芳。

第七章 · 保护与研究

出访印度和缅甸

1951年秋，为了促进中印、中缅两国之间人民的友谊和文化交流，应印度和缅甸两国政府的邀请，我国派出了一个文化代表团访问印度、缅甸。代表团由30多位从事科学、文化事业的专家组成，丁西林、李一氓任正、副团长，刘白羽为秘书长，团员有郑振铎、陈翰生、狄超白、季羡林、冯友兰、钱伟长、张骏祥、周小燕、吴作人等，我也为团员之一。这是新中国成立后第一次大规模的出访代表团。为了保证这次与邻邦之间的文化联系与友好交往的访问成功，代表团全体成员在北京集中学习了两个月，研究并进行必要的准备工作。在此期间，敬爱的周恩来总理曾多次召集我们去中南海他的办公室亲切指导，对每个代表团成员出国时应负的责任做了详细的指示。有一天，他笑着对我说："你这次带了敦煌艺术去印、缅访问，既要'献宝'，也要'取经'，要正确宣传我们解放后的信仰自由的政策。看来任务不会比唐代高僧玄奘西游轻松多少呀！"总理亲切的教导给了我宝贵的启发和鞭策，也给了我信心和力量。这次学习和准备期间，我们还对中印、中缅两国之间文化艺术悠久的历史渊源及密切的交流关系有了新的认识。过去由于各种因素、条件的限制，我们对敦煌文物涉及的美术、宗教、中西交通、民族关系等问题的研究很少下功夫，尤其对来自印度的佛教和佛教美术的演变、发展情况研究得很不够，只凭很少的一些书籍资料获得理性知识，缺乏具体的感性认识。这次受到党和国家的委托，我能亲自去实地考察和学习研究，真是机会难得，一定要像总理教诲的那样，既献"宝"又取"经"。

1951年10月至1952年1月，我们在印度、缅甸进行了为期两个多月的友好访问。我们携带的展品，有介绍新中国面貌的各种图片，有一批珍贵的美术工艺品，有新中国成立以来的电影片和敦煌壁画摹本等。访问期间，我们参观了印度、缅甸数以百计的文化古迹、学校、艺术和科学设备等等，我们还在印度新德里、孟买和缅甸的曼特拉等城市举办了"新中国建设成就展览"，"敦煌艺术展览"配合展出，又举办了各种学术性的座谈会、报告会。根据组织上的安排，我在印度、缅甸都做了介绍敦煌艺术的学术报告，并和印度、缅甸有关人士进行了友好的文化学术交流。印、缅人民对新中国成就和敦煌艺术以及有关学术报告都很欢迎。他们看了"敦煌艺术展览"中的壁画摹本，知道中国还如此完整地保存了千百年前创造的敦煌悠久的佛教艺术，都非常惊讶、敬佩。他们看到我们展出的敦煌莫高窟第61窟宋人画的佛传故事，从《燃灯佛授记》《乘象入胎》《树下诞生》，一直到《临终说法》《涅槃》《争舍利》等32幅完整的佛传壁画摹本，赞美这是世界佛教艺术中未曾有的盖世之宝，珍贵之极。特别是画中人物的服装都改成了中国宋代的民族服饰，并以中国的绘画艺术风格描绘得生动自然、栩栩如生，他们赞叹不绝。在与印度朋友交谈中,印度当时的考古局局长恰克拉伐蒂深有感触地对我说:"你们至今还完好地在敦煌保存着自4世纪到14世纪的四百多个洞窟,完美的壁画、彩色塑像,它们的彩色还是如此鲜明、完整,真是令人羡慕。至于我们,虽然有阿旃陀那样世界闻名的佛教艺术宝库,却只有29个洞窟,保留了一些残破的壁画。就是这些残存的壁画,在英国人统治时期,以保护为名,把大多数的壁画都涂上了凡纳西,逐年变色,至今一部分壁画变成深褐色了。"说到这里,他摊开双手,露出了十分感伤的表情,愤慨地说:"这说明我们印度过去受人摆布,样样都听外国人的话,连自己的国宝都保存不好。"我告诉他说:"我们在国民党统治下的旧中国何尝不是如此呢!我在1942年承担敦煌艺术研究所工作时,国民党教育部高等教育司司长吴俊升,那时刚访问印度回国,他曾亲口指示我要按英国人对印度阿旃陀壁画涂凡纳西的办法,把敦煌的全部壁画也涂上凡纳西。我当时表示:我是一个油画家,我知道油画上涂凡纳西会导致油画变色,在壁画上涂凡纳西这种办法还没有把握,事关重大,最好不要轻率采用。吴俊升听了我的话,脸上露出惊奇、生气的神色,说:'你居然连英国人的技术也怀疑吗?'我没有作声,现在才知道,当时不采用在壁画上涂凡纳西的办法,才使敦煌壁画免遭一场阿旃陀壁画的厄运。看来阿旃陀的厄运是我们今后保护石窟壁画工作中值得警惕的教训。"我最后对印度朋友说:"新中国成立后,政府对敦煌文物十分关心爱护,对我们文物工作十分重视,目前已大力增加经费和人力,对敦煌进行大规模的研究和保护工作。我们一定要把敦煌文物世世代代更好地保护下去。"他们频频点头称赞说:"毛主席真好!新中国真伟大!"

我是一个美术考古工作者，过去曾在欧洲看到过不少希腊、罗马和欧洲文艺复兴时期的雕刻和绘画，但那些陈列在巴黎、伦敦、柏林等处的美术雕刻，都是帝国主义从殖民地掠夺得来的片段；局部片段虽然好，但看不到完整的艺术气魄和完整的节奏。这次我们在印度看到如此丰富的印度民族文化艺术遗产，像桑溪的石栏、阿旃陀巨大的壁画、埃洛拉那样以整座石山雕刻成的巨大殿堂和生动活泼的天神大象，气魄伟大，雕凿精细，是前所未有的人类智慧的杰作。它们给人以不可磨灭的深刻印象，是自古以来人类文明创造的高峰。像印度埃洛拉那样用整块石山来直接设计雕凿的，只有我国的山西大同云冈、河南洛阳龙门以及四川大足（现属重庆）的石刻堪与比拟。它们既是坚强的毅力与高度的智慧雕凿出的观察入微、形态生动的天神仕女，又是互相统一完整而气势磅礴的伟大的整体。敦煌石窟创建于 4 世纪到 14 世纪，阿旃陀创建于 4 世纪到 7 世纪，前者以 1000 年的时间在沙漠中连续不断地修建了数以千计的石窟寺，后者以 500 年的时间修建了 29 个石窟，中印两国人民以自己的毅力和智慧创造了人类伟大的历史文化遗产。它们是中印两国人民的智慧结晶。

我们中国文化代表团经过两个多月的访问，不但增进了中印友谊，而且增加了很多有关印度佛教和佛教艺术的感性资料，丰富了比较研究敦煌艺术的认识。这对我们今后研究我国新疆佛教艺术和中亚文化发展提供了十分有利的条件。在离开印度之前，印度考古局局长还向我了解我国文物保护组织和新中国成立后对文物保护和古为今用的政策，我介绍了我们敦煌研究所的情况。我说，敦煌文物研究所自 1951 年开始，直属于中央文化部文物局，从此我们经常不断地接到来自文化部文物局的有关学习资料。通过学习，我们才真正认识到今后对文化遗产的保管和研究是经常的文化建设的一个重要组成部分，这也是我们人民政府文物政策法令的精神所在。这几年来，通过学习毛主席关于"中国的长期封建社会中，创造了灿烂的古代文化。清理古代文化的发展过程，剔除其封建性的糟粕，吸收其民主性的精华，是发展民族新文化提高民族自信心的必要条件；但是决不能无批判地兼收并蓄"的教导，才知道研究敦煌文物，应该从批判它的封建性的糟粕着手，然后才能吸收其民主性的精华，使古代文物在承前继后、创造新文化的工作中起到积极的建设作用。恰克拉伐蒂局长对此表示说："纵然我们是佛教盛行的国家，印度教和其他民族的宗教也各有其特点，但对于古代文化艺术的保护和研究，虽然没有像你们那样紧密地结合政治来发展，但我认为一切宗教的信仰也是寄希望于未来。从人类生活的进步和改善这一点来说，我们是有共同的观点的。作为印度考古局局长，我希望看到您写一篇即将在中国北京举办的纪念阿旃陀壁画1500年的纪念文章。"为此我写了一篇《阿旃陀壁画在北京展出的意义》的文章，当时刊载在《光明日报》上。我写道："印度阿旃陀壁画在北京的展出，对于进一步巩固和发展中印10亿人民[1]两千年来和平友好文化交流的传统关系来说，是有极深刻意义的。""中国和印度两国悠久的和平友爱的历史，是发自两国本身在无私的互相尊重的基础上，由文化交流和经济往来的记录积累而成的。今天当我们中印两国友好和文化交流的关系进入了一个新阶段的时候，重新提一提那些古老的标志着我们祖先在文化经济方面交

---

[1] 此文为1956年所作，当时中国人口6亿，印度4亿，故称10亿人民。

光互影的历史关系，对于我们友好往来是有重要联系的。阿旃陀石窟艺术在我们人民首都的展出，就是中印文化交流关系的许多友好活动之一。"

1951年，我曾以中国文化代表团团员的身份，在印度佛教艺术宝库阿旃陀参观时，那样兴奋地看到和敦煌壁画同样以佛教为题材刻画出的"释生前行传"图画。它们使我仿佛坠入深远的历史底层，仿佛回到敦煌壁画面前，体味着中印两国人民声息相共的情感。那一天，我和郑振铎、冯友兰、吴作人拿着玄奘写的《大唐西域记》走到第26窟前按文字记载，在卷十一"按文索骥"看到：

> 国东境有大山，叠岭连嶂，重峦绝巘。爰有伽蓝，基于幽谷，高堂邃宇，疏崖枕峰；重阁层台，背岩面壑，阿折罗（唐言所行）阿罗汉所建。罗汉西印度人也，其母既终，观生何趣，见于此国，受女人身。罗汉遂来至此，将欲导化，随机摄受，入里乞食，至母生家。女子持食来施，乳便流汁。亲属既见，以为不祥。罗汉说本因缘，女子便证圣果。罗汉感生育之恩，怀业缘之致，将酬厚德，建此伽蓝。
>
> 伽蓝大精舍，高百余尺，中有石佛像，高七十余尺，上有石盖七重，虚悬无缀，盖间相去各三尺余。闻诸先志曰：斯乃罗汉愿力之所持也。或曰神通之力，或曰药术之功。考厥实录，未详其致。精舍四周雕镂石壁，作如来在昔修菩萨行诸因地事。证圣果之祯祥，入寂灭之灵运，巨细无遗，备画镌镂。伽蓝门外南北左右，各一石象。闻之土俗曰：此象时大声吼，地为震动……

我们四人非常兴奋地来到玄奘到过的此窟，并在南北二大象前摄影留念，同时表示对中印文化交流的纪念。

考察麦积山、炳灵寺和新疆石窟

1951年10月，甘肃省委副书记孙作宾与西北人民图书馆冯国瑞先生乘视察临夏分区土改工作之便，抽暇到永靖县境内炳灵寺石窟，作了初步了解。后由冯国瑞先生根据当时所见与传闻，并参考了些史籍记载，写了一篇简单的报告，在《甘肃日报》和北京《光明日报》发表后，引起全国文化界的重视。1952年8月，正当甘肃省准备庆祝天（天水）兰（兰州）铁路国庆节举行通车典礼的前夕，我们也正准备去兰州举办"敦煌壁画摹本展览"。我接到中央文化部社会文化事业管理局郑振铎局长来信说：中央与西北的文物专管机构为了贯彻和实施政务院所颁布的保护文物古迹的政策法令，研究和发扬伟大祖国的优秀文化遗产，经中央文化部社会事业管理局与西北文化部商议，决定组织"炳灵寺石窟勘察团"，对该石窟作进一步了解。由西北文化部文物处赵望云处长为团长，常书鸿、吴作人为副团长，画家张仃、李可染、李瑞年、夏同光和冯国瑞等为团员组成13人勘察团。随后我在兰州调来敦煌文物研究所的孙儒僩、窦占彪等，于9月14日到达永靖炳灵寺先做准备工作。当时刘家峡水电工程正在勘测。

"炳灵寺石窟勘察团"于9月15日在兰州成立，我们于9月18日启程赴炳灵寺石窟。早8时我们从兰州乘汽车出发，经临洮的辛店，这里是闻名中外的距今约4000年的临洮辛店彩陶的故乡。我们同行的人差不多在这里都上街去购买了彩陶，我也在一店铺购得彩陶一个。之后，我们乘汽车至唐家崖渡洮河。洮河上没有桥梁。我们乘坐的汽车是整个汽车带人开到一艘停靠在趸船旁的大渡船上，由渡船渡到对岸。我们继续行进，渡通远河，越安远坡，渡大夏河，一直到下午7时才到达临夏。临夏，旧时称作河州，在甘肃省境内，是多民族居住地区。民国初年，河州先改为导河。后来，因为城在大夏河旁，所以又改称临夏。临夏分区共辖7县：临夏、永靖、宁远、和政、夏河、康乐、临潭及东乡自治区。在临夏住了一宿，第二天在临夏头道桥水阁吃了早餐；上午我们分别作风景画，并到摆满彩陶的店铺中选购彩陶，我选了6件。下午1时从临夏出发，3时许抵达永靖县。永靖县在黄河边上，旧称莲花堡，县内杂居着汉、藏、回等族人民。我们在莲花堡参观了彩陶烧制的窑址，并参观了店铺中陈设的各种彩陶。

在永靖住了一宿，第二日早上10时从县城出发。由于没有公路，我们改乘马，把行李工具等均驮于马背。出了永靖县城北门，就进入山口，经过崇王家，沿着旧时通永登县的废公路攀登上山，行走了10余里坎坷不平的道路抵达骆驼岭。我们在这里一家崇姓本地人家中歇息以后，继续至烟墩，向南折行至盘坡。这里山势陡峻，不能再骑马行走，只好弃马步行。山路十分狭窄险峻，沙砾散溜，几乎不能迈步。我们只好手拉手地互相搀扶而过。这样极险的山路约莫走了10余里，即到小积石山。石山突兀起伏、千峰攒涌，心自惊奇。我们在这危崖上，俯视崖下深谷的时候，真有些眩悸不能自持。我们一行战战兢兢地下得山去，再骑马继续前进。这时又进入山谷，仰望群峰参聚、千奇百态，再行约五里至上寺，见到扬法台并观赏了原为唐雕经后代修饰的弥陀像和千佛洞留存的残瓦佛像。我们还是沿着山谷继续步行，翻越过一道山岗才进入大寺沟。我立即站到山上高处，这时渴望已久的炳灵寺大佛及石窟全貌顿现于眼前。我们急急忙忙下了山坡。山坡下有一条小溪，我们涉水而过，出山口，沿着黄河北岸步行二三里，到达喇嘛下寺。这样，经过3天岖崎惊险的骑马和步行攀登，历尽艰辛才到达炳灵寺山岩脚下。我们当晚在喇嘛下寺住宿。第二天，我迫不及待地一早就去巡视洞窟。这里已由先遣人员窦占彪领导工人搭起了四丈多高的木梯，梯间钉以短木，共40级，两端装有活车，梯的中段有四根长木擎持，左右各有长索，分别拴于大石块上，以免高空攀登时有闪动的危险。这样四丈多高的梯架要二三十人之力方可安置。我和吴作人、夏同光、萧淑芳等同志攀登上第82窟，作了首次高窟巡礼。我与范、孙、窦4人留在窟内工作，发现魏窟附近有唐人题记数则，因距离太远，石质风化太甚，不能辨认准确。

我们的工作分两组进行。我负责窟内勘察组，吴作人负责窟外组。我继续与窦占彪等攀登危险的第82窟、83窟、88窟和80窟，在80窟外摩崖发现北魏延昌二年曹子元造窟题记。这则题记即冯国瑞先生初次勘察时误认为后唐的题记。那时冯国瑞先生在下面用望远镜观察，因此不能准确。我为了证实这则题记，和窦占彪在高梯上再架梯子攀登上去视察。当我确切地记录下这则题记后，回首俯视悬岩，庆幸在这样危险的勘察工作中才能有如此巨大的收获。当我把题记辨认确切后，就由窦占彪再次攀登梯端捶拓。我在这个高空危窟中又发现一个残断佛头，由于吴作人、张仃、李可染等不能攀登上来，因此经大家商议，同意将佛头由窟内吊下，共同研究。经研究，均认为此佛头石刻风格接近汉晋的传统。我又与范一同登上58窟工作。炳灵寺石窟离地面很高，有些高层窟根本无法从下面攀登，只能从悬岩沿石壁攀登第三、第四窟。每进一个高空危窟，都要付出很顽强的努力，往往全身汗水湿透。我对这些刚发现的珍贵的艺术作品，尤其是建窟题记，如获至宝。在第93窟的北端，我意外地发现了一方唐开元十九年（731）御史大夫崔公德命副使膳部郎中魏季随文，题名《灵岩寺记》的碑，上有碑文30行，每行43字，由窦占彪当即拓下4份。

为了便于工作，我在夏同光所绘的窟龛图上进行编号，并与窦占彪将这些编号书写在各窟窟壁上。这是炳灵寺首次编号，有些编号是我在悬梯上悬空书写的。此后我又继续勘察第58窟，在石龛群唐人题记中发现"孝慈"二字，疑为佛龛雕刻人名，这需要在今后继续工作中探查。继而攀登唐代大窟，相传在同治年间事变时，炳灵寺僧人曾藏火药于洞内，后在火灾中炸毁。在灰烬中我们捡得唐刻天王头像及手、足等残石，在附近窟外的《灵岩寺记》也可能是为此窟而写的。我又奇迹般地在第124窟发现明代藏文写经29种，书法端正秀丽，内有《造像度经》一种，尤为珍贵。我们在勘察中把这些铭刻都尽量在夏同光先生的外景图上加以注明。

在炳灵寺石窟的10天勘察工作中，我们始终群情激昂。大家互相配合，尤其在攀登高空危险洞窟时，窦占彪同志挺身在危岩上搭架，帮助我奋力攀登数百年来无人迹的佛窟，发现并搜集到许多重要资料。至今事隔整整30年，但这次难忘的勘察工作我仍然记忆犹新。

炳灵寺石窟勘察工作于9月26日全部结束。我最后在夏同光所绘石窟立面图上对照勘察记录反复核校龛窟编号，并将洞窟编号标志在每个洞窟上。这是有史以来炳灵寺石窟第一次编号，计魏窟10个、魏龛2个、唐窟21个、唐龛85个、明窟5个、明龛1个，共计龛窟编号124号，后来又继续调查增补。炳灵寺石窟现保存有西秦、北魏、北周、隋、唐直到明、清各代窟龛183个（其中窟34个、龛149个）。内有大小石雕佛像679尊、泥塑82尊、壁画900平方米，塑像最高27米，最小的仅20余厘米，另有石雕方塔一座，泥塔4座，其中唐代窟龛约占全部洞窟的2/3。炳灵寺石窟在全国佛教艺术遗迹中，是具有特殊价值的一处。目前全国石窟中最早的题记"西秦建弘元年"（420）即在这里。敦煌莫高窟据记载于前秦建元二年（366），但洞窟中最早的题记是第285窟西魏大统四至五年（538—539）。

炳灵寺早期魏代造像的纯民族的形式与唐代造像那种刻画入微的高度的写实风格，证明了中国佛教艺术是从伟大祖国的艺术遗产中一脉相传地演变而来的。我们从炳灵寺石窟的第80、81、82等窟中的佛像与善人及菩萨的绮丽精美的造像中，仿佛看到曹仲达、顾恺之那样坚实挺秀、生动活泼的线条，80窟的文殊像，端坐在两个菩萨中间，庄严活泼，富丽朴厚，是一个气韵生动的作品。

炳灵寺石窟的唐代造像艺术可以说是中国佛教艺术经过六朝时代的演变，而到达创作高潮的代表。如第58号窟左右的几十个佛龛群，第3、4、114及98号龛的残断的观音半身像，都丰满秀丽、生动活泼，是高度民族艺术传统的杰作。魏、唐壁画遗留甚少，大部分是明代重绘的，已沾染了焚烧的烟熏黑。我们从比较完好的第3、4窟的壁画内容看，都以密宗曼荼罗为主。这里的壁画与敦煌宋、元壁画的作风不相同，也与近代藏画不一样。第84窟北壁的轮回故事画，是以粗壮的笔调与热情的颜色绘成的，这是炳灵寺石窟明代壁画的特点。

在我们勘察甘肃永靖县炳灵寺石窟之后，西北文化部又指示我组织人员勘察甘肃天水麦积山石窟。1952年11月1日，我率领麦积山石窟勘察组，经过30天的勘察、考证、摄影、测绘和重点临摹工作，于1952年12月1日完成了对麦积山石窟的首次勘察任务。

在1952年10月底，初冬时节，天气已开始寒冷，我们从兰州坐火车到达天水北道埠火车站，在这里换乘汽车到天水，在天水做了一些去麦积山的生活、交通、配备勘察人员等等的准备工作。从天水乘汽车经过马跑泉、甘泉镇，行走了35公里的平坦大道后，就进入麦积山峡口。麦积山在秦岭山脉的西端，我们沿着缘山傍道再走约10公里，就看到耸立在我们眼前的如农家积麦之状的"麦积崖"。正如唐代著名诗人杜甫《山寺》诗所云："野寺残僧少，山园细路高。麝香眠石竹，鹦鹉啄金桃。乱石通人过，悬崖置屋牢。上方重阁晚，百里见秋毫。"[1]

麦积山历代开凿的窟、龛造像是在距山基20～30米和70～80米高度的悬崖峭壁上，佛窟层层相叠，上下错落，密如蜂房。麦积崖的石质是一种容易风化的砾岩，雨水冲渗，容易造成山崖的纵断裂缝而崩坠。这座东西240米、上下50米的幅面，中间部分崩塌极为严重，有

---

[1] 唐肃宗乾元二年（759）秋天，48岁的杜甫带着家属住在秦州（今甘肃天水市），从此开始了直到他逝世的流浪生活。这是他在秦州麦积山所著的名诗。

些窟龛仅残剩一角留在断崖上，有些连痕迹都不见了，因而形成东崖和西崖两部分。这种崩塌可追溯到五代以前，因为在五代的时候，已有东阁、西阁之称。可以想象当年窟外依悬崖岩壁所建筑的满山重楼复殿、飞桥栈阁的景象，可惜如今只剩几只烧焦残断的木桩了。

我们勘察组上山以后，就住在麦积山下的瑞应寺。这是一个没有山门的寺院。我们夜晚还听到豹子的叫声，使人毛骨悚然。我们对这座石窟作首次勘察时条件是十分艰苦的。当时有许多洞窟不能攀登，为了做到全面考察，我们想尽一切办法，冒着生命危险，终于克服重重困难，对麦积山石窟190多个洞窟做了全面考察，包括测绘、内容考察、重点临摹等等。敦煌文物研究所的技工窦占彪，是个一贯善于登攀悬崖峭壁探宝的开路先锋。在他与天水麦积山当地木工文德全的配合下，在50～60米以上的峭壁上，抽出一个朽烂的木桩，再在桩眼中安装上一个新的木桩，架上木板，就这样，一个木桩一个木桩，一块木板连一块木板，艰难地开辟了飞栈的通路，把我们引上"天堂洞"等许多高层洞窟，这些洞窟不知已有多少世纪没有人上去过，有的窟内鸟粪存积厚可没胫。能在20世纪50年代初攀登上这些险窟探宝，虽然生活艰苦，工作条件很差，加上天气寒冷，但我们还是兴致勃勃，一个洞一个龛地详细勘察。尤其可贵难忘的是，文德全首次接通"天堂洞"时，他的手拉着我的手，扶着山崖，在摇摇摆摆的飞栈板道上，我们一步一步地移动脚步。这是一个初雪的上午，我上到这个洞窟后，连中午饭也没有下来吃，整整在上面考察了一天。我们全体勘察组同志们都表现出了无比的工作热情，不避艰险，风雪无阻，克服种种困难，终于完成首次对麦积山石窟的勘察。

据文献记载，麦积山石窟于后秦时开窟造像，创造佛寺。西魏文帝时（535—550），再修崖阁，重兴寺宇，魏文帝皇后乙弗氏薨，凿麦积崖为龛而葬。北周保定、天和年间（561—571），秦川大都督李允信为亡父造七佛阁，距地面70米高处，俗称"散花阁"，居高临下，在阁前扬手散花，花随着上旋气流越飘越高。五代《玉堂闲话》云："其青云之中，峭壁之间，镌石成佛，万龛千窟，虽自人力，疑是神功。"民间传说中有"先有万丈柴，后有麦积崖""积木成山，折木成功"的记载。麦积山石窟的形制完全按照我国民族建筑形式开凿，方形、平顶、前壁开门、两侧开龛，房屋建筑为崖阁式。麦积山是秦岭山脉西端的奇峰，冬暖夏凉，秋季细雨霏霏，云雾缭绕，《广兴记》誉为"秦地林泉之冠"。"麦积烟雨"为天水"八景"之首。我们在勘察时适逢大雪，满山遍岭的皑皑白雪另是一番奇异景色。

在麦积山保存有北魏、西魏、北周、隋、唐、五代、宋、元、明、清各代洞窟194个（东崖54个窟，西崖140个窟），泥塑像、石雕像7000余尊，壁画1300平方米。泥塑有高浮雕塑、圆塑、粘贴塑、壁塑四种，有高16米的阿弥陀佛，也有小到10厘米的小影塑，有数以千计的与真人大小相仿的塑像。不论是佛还是天王脚下的"金角银蹄"的牛犊儿，均精巧细腻，栩栩如生，极富生活情趣，令人感到亲切而不畏惧。泥塑虽上彩，但不重彩。这里堪称"塑像馆"，是与敦煌莫高窟同等重要的祖国艺术宝库。

对麦积山的考察结束之后，我又参加了赴新疆考察石窟的工作。1953年6月12日，我接到西北文化局电报："接中央文化部电话，嘱你所常书鸿所长参加新疆文物调查组工作，盼于6月17日赶到酒泉，候同出发。"接到来电后,我即匆促安排安置所中工作并积极准备行装,于6月14日离开莫高窟本所,骑着我们那匹老红棕马到敦煌县城。15日清晨,我乘坐运输公司拉货物的大卡车,行走了两天,于16日到达酒泉。到酒泉后才知调查组其他成员尚未到达。一直等至6月21日,王子云(西北艺专教员)、范文藻(西北历史博物馆专家)、刘士茂(西北大学学生)3位到达酒泉,询知此次调查组成员为武伯纶(西北历史博物馆馆长)、王子云、范文藻、刘士茂和我5人。西北文化局指定武伯纶为组长,我为副组长。武伯纶因病不能坐汽车,已另乘飞机飞往乌鲁木齐。我与王、范、刘一行4人于6月29日抵达乌鲁木齐,住在新疆维吾尔自治区文化处。武伯纶也已到乌鲁木齐,我们即开始进行工作。

到乌鲁木齐后,我们在新疆分局宣传部赵守攻部长及文化处牙生、王元方正副处长的协助下,争取民族干部参与工作。经过3个星期的准备,通过赛福鼎副主席,最后确定了新疆文物调查组的工作任务、调查组的工作计划、调查路线与调查组的成员。调查组由新疆文化处处长牙生为指导,武伯纶为组长,常书鸿、阿力哈木、于素甫拜克3人为副组长,组员有李遇春、哈力克、王子云、傅仁麟、范文藻、梁涛蕴、哈特尔、伊克利、柳景文、阿不都拉,共计15人。

由于新疆地区辽阔,当时决定分南疆与北疆两个重点分头进行工作。北疆原为北方民族发源地,是历史上所载匈奴、乌孙活动的主要地区。由于过去考古工作尚未涉及这方面内容,因此,文物存在情况缺乏具体记载。为了初步了解这方面的情况,我们选定以伊犁地区为主要调查区,同时面向西北的霍城和南面的昭苏一带进行工作。南疆各区以库车为中心,展开了东西两方面的调查工作。西面以和阗、洛浦为终点,东面以吐鲁番为起点。重点工作放在千佛洞的调查，同时要做古城和遗址的调查。拟定了调查路线以后，调查的地点主要是北疆的孚远、惠远、霍城、伊犁、特克斯、昭苏，一直到沿哈雷克套山的撒姆哈什、哈萨克、培孜儿、下台，南疆的吐鲁番、焉耆、库车、沙雅、拜城、阿克苏、巴楚、阿图什、喀什、莫吉沙、莎车、皮山、桑株、墨玉、和阗、洛浦。

全部工作人员于6月18日乘汽车离开乌鲁木齐，在途中日行夜宿，行走了33天，于7月21日到达伊犁专区。在伊犁专区的地域上，我们以伊宁、昭苏、霍城三处作为工作重点，分别进行了调查。留驻在伊犁的29天时间中，主要调查了金顶寺遗址、圩子古城、苏拉官玛扎、小红海石人、科伯雷脱深山岩刻、阿里马里废地及大西沟千佛洞废地等27个处所，配合调查作了保护文物政策的宣传，并搜集了部分石器、陶器、银铜质残币以及民族衣饰等等，于8月21日返抵乌鲁木齐。在乌鲁木齐，整理了调查资料，总结并准备南疆工作。其中在9月3日至7日还调查了孚远的千佛洞与金满县的古城废地。

在乌鲁木齐整装以后，我们于9月11日离开，一直至12月4日返回。在这83天中，我们总共走了3.59万公里的路程，调查了库车、新和、拜城、焉耆、吐鲁番等13处主要的千佛洞，焉耆、库车图拉、吐鲁番3处明屋，新和、沙雅等古城13处，古遗址14处，古塔及古墩台9处，玛扎11处，古墓群两处，古岩刻1处和寺庙4处。在配合工作与宣传文物政策的同时，我们在沿线各文物古迹的中心地区收集了完整的陶器12件、残陶片394片、塑像及陶像56件、墓砖22块、古民族文字及汉文的古钱208件、古铜章23个、古民族文字残片37件、手抄本及印书25册、角弓铁衣等武器4件、古代美术装饰品128件、石刻1件、古代民族服饰（衣帽鞋等）137件，以及其他一些文物。

在这83天的考察活动中，新鲜的发现和奇异的遭遇伴随着艰苦的探索工作，大家在疲惫和艰辛中体验到无穷的快乐。我自己也经历了几次既险又有趣的遭遇。在向克孜尔行进的途中，一次我们坐在堆满行李用具的卡车上。当车通过一座桥时，车倒向一边，由于桥前边一棵树的阻拦，车没有翻，但我却连人带行李随着车的倾斜掉进河里。由于行李都压在我身上，同行的武伯纶等同志看见了行李，却找不见我。我因穿了冬衣没有摔伤，经过一阵折腾，才爬上河岸，大家又惊奇又着急，我自己倒并不害怕。在克孜尔，一天晚上我去提水，发现不远处的土坡上好像有两束手电筒的亮光。我以为是过路的行人或附近的村民，即挥舞着手电划着不太大的圆圈招呼过来的人。但当我不停地划着圆圈后，两束"手电光"却越来越远了。打了水回到住处，我问房主人，他们说那是狼的眼睛，正是你挥舞着圆圈的手电光把狼给吓跑了。事后想想，也真险，这是平生第一次在旷野上与狼打交道。我自20岁起就有洗冷水澡的习惯，在新疆考察不容易洗到澡，特别是在路途上。在11月底，考察快结束回乌鲁木齐的路上，一次夜宿一家小客栈，客栈中烧火取暖用的是牛马干粪，因而屋子里充满了难闻的焦糊味。我感到气闷，就拿了一个睡袋睡在卡车的行包上。早晨一睁眼，发现自己几乎完全被埋在雪中，脸上湿淋淋的全是雪水。正好乘着积雪，脱掉衣服，在雪里擦了一个"雪澡"，清除了好几天来的污垢，感到浑身轻松舒畅。在新疆大漠戈壁，这也是我独到的一次生活体验。

12月4日返回乌鲁木齐后，我们对上述调查作了整理总结，于12

月14日整理完毕。15日由新疆文化局召集有关领导及新闻记者等，举行了南疆文物调查总结报告。报告会由新疆文化局牙生局长主持，武伯纶做了全面介绍，我做了新疆13处千佛洞调查专题报告。至此，我们结束了在新疆行程5万多公里、历时6个多月的调查。我们在调查中制作的测绘图、文字记录、摄影、临摹、拓印等以千计数，获得了相当大的成果。

新疆重要石窟集中在天山北路的龟兹、焉耆、高昌。它们是古代佛教的中心。作为本节的结尾，我将新疆重要的石窟从西到东的分布情况记录如下：

新疆石窟分布情况表

分区	石窟名称	位置	内容情况	时代估计	备注
	托乎拉克店千佛洞	属温宿县。在公路经过的托乎拉克店附近	有残破洞窟6个，已空无一物。		全部残破
古龟兹国区域	克孜尔千佛洞	属今拜城县东北赛里木乡克孜尔南约6公里处（属拜城县三区一乡）	洞窟开凿在木素尔河北面岩壁上，东西长达1500米，临山环水，风景宜人。现存洞窟编号共计235个，岩下层沙土中可能还埋藏洞窟。此处虽几经英、法、德、日等帝国主义分子的浩劫，现存中国古代壁画除敦煌外还以此处为最多。1953年我们调查时在洞窟沙土中清理出古龟兹文残经片、竹简、烧陶、残佛头等。壁画内容以佛本生故事、涅槃、说法图等为主，是反映东西文化交流中国佛教艺术成长和发展时期的重要艺术遗产。	第3世纪到11世纪	已有图录本出版

续表

分区	石窟名称	位置	内容情况	时代估计	备注
古龟兹国区域	台台尔千佛洞	在克孜尔镇西北约5公里	现有洞窟8个，大部已损毁，空无一物。岩壁上有明屋遗址一处。捡得有古民族文字的陶器残片，农民称此处遗址为吐尔塔木，即汉文"塔院"之意。	第3世纪到11世纪	仅存一窟，有壁画
	库尔吐拉千佛洞	在库车县西南24公里的三道桥公社	洞窟渭干河畔岩壁上，在丁谷山龙口的山沟北沿。全部共有99个洞窟，南部有洞窟27个，北部有洞窟72个，南北两部分石窟相距约4公里。渭干河南岸，远望似有洞窟。玄奘《大唐西域记》载龟兹国有寺百余所，其中有二伽蓝，一名阿奢碧贰，一名昭怙厘。"荒城北四十余里，接山阿，隔一河水，有二伽蓝，同名昭怙厘，而东西随称"，此处可能即昭怙厘大寺。	同上	龙口对面有佛教寺院遗址两处，现尚残留炕房屋及塔寺遗址
	克孜尔尕哈千佛洞	在库车县城北7公里路旁山沟内	现尚存洞窟39个，窟内壁画作风与克孜尔类似。	同上	大部分为帝国主义分子盗去
	森木塞姆千佛洞	在库车县城东北35公里处	此处似为专供僧尼修行学道之所，精舍较多，现存洞窟30个。	同上	破坏极为严重
	玛扎伯哈千佛洞	在库车县城东北30公里处	此处由玛扎伯哈、克尔希、阿希依拉克3个小石窟群组成，洞窟修在黄土山丘上，以精舍为多，似为僧尼修行中心，共有洞窟计32个。	同上	破坏严重
	托乎拉克埃肯千佛洞	在新和县西北约50公里处	共有洞窟19个，已全部毁损，内中无物。		
古焉耆国	西克辛千佛洞	在焉耆县城西南30公里处	共有洞窟12个，开凿在山丘上，壁画内容极似敦煌唐代形式的藻井及绘有麒麟的穹顶装饰。有唐代文化西传迹象。	第4世纪到第11世纪	附近有寺院遗址两处，俗称千间房子

续表

分区	石窟名称	位置	内容情况	时代估计	备注
古焉耆国	雅尔崖千佛洞	在今吐鲁番县西10公里处	共有洞窟10个，分西谷、南谷两处。西谷称西谷寺，内容有如敦煌隋唐时代的千佛说法图壁画，及类似印度毗诃罗的精舍。	第6世纪到11世纪	第×窟西壁画有题记"己丑年七月二十九日……（缺）到此西谷寺"等字
	吐峪沟千佛洞	在吐鲁番县城东南35公里处，属鄯善县	现存洞窟94个，全部位于吐峪沟口两旁的山崖上，90%以上已残毁，仅8个洞窟残存部分壁画。	时代与雅尔崖千佛洞同	
古高昌国区域	柏孜克里克千佛洞	在吐鲁番东南40公里木头沟内	洞窟建筑一部分是依崖岸凿成的石窟，一部分作明屋式，共有洞窟51个，德人格伦威德尔及勒柯克在1902年至1914年先后四次盗窃壁画、古民族文字文书等共计436箱，计重37吨。劫后残留壁画已不多，但颜色鲜艳，内容有同敦煌唐代壁画的西方净土变及立佛、药师等，题记中回鹘文与汉文并列。	第6世纪到14世纪	今已破坏严重
	胜金口千佛洞	位于吐鲁番县城东南35公里处	残存洞窟10个，其中有两个洞窟保存有完好的壁画和葡萄图案装饰的穹顶。	第7世纪到14世纪	

保护敦煌明珠

长年在地处戈壁滩的敦煌莫高窟工作和生活,其艰难困苦是可以想象的,但这丝毫没有减弱我对敦煌石窟及敦煌一草一木、春夏秋冬景色的热爱之情。

当莫高窟前宕泉的冰河刚刚化冻,春天的信息便悄然而至了。不久,3月间和暖的春风和炽热的阳光,便匆匆把树上的榆钱和地上的苜蓿吹绿,在灰黄的砂岩间点缀出嫩绿的新芽。接着杏花、梨花争相热闹枝头,开放出与枯枝很不相称的艳丽鲜花。在入冬以后就不知去向的黄鸭子,这时又在有九层楼高的岩石隙缝中,孵育它们的小雏鸭。蜜蜂和小鸟的鸣声与树荫路旁水渠中青蛙的叫声,把静静的千佛洞弄得有点闹意。于是莫高窟前千百枝白杨和垂柳,一直到银灰色的沙枣,在一个星期左右的时间中迅速换上了嫩绿的新装,长满在宕泉沙滩边的马兰和红柳也开出花朵。最后,那具有西域情调的金黄色沙枣花,以它那浓郁的香味,送来了农历四月初八释迦牟尼诞生的浴佛节庙会。

这时候粮棉已下了种,春忙季节已告一段落。人们趁着农忙间歇的

◆ 莫高窟四月初八庙会

空隙，喜欢利用这个传统的节日，乘汽车、自行车、牛车、骆驼、马等各式各样的交通工具，携儿带女，带了野餐的锅灶、吃的、用的、玩的，在新店子到千佛洞的30里的马路上络绎不绝地连成一条走马灯般的行列。爱玩好闹的青年男女还随身带着板胡丝竹，三三两两地坐卧在白杨树的树荫下或淙淙不绝的泉水边，一时歌声和郦鄂曲牌[1]的音乐此起彼伏……爱俊俏的敦煌农村姑娘，头上戴着各式各样塑料的发夹和绸带，在沙滩边收集野马兰的花束。

在庙会的时候，敦煌县商业局还组织了临时菜饭点心铺，满足游客的需要。但来自农村的老乡们，还是喜欢自己带上小锅小灶，从树林中捡来枯枝败叶，在泉水畔、树荫里，简单地用土块和石头架起锅灶，就地野餐。在这里，可以听见流行在甘肃青海的"花儿"唱、"二人转"

---

[1] 起源于陕西的一种民间小调。

和郦鄂戏……直到新月的斜影照射在宕泉上发出闪闪的寒光,戈壁滩夏夜袭人的寒气,才使热闹的白昼慢慢静寂。

四月初八庙会一过,来自各乡的劳动人民,在此游息了几天以后,就像来时一样的突然,又匆匆地回到自己的岗位上去。

当敦煌夏天的阳光越来越显得炎热时,东风起处,那些娇嫩香艳的春花,像过眼烟云一样,一刹那消灭干净。于是杏树、梨树、桃树、枣树,都是油绿绿的树叶下面露出茁壮的果实,白杨与榆树长满了青葱茂密的枝叶。人们一进三危山的峡谷口,就可以望见鸣沙山和三危山之间的金色沙漠中的一条青翠美丽的织锦!

夏天的敦煌,太阳从上午5时在三危山中升出来之后,一直到晚上10时,才从鸣沙山背后落下去。在长夏的日子里,太阳每天挂在天空整整有17个小时。这些日子里,在幽暗的石室内部,由于烈日的反光缘故,不用电灯也可以观望壁画和塑像。夏天,敦煌沙漠中的气候也显得特别。中午,在太阳下的温度可以直升到60℃以上,如果你愿意的话,把一个鸡蛋埋在晒热的流沙中,不到10分钟就可以烤熟。但这里的空气却是那么干净,那么纯洁,人们只要在阳光射不到的树荫下,就会享受到凉爽清快。在房屋中,只要关闭了窗户,放下竹帘,不使阳光射入,室内总是那么清凉。经过半天的劳动,午餐之后,在静悄悄的连小鸟也不叫一声的环境中,小睡片刻,真是一剂消除疲劳的良药!人们在午睡醒来后喝一杯千佛洞到处皆是的甘草凉茶,真是精神抖擞,暑气全消。于是同志们三三两两地拿着夹衣,甚至带着棉袄和老羊皮,背着工具箱,穿过窟前的热的流沙,走到用柏油铺的林荫路上时,就会感到很凉爽,等走到洞窟门口时,就要准备受一股冲出来的冷气袭击,于是披上夹衣或棉袄。这时，人们用清醒的头脑，在自己的岗位上、临摹、摄影，或做记录研究，继续工作。等完成了下半天的工作出来时，傍晚6点钟的太阳还是那样火热，人们喜欢再用一点时间在集体的蔬菜瓜果地上转一下。如有成熟的好瓜和该摘的鲜菜，就摘下来一起交给管理员，准备晚膳后，大家在晚凉中围着桌子吃一阵比哈密瓜还要香甜的"古瓜州"的好瓜——我们自己辛勤劳动的成果！这时候，我们最能体会到西北流传的一句耐人寻味的口头语："早穿皮裘午穿纱，围着火炉吃西瓜。"

我们正是带着这种对敦煌深切的热爱而投入到莫高窟的保护工作中去的。莫高窟是我们伟大祖国民族艺术的明珠，也是我们心中的明珠，我们爱护它就像爱护我们自己的眼睛一样。

敦煌的保护工作是一个关系到千秋万代的大事。敦煌石窟自创建至今已1600多年。经历了这么长的岁月和各种天灾人祸，至新中国成立时，敦煌许多洞窟已经坍塌或岌岌可危。敦煌石室出土的唐人写"敦煌条"有以下记载：

（瓜）州南有莫高窟，去州二十五里，中过石碛，带山坡至彼，斗下谷中。其东即三危山，西即鸣沙山，中有自南流水，名之宕泉。

这个记载，不但说明了莫高窟的位置，也指出了它所在的环境。莫高窟，修凿在宕泉西岸碛石的岩壁上。这个碛石的岩壁属于第四纪酒泉系的砾岩，一种由卵石和钙化沙土结合的岩层。地质年代并不太远，易于风化剥落，只要在砾岩上灌一些温水，岩壁就会融化脱落，也易于雕

◆ 在莫高窟前面种树防风沙

凿。幸而敦煌地区雨水较少，否则在雨水冲刷之下，这里恐怕早已遭到毁灭性的灾难了。但风沙的威胁还是严重的。一年春冬两次来自西北和东北的季候风，势头凶猛而持久，往往一夜风沙，就在栈道走廊或窟门口形成一座沙丘，阻碍交通，有时还会压坍洞窟廊檐。经常性危害是石窟壁画的色彩纹样的磨灭及壁画因酸碱画皮剥起、发霉，等等。我向社会文化事业管理局反映莫高窟的这些情况，引起了中央的重视。在北京举行的"敦煌文物展览"闭幕后的1951年6月，中央调请北京大学赵正之教授、清华大学莫宗江教授及余鸣谦、陈明达等古代建筑专家到敦煌，帮助我们对敦煌莫高窟石窟文物保护工作进行了全面的调查、勘察研究，并确定了采取治本与治标相结合、临时与永久相结合、由窟外到窟内的步骤逐步进行的方针。对莫高窟石窟文物保护工作的调查报告，很快得到中央肯定并批准对莫高窟现存岌岌可危的5座唐宋时代窟檐的木构建筑进行抢修。这5座窟檐是：

一、第196窟前室窟檐，顶部已坍塌，但原来唐代建筑的梁柱斗拱一承其旧。据窟口甬道壁画上供养人题记：

敕归义军节度沙瓜伊西等州管内观察处置押蕃落营田等使守定远将军检校吏部尚书兼御史大夫钜鹿郡门国公食邑贰千户实封二百户赐紫金鱼袋上柱国索勋一心供养

由此来看，这座窟檐系晚唐时代建筑。这次我们只做了现存木建的加固工程，至于整个窟檐的复原工作有待今后搜集资料进一步进行。

二、第431窟前室木构建筑窟檐一座。这是有宋代纪年的一座建筑，在原来栋梁上有楷书题记：

维大宋太平兴国五年岁次庚辰二月甲辰朔廿二日乙丑敕归义军节度瓜沙等州观察处置管内营押蕃落等使 　　特进检校太傅同中书门下平章事谯郡开国公食邑一千五百户实封七百户曹延禄之世创建此窟檐纪

　　窟主节度内亲从知紫亭县令兼御前都押衙银青光禄大夫检校刑部尚书兼御史大夫上柱国阎员清

这次修复工程从岩脚支顶已朽损的托梁，复原了扶栏，修复了顶部并做了鸱尾，门窗均按损毁残留部分予以复原。

三、第437窟前室木构建筑窟檐坍塌严重。有窟门甬道南北两壁绘制的男、女供养人题记：

……归义军节……西平王曹元忠供养

敕受凉国夫人浔阳翟氏……

由此来看，这是宋代建筑。这次修复工程是按现在损毁残留的梁、柱、斗拱、顶、栏杆、门窗等等作了复原。

四、第444窟前室木构建筑窟檐一座。在横梁上有楷书题记二行：

维大宋开宝九年岁次丙子正月戊辰朔七日甲戌

敕归义军节度瓜沙等州观察处置管内营押蕃落等使特进检校太傅兼中书令谯郡开国公食邑一千五百户食实封三百户曹延恭之世创建纪

这次修复了下部托梁，复原扶栏和窟檐顶及鸱尾，门窗按原样修复完整。

五、第427窟建于隋代。这是一座前后室完整的大型中心柱窟，前室横梁上有楷书二行：

维大宋乾德八年岁次庚午正月癸卯朔二十六日戊辰

敕推诚奉国保塞功臣归义军节度使特进检校太师兼中书令西平王曹元忠之世创建此窟檐纪

该窟前室仍保存有完整的四大天王及二力士，系隋代原塑，宋代重妆。修复基本上保持了原貌，整旧如旧。这是建国以来第一次对莫高窟五座唐宋窟檐进行抢修。

新中国诞生以来，中央人民政府连续颁布了一系列有关保护文物古迹的政策、法令。过去长期存在的那种任人盗窃文物和对祖国文化遗产无人过问，让其自生自灭的无政府主义的状态逐渐得到纠正，人民群众也对文物保护工作有了比较正确的认识。随着管理工作的加强，来千佛洞参观游览的人虽然越来越多，但任意损坏壁画、彩塑和在墙上刻写"到此一游"的现象越来越少了。人为的损毁石窟的情况已基本上杜绝了。

自从20世纪初，石室藏经被发现以来，通过愚昧无知的王圆箓道士之手，帝国主义分子和当地官僚地主们陆续掠走的文物有两万多件。新中国成立前，在没落的清政府和腐败的国民党政府的怂恿下，敦煌文物被奸商恶霸作为捐官致富的工具。有一个时期，流散在敦煌民间的文书、写经有过以尺寸、以行字来零星沽售的行市。新中国成立后，由于人民政府一系列新的文物政策、法令的颁布，由于广大人民群众对于文物有了新的认识，不少敦煌农民和商人把家中祖传的一些零散文物主动送到我们敦煌文物研究所来。敦煌县城有一位中药店的店主刘掌柜，主动把菩萨绢画无代价地捐献给研究所收藏。

数年来，敦煌文物研究所收藏了大量文物，其中汉文遗书360余件，还有大量藏文、梵文、回鹘文的卷子和残片。有古代木制回鹘文活字5个。这是新中国成立前，我和窦占彪等在清理北区洞窟时，在第465窟内回鹘文残片堆中找出来的。还有在1963年进行的莫高窟加固工程中,在南区第130窟北侧岩壁沙层中发现的,以及130窟壁画加固时在"南大像"南侧岩壁小孔中发现的丝织物,如唐代幡幢和太和年间(827—836)东阳王供奉的彩色刺绣,以及唐代佛像"雕版佛像"等。有汉代玉门关出土的"敦煌长史"泥封印和有年代题记的汉简,这是曾经任过酒泉统领的周统领1946年作价让给研究所的。中央文化部文物局从海外收购的《景云二年右骁骑尉张君义等二百六十三人加勋敕文》,1961年王冶秋局长同意从文物局调给研究所。另外,敦煌莫高窟上寺易昌恕老喇嘛收藏的藏经洞出土的一幅唐代白描菩萨绢画(画上并附有于右任的题字),也捐献给研究所。我还把我在敦煌县城的保长处以35元白洋购买的唐人李翰写《蒙求》捐给研究所,这是一本国内仅有的蝴蝶装文书。

1950年,西北军政委员会接管敦煌艺术研究所,1951年元旦起归属社会文化事业管理局管理,更名为敦煌文物研究所。自此以后,社会文化事业管理局每年固定给研究所拨保护维修费,有计划地逐年进行一般的零星修缮。除此之外,我们也根据洞窟残损情况进行专项抢修工程,并逐年积累资料,为永久性加固工程做准备。

1953年,我们在清理洞窟时,发现第53窟内北壁五代风格壁画下部漫漶并出现裂痕。这个洞窟在岩壁的下层,距现今地面四五米以下;当然,在唐、五代建造时位置并不低,由于河床淤积,致使河床路面增高,使这个洞处在了地面以下。窟内阴湿,在北壁东侧裂痕下有土坯堵塞的痕迹。我们取下一块土坯进行试探时,发现里面有一个密室。我们即召集了全所的业务人员一起来,希望发现一个藏满写经文物的密室。因为53窟小密室的位置、情况都与1900年发现大量文物的16窟北壁的 17 窟藏经洞一样，窟口用土坯砌起，上涂泥作画。大家心情都十分激动。打开看时，里面是一个大约两米见方的小洞窟，东西壁各有板架两层，板架上还留有唐人写经碎片及粗陶制的调色碟子两只。地面上扣了一口大锅，锅内并无什物。西壁北边墙壁上用焦墨直书"广顺叁年藏内记"7个字，笔画遒劲有力，类似石窟出土五代人写经卷文书体式。从洞窟布置情况看，此窟似为当时的库房或藏经洞。这个洞窟我们编号第 469 窟，处在第 53 窟内北壁的位置，和第 17 窟藏经洞在第 16 窟甬道北壁的位置相同。它们都在距窟内地面二尺许的地方。16 窟和 53 窟都是在晚唐、五代时修建的，可能当时修藏经洞已成为风气。按广顺三年（953）是五代后周太祖年号，这个年号既是第 469 窟的修建时代，也是第 53 窟的修建时代。莫高窟石窟群有五代纪年的洞窟还有：

第 468 窟——后梁开平元年（907）

第 84 窟——后梁贞明五年（919）

第 401 窟——后梁龙德二年（921）

第 387 窟——后唐清泰元年（939）

第 412 窟——后晋天福年间（936—945）

第 123、124、125 三窟——后周广顺三年（953）

这是我们从第 469 窟题记和壁画内容等排比推测出来的结果。以此作为尺度进行类推，从北魏、西魏、隋唐、五代、宋等各时代洞窟近似的内在联系来确定莫高窟 492 个洞窟的年代。因此一个有绝对年代题记的发现为我们研究石窟纪年历史提供了十分重要的旁记资料。

兰新铁路开通后，铁道部经常有人来莫高窟参观。借此机会，我向有关专家和领导提出帮助我们进一步勘察地质情况，以利加固洞窟和进一步弄清地下埋藏情况的要求。1958年，铁道部设计院勘测队无偿对莫高窟从南到北进行了底层的电测和地形测量。莫高窟的测绘工作是在1944年—1945年由测绘师陈延儒作的，绘制了洞窟外貌全图以及全部洞窟的平面剖面测绘图。在1958年，铁道部设计院帮助我们做了石窟立面平面详细的测量图，探查了这个密如蜂房、久经沧桑的古老石窟及岩层情况，以及风化沉降而产生的水平和垂直裂缝的险象的观测，找出了石窟群存在的病害。

为了进一步推进保护工作，我在1962年初向中央文化部写了一个关于如何加强保护石窟群的报告，提出进一步保护壁画、彩塑，防止石窟岩层上鸣沙山向前移动危及石窟的问题，并对石窟岩壁坍塌、在密布如蜂房般的岩壁上存在纵向裂缝、横向裂缝以及平面裂缝等危及石窟寿命的问题，做了详细报告。这个报告受到中央重视，是年8月间，中央文化部派了一个由徐平羽副部长为首的工作组，包括治沙、地质、古代建筑、考古、美术以及出版社、电影制片厂、铁道部设计院等等各方面专家10余人组成的敦煌工作组来莫高窟进行现场考察。工作组于8月29日到所后即开始工作，在进行洞窟考察的同时，听取汇报和分组讨论研究。现场工作进行了15天，解决了机械固沙的问题；对残破塑像、壁画修补复原进行了试验研究；对第130窟修补壁画的工作进行了检查；提出了关于抢修石窟群地质危险部分的处理和出版有关莫高窟全集及研究资料的建议；拟出了大型彩色纪录片的编写提纲。专家们在莫高窟工作期间，研究所组织了研讨活动，请专家们作了有关《石窟艺术的特点和价值》《壁画和彩塑的保护问题》《关于莫高窟治沙问题》《敦煌莫高窟地质情况及全面抢修工程》等专题报告。中央工作组的工作，不但解决了石窟艺术保护和抢修加固工程的实际问题,也推动了石窟艺术的理论研究,对莫高窟的工作起到帮助和促进作用。修复破损洞窟需要大量资金,当时国家经济困难,只能先抢修最危险的部分,然后一步步推进。原计划第一期工程用款为5万元,但实际上完成需要15万元,因此我们打报告报了15万元。对这么一笔巨款的申报,中央工作组回到北京在国务会议上汇报以后,立即得到周恩来总理的同意并批准拨专款进行全面维修。莫高窟工程不是一般民建工程,有隧道、有支撑,还有地基、墙体等复杂结构,因此,中央决定由铁道部承担莫高窟全面抢修加固工程的设计和施工任务。

从1963年开春起,铁道部为了搞好这一工作,在他们系统内从全国各地调请了100多位富有实践经验的桥梁、隧道工程的工人和专家、工程师等,就如何对这一古代艺术宝库进行全面的抢修,从而达到加固岩壁、保证石窟安全,同时还要照顾建筑艺术的形式与石窟的和谐问题共同商讨。这一问题早在1952年,中央文化部就曾制定全面加固莫高窟石窟群工程的计划。当时古建专家们认为这一民族艺术宝库经过魏、隋、唐、五代、宋、元千数年不断地修建,各具不同时代的风格,应当保持各种不同的风格。也有人主张全部做唐代窟檐,也有人主张用一个巨型建筑将莫高窟整个笼罩。当时专家们议论纷纷,莫衷一是,最后,全面维修石窟的工作还是被搁置下来了。现在既属全面抢修工程,以加固为主,经过再三反复讨论,决定莫高窟加固工程的艺术形式的原则,既排除单纯强调复古的建筑形式,又纠正了片面要求工程质量而忽略了艺术形式和文物保护宗旨的做法,要求"在保证石窟的安全条件下,适当照顾艺术形式,尽可能保存洞窟原来面貌,最好能做到尽量隐蔽,使之达到'有若无'的程度"。由铁道部第一设计院勘察设计提出施工方案，铁道部第一工程局进行施工，用钢筋混凝土、预制大梁，浇铸悬臂梁和花岗岩石块大面积砌体，用支顶和推挡的办法。工程自1963年开始采用分段分期施工，至1966年，工程共计进行三期，范围包括石窟群的南北两区，侧重在南区，总共计4040米的长廊中，加固了195个石窟，制作了7000多平方米的挡墙砌体和梁柱，对363米的岩壁作了彻底的加固。这是一次史无前例的莫高窟全面加固工程，耗资99万元。其作用不但对洞窟本身结构起到经久的加固作用，同时，按照需要在有些地方加长甬道，更新风化的岩壁，彻底解决了石窟艺术经常遭受风沙、雨雪和日照危害的问题，并安全牢固地解决了400多个洞窟上、下三四层之间的往来通道。修筑的钢筋混凝土和花岗岩砌体，扎扎实实地代替了唐代文献上记载着的"虚栏"。

如今，我在巍峨雄壮的虚栏栈道上巡视观览时，不由得回忆起新中国成立前初到莫高窟最高层第196窟时，因没有通道可上，只好架设"蜈蚣梯"上去，从山顶悬绳捆住腰，吊在距地面30多米的高空中，从山顶上双脚悬空往下溜。后来我们在没有钱、没有人力的情况下，自己捡拾窟前的树枝，一筐筐沙土，一块块土坯，拼拼凑凑修建了简易的栈道、土墙，进洞子是连爬带跳，一脚高、一脚低地从危栏断桥上匍匐前进。想到这些，不由得热泪盈眶，深切地感到，只有共产党和毛主席的领导，才能有敦煌的新生，才能有我们幸福的今天。

【附】

喜鹊的故事
——敦煌散记之一

解放前,千佛洞有几只喜鹊。有一年,来了一批国民党军官,因为打不到黄羊,就无聊地随手把见到的几只喜鹊用步枪打死。从此,千佛洞的人就看不见喜鹊了。

就在这年冬天的一个早上,忽然听到一声喜鹊叫声,我急急到门外,看见在窗外梨树的枝头上停着一只喜鹊。这是劫后仅存的一只孤独的喜鹊。我像发现什么似的,带着怜悯的心情,随手把剩下的一些馒头放在窗边。这个在天寒地冻的沙漠中找不到食物的喜鹊毫无顾忌,狼吞虎咽地一起吃下去了。于是第二天来,第三天来,从此它变成我窗前的食客了。

冬天,在沙漠上地冻天寒、草木枯萎的季节里,不能冬眠的动物,的确也很难受的。譬如那些平时唧唧刮刮的麻雀,到了此时也变成勾头缩脑的偷食鬼。它们飞到食堂里,飞到粮仓里,变成生了翅膀的老鼠一般,到处偷食;甚至连糊窗的干糨糊也要偷吃。往往成群结队地飞到东来,东边的纸窗为它们啄破了!飞到西来,西边的纸窗为它们啄破了!我很恨这批麻雀!但自从喜鹊成为我的食客后,它也主动地成了义务的纸窗保护者,只要一听见它响亮的叫声,麻雀就一溜烟儿飞散了。正因为这样,这只喜鹊也居然理有应得似的,每天上午,太阳照到我的纸窗时,就长鸣几声,一下子停在我的纸窗前。这时我就必须赶快拿了饲料出去。否则,这个似乎有灵感的动物,就叫着,飞着,跳着,神情不安地等待我的"布施",直到吃饱了才扬长而去。从此习以为常。

有时我稍许迟起一会儿,她就会在窗外不息地叫着,跳着,甚至有时会打门似的用嘴打着纸窗。我虽然也有点讨厌,但总是尽量满足它的要求。好在这样的时间并不长。大约从每年11月到次年3月的5个月中间,那正是塞外苦寒的时期。3月下旬千佛洞就开冻了,接着草木又开始生长起来,大概喜鹊的食物有所着落,所以就自己想办法来解决,暂时不依靠我的布施了。

一直到1949年的那年,这只喜鹊已一连养了4个冬天,随着全国的解放,敦煌研究工作受到党和人民政府的重视,工作展开了,工作人员也日渐地增加了!为了改善我们沙漠上工作人员的生活,在修建洞窟的同时,还为我们修盖了一些比较讲究的住宅。从兰州买来了几箱玻璃,把中寺破庙里的纸窗一律改为玻璃。这是千佛洞空前的一个大改革。从此可以避免风沙,光和太阳却依然可以照进来。到了冬天,每一个温暖的小家庭在炉火中,还可以晒太阳。剪上几尺花花布,每一个干部的家属都出奇制胜地,做上窗帘,养上一盆花,看着那一个房间布置得舒适清洁美丽。到了新年或春节,大家还随着西北农村的习惯,在亮堂堂的玻璃窗上,贴了从敦煌图案中变化出来的大红剪纸。真是喜气洋洋,皆大欢喜!

1954年,中央文化部为了进一步改善我们的工作条件和生活条件,又拨给我们一部发电机和一辆汽车。我们修盖了一大间厂房,专为停放汽车和安装发电机之用。在这个厂房里,我们也安装了玻璃窗。因为厂房的玻璃面积较大,我特地嘱咐管理人,要注意门窗的开关,不要给刮风时打碎。次年的一个春天,忽地有人告诉我厂房的玻璃被打碎了!那天并未刮风,门窗也都紧紧关着。我问了一下原因,说是可能被孩子打碎的,于是又给重配了一块。不料在重配好的第二天,有人来说,玻璃又给打碎了!"真讨厌!"我有点不耐烦了。赶紧要孩子的家长们管好孩子,无事不要再到汽车房去。两天过去了,第三天中午，又传来打破玻璃的消息，我就觉得有点奇怪。是否有人在故意破坏？第四次装好后，我特地提醒大家注意一下，看是谁连续做了这些坏事？次日，不到正午的时光，我独自走到汽车房旁边，静悄悄地看那里一个人也没有。蜜蜂的嗡嗡声，包围着一棵盛开的杏花树，不时落下一些像雪片样的花瓣，有的落在白杨树畔的小溪中随水漂了去。被暖热的太阳曝晒着的马兰花，已开出花朵，木樨已长出了嫩芽！清明过去仅仅半个月，但塞外的春天来得这样猛烈，翠绿的榆钱，油绿的白杨树叶，加上杏花，蜜蜂的嗡嗡，已是江南暮春的天气！仿佛洞穿上了绿色的春装，石窟前面拔地参天的白杨树叶已给古老的石窟遮没了……我正在欣赏千佛洞的春色，忽地一声我所熟悉的叫声，随即发现已有快一个月不到我窗前来的喜鹊，这时容光焕发地，矫健地，像箭一样划破蔚蓝的天空；在白杨树的枝头上略略停留了一下。它踟蹰看了我几眼，忽地一个箭步，飞跃在汽车窗前，用嘴啄在玻璃上，烦躁地叫了几声，跳来跳去地望着玻璃反光中她自己在杏花背景中的影子；烦躁地，像冬天在我窗外乞食那样，啄一阵玻璃，叫一阵……又飞到树上，对着汽车窗的玻璃叫着。"会发生什么情况似的"，我正在怀疑，说时迟，那时可快：一刹那，这只疯狂了一般的喜鹊，忽地把自己的身子，像俯冲轰炸机似的冲击在汽车房的玻璃上。砰然一声，玻璃碎了，喜鹊惊惶失措地，振翅飞去了！

一切依旧是这样静，像春光一样悄悄的静寂，溪水在流，杏花在落，有些被水带走了，有些落在细黄的流沙上刚停留下来，一阵微风又把它们带走了！"在沙漠中"，我如从梦中醒来一般，又开始我的思索，像考虑沙漠中单身干部的感情生活一般……对于一只孤单的喜鹊的问题！

（原载《文汇报》1962年4月4日）

敦煌抒感

看过电影《昆仑山上一棵草》的人，认为这棵草之所以可贵，在于它生长在冰天雪地、风雪冲刷的高原上，不但忍受着严酷自然气候的考验，而且还能顽强地开出美丽的花朵。敦煌之所以迷人，令人向往，同样的在于它僻处在祖国西北边疆，在寸草不生的祁连山下，在千里戈壁、瀚海风沙中，矗立着闻名于世的敦煌莫高窟。一二千年以来，人们靠着鸣沙山和三危山之间自南到北的一溪岩泉细水，在严寒酷暑、黑风黄沙之中，以不屈不挠的顽强意志，从培养一根草开始，于是有了一株树、一棵果木、粮食、蔬菜……在平沙万里中，创造出一个风景如画的绿洲。多少年来，无数的建筑师、石匠、画工和塑匠，他们来自中原或更西更远一些地区，以充沛的毅力，在悬崖峭壁上，开山凿窟，抹泥刷粉，从东晋十六国开始，经过北魏、隋、唐、五代、宋、西夏、元1000余年间，世世代代、前仆后继的不断努力，开凿了1000多个洞窟，创造出这个绵亘20余里，如此惊心动魄、伟大瑰丽、举世无匹的莫高窟画廊。

现在的敦煌是清雍正三年（1725）设县的。那时钱塘人汪德容经过敦煌时就写过："今寺已久湮，而图画极工。"到了嘉庆末年（1820），西北史地专家徐松，又在他的《西域水道纪》中，对莫高窟作了详细记述。光绪五年（1879）匈牙利人洛克济第一次以欧洲人的身份来游莫高窟，这个意外的发现使他大为惊叹。莫高窟震动世界的大事，是众所周知的光绪二十六年（1900），人们从一个密藏的石室发现了几万卷名贵古抄本书和其他无数宝藏，并且保存得完完整整。这一震动世界的发现，使专以盗窃世界文化珍贵遗产为职业的帝国主义文化间谍接踵而来,用种种阴谋诡计盗走了大批古代文物和壁画。

敦煌莫高窟这一漫长的历经 1600 年的历史文物宝库,轮到我知道时,已经很晚了。在 20 世纪 30 年代,当时我在国外看到斯坦因、伯希和从敦煌劫去的具有高度艺术水平的唐代前后的绢画和手抄本,大为惊异,就渴望到敦煌去作一回详细考察。10 年以后,终于实现了这个愿望。

那是距今 20 年的事了。当时通向敦煌的汽车路尚未修通,我们五六个初次出塞的旅客,在安西雇了十几头骆驼,向荒无人烟的戈壁滩艰苦地前进。经过了三夜两天的饱受困乏和饥渴的行程之后,当我们对着鸣沙山、三危山的方向,从新店子转向南行上了二层台子时,一个土塔忽然在我们的视线中出现了。它在中午炽热的日照下,真像瀚海中的灯塔一样,闪闪发光。带路的驼夫指着土塔告诉我们:敦煌莫高窟快要到了。我们听了十分兴奋,一步一步接近着土塔。这时候,我在骆驼背上,从一个陡坡看下去,发现峡谷中一片光彩耀目的绿树,白杨流水,花树成荫,真是别有一番天地!突然间,驼铃失却了原有的节奏,骆驼紧张地加快了脚步,一时间,在狭隘而堆满了流沙的下坡路上,争先恐后地跑起来。尽管驼夫挥动鞭子,大声吆喝,还是无济于事,十几头骆驼一拥而下,我们被摇摇摆摆地拖下了斜坡。一下坡,骆驼便奔赴泉水边排成不规则的行列,低下头去狂饮了。这时几个善骑的小伙子,也迫不及待地跃身而下,向前跑去。我虽然被不听话的骆驼作弄得很难受,却还是喜笑颜开地展视这一片豁然开朗的新天地。"是一个塞外江南呀!"我独自思忖着。当时那种喜悦的心情,和正在饱饮清泉的骆驼,和那些早已跑到上寺去为我们安排生活的小伙子们,几乎是一样的。

20 年很快地过去了。在这一段长长岁月里,我们的国家全变了样子,敦煌一切自然也今昔不同，特别是解放后这10多年。在敦煌，我前后大约接见了5000个前来参观的客人。虽然他们的感受不完全相同，但对这一片豁然开朗的新天地的赞赏，却完全是一致的。现在，当我在敦煌的工作跨入第21个年头时，窗外和暖的风和不知从哪里飞来的翠鸟清唱声，打破了莫高窟的平静。柳树在春风的薰沐中最先穿上嫩绿的新装，园子里的杏花正在一树接一树地怒放，梨花和桃花也都含苞欲吐。一支春天的颂歌，正在自远而近、由低渐高地吟唱着，这歌声响彻了莫高窟的天空，灌满了沙漠绿洲的每个角落。

就在这时候，一连好几天，我都在等待一个事先约好要来这里参观的客人。这是一个月前我来敦煌时，在兰州到乌鲁木齐直达快车中认识的一个旅客，他当时由北京去新疆工作。我们虽然是萍水相逢，但在两天一夜的旅途生活中，已经成了很相知的朋友了。我们两人同住在一个包厢中，除吃饭时间外，总是聊天，夜间很晚才入睡。1963年2月27日零点开始，我们听到了《人民日报》《在莫斯科宣言和莫斯科声明的基础上团结起来》的社论广播。彼此都非常兴奋，从国际形势谈到了当前的工作，谈到了我国6亿人民在伟大而坚强的中国共产党、毛主席和中央人民政府的正确领导下，这几年来如何战胜一切困难，自力更生，以勇往直前的豪迈步伐，进行着宏伟而壮丽的社会主义建设，就像兰州到乌鲁木齐的直达快车一样，用飞快的速度，冲破了戈壁沙漠上的夜色，奔向更加绚烂的前方。

火车出了嘉峪关，正在沿着旧时阳关古道蜿蜒前进。2000多年前，汉武帝的特使张骞正是由这条路，经过千辛万苦，突破匈奴的封锁线，历经13年的长期斗争，终于到达大夏国（今阿富汗），从而开拓了中西交通要道，沟通了中西文化与贸易的交流。当时出口的中国精美丝绸锦绣，曾丰富了世界物质文化的内容。敦煌地方就是中西交通要道一个中间站。汉唐以后，1000多年来，这条路一直被西方国家称为"丝绸之路"。如今，在我们社会主义建设的时代，却把它铺了钢轨，变成一日千里的"钢铁之路"了。但2000多年前的"丝路"和汉代长城及防御匈奴的烽燧遗址，还是断断续续遗留在茫茫的戈壁上，可以从列车窗外的淡淡月色中，依稀地见到。这些历史的陈迹，使我们想象到当时在这条"丝路"上成千上万的骆驼，背上驮着长安、成都和齐鲁生产的锦绣绫罗，络绎不绝、兼程赶路的情形，也使我们想象到那些年富力强、不畏寒冷与孤独，雄健地站在烽燧上向西北方瞭望着的汉唐时代保卫祖国边塞的戍卒。对这些戍卒的想象，使我们以更加深厚亲切的情感，惦念起如今坚守在祖国边疆的人民解放军战士——这些钢铁打就的英雄，毛泽东时代的坚强战士，他们是我们民族的骄傲！历史的想象和现实的联系，使我们不能不感到过去到现在的巨大变化！假若说，2000年中国的历史，是缓慢地从封建社会进到了半殖民地半封建的社会，那么，我所亲历的这20年变化，却是了不起的历史变革的巨大跃进！拿我亲身经历的事情来说吧，当时在饥寒与困顿中，骑在骆驼背上摇摇晃晃三天三夜，才走完自安西到敦煌300华里的行程。而今天，我们却在软席卧铺上，只经历一天一夜的时间，就几乎完成了2000华里的长途旅行。在极度兴奋和激动中，我情不自禁地向同行的朋友讲述了我过去在这个地区的种种遭遇。朋友听我讲完之后，向我伸出一只热情而温暖的手，紧紧地紧紧地握着我的手，使我又从往昔的记忆里，返回到现实的生活中来了。一股两个人共有的时代幸福之感，使我们的眼睛热烘烘的……是谁，是谁给我们这样大的幸福呀？于是，我们想到了先烈们，想到了我们的党，以及数不清的、以冲天的革命干劲献身于社会主义建设事业的亿万劳动人民。

"过一个月，我完成了新疆的工作后，在返回途中路经柳园时，我一定到敦煌去看你和你们的塞外江南！"在车站分别时，朋友对我说。一个月很快地过去了。今天，我正在怀念火车上遇到的那位朋友，忽地一辆小吉普送来了一个客人，细看时，正是我所盼望的朋友。"真是塞外江南！"他一看到我出来，欢乐得几乎喊叫起来。并且指着旁边的溪水微笑着对我说，"这就是当年骆驼在此狂饮的宕泉吧？"我们边谈边笑地走进宾馆的休息室。这时，院子里的两棵怒放的杏树，正从玻璃窗中反映进来，使房屋的墙壁上呈现出一片桃色的光彩。"这个地方太好了，真是个桃源仙境！……可还是把我带到洞子里去看看那些好看的壁画吧。"他不住地赞叹着环境。他是那么紧张地从北魏早期旧窟开始，然后隋唐宋元五代，一口气也不歇地看了5个钟头。因为他必须赶乘当夜柳园到兰州去的快车，这样，我们就不可能按照一月前在火车上计划的那样，再在千佛洞作深夜长谈了。终于在新月和电灯光的交织中，迎着傍晚清凉的春风，送别了我的朋友。

云彩遮盖了新月，一阵比一阵凉的夜风，使我预感到，从中午摄氏23度的气候，黎明前可能会一直下降到3度左右。有人也许会担心，这将会使那些白天没有绽开的花朵受到冻伤。然而这些顾虑是多余的。每年春天，一样的冷热气候的剧烈变化，一样的花开花谢！风霜锻炼了一切。这里长出了别处没有的鲜甜脆嫩的"李广杏"和"香水梨"。对于农作物生产来讲，由于这里水土含碱量大，全年无霜期短促，因此，除掉一般的耕作劳动外，必须多上肥，勤翻土，常日晒；为了中和水土的碱化硬化，还要把一车一车的沙子掺和在土和肥料中。如果要农作物随着时序好好地生长，就得严格掌握季节变化的规律。春分、清明、小满，是三个塞外粮棉及其他经济作物的重要节气。必须分别种子性能，一一按时下种。"不违农时"这句话的含义，没有人像塞外农民这样真正理解得深刻了。

气候的突变，往往使工作量成倍地增加；越是在季节更替的时候，沙漠中的气温变化就越大。譬如这几天，杏花梨花满树满园地开得十分兴旺，忽地一阵七级到九级的黑风黄沙，就可以使这些花树一夜凋零。再譬如，昨天中午气温已达到摄氏23度，可是今天黎明忽然来了一个零下5度的霜冻！幸好现在有及时的气象预报，农民们能够及时预防。为了战胜霜冻，有多少次，我在敦煌亲眼看到人民公社的男女老少，用自己的棉被、衣物和其他东西，细心覆盖在棉苗上。从黎明的晨光中，就可以辨认出一层小雪一样的白霜粉末，撒在盖满了整块大棉田的各色各样的东西上。看了这样的奇景，我特别感动。记得1958年，曾遇见一次突然袭来的严重霜冻。当时我正在一个公社，亲眼看到了社员们在这场和自然灾害的斗争中，表现出保卫社会主义集体劳动果实的高贵精神。那是一个5月之夜，寒气逼人。这一夜，全公社不分男女老少，全部出动参加了抢救工作。每家都把自己的被褥、衣物、柴草，直到木板、报纸、书本等等，一切能够抵御霜寒的东西都拿了出来。我走进一个农民家里，土炕上只留着一位年老的妇女，怀里抱着一个熟睡了的小孙女。我向她招呼后，在灯光中认出是张大嫂。我问："大嫂，你这夜里没有盖的，不睡觉能行吗？"张大嫂笑着对我说："哪里话呀，好所长！你到这里20年，不是不知道，解放前我们这里的人是如何过冬的！如今解放了，大家翻了身，有了花缎被、花床单，眼下有霜冻，我们在炕上坐一两晚怕什么，怎能自顾自，忍心把队里的棉苗白白冻死在地里？"她这一番从肺腑里倾吐出来的话，使我回想起我刚来到敦煌的时候，看到这一带的农民遭国民党马匪帮的一次洗劫。青壮年被抓去当了兵，家中的东西，包括仅有的被褥等，全被抢光。冬天来了，为了御寒，在精光的土炕上，垫满了沙和草，一家老小就靠着炕底下燃着的马粪，把身体埋在沙草中度过漫长的冬夜。

这就是敦煌人的今昔。

如今，生活在这号称"塞外江南"的劳动人民，也像全国其他地方的人民一样，正在以空前高涨的热情，从事着伟大的社会主义建设。他们用自己的双手，创造和过去完全不同的世界。假如人们认为，"塞外江南"的风光是新鲜与可爱的，那么，那些世世代代在塞外与严酷自然斗争中锻炼出坚强性格、从来不知道在困难面前低头的敦煌人民，会使他们感到更可爱！

1963 年 4 月 1 日于莫高窟杏花盛开的早晨

（原载《人民文学》1963 年第 11 期）

大规模的临摹与研究

自1951年敦煌文物研究所作为中央文化教育委员会社会文化事业管理局的直属机构以后,研究所的工作,在人力、物力、财力上都得到了加强,同时在工作和学习上也能及时得到中央方针政策的指引。通过学习中央政策,我们明确了对文化遗产的保护工作是我国今后经常性的文化建设工作之一,消除了一些人那种认为保护敦煌文物是维护封建迷信的顾虑和错误认识。

文化部曾指示我们:"保护工作,首先应明确认识,保护敦煌石窟艺术不使其受到任何损坏是一项重要的政治任务。研究工作,必须从现有条件出发,有计划地逐步展开。同时必须与研究所的具体任务,特别是临摹工作密切结合进行。要重点临摹,全面拍照。临摹是研究工作的基础,也是研究所的基本工作,艺术的发展不能离开传统,临摹就是通过艺术实践,深刻地学习和体会艺术的传统。对于临摹者,临摹的过程就是研究和锻炼的过程,是发扬和发展传统的准备和手段。对于散处在全国的美术工作者,临摹就是他们学习艺术遗产、推陈出新的依据。

因此，有计划有重点的临摹必须坚持下去……今后应在研究分析的基础上，有重点地进行临摹，临摹的主要对象，应该是足以代表各时代的、具有优美的艺术形式和丰富的内容的作品。"这样，临摹工作被提到议事日程上来了。临摹工作，在新中国成立前我已做了一些，那时注重全面临摹。由于那时研究所处于无人过问的困境，物资、器材、经费都很缺乏，临摹工作受到很大的限制，除少数代表性作品外，一般都采取缩小比例的方法。有的缩小到原作品的1/2甚至1/4临摹，有的则只临摹立体部分，有的专题临摹仅从整幅壁画中裁取部分，如飞天、交通运输舟车、动物、山水、服饰、人物、供养人、藻井图案、莲座图案、边饰图案、头光图案，等等。在1951年首都举办"敦煌文物展览"时，有不少观众和专业人员提出疑问，这些优美的飞天和图案究竟在壁画的什么地方，占多少位置，在飞天旁边还有什么，等等。有些专家学者还需要知道全面情况以供研究，并希望看到原大原色的临摹作品。现在万事俱备，更来东风。党和国家不但为我们提供物质条件，又给我们下达具体要求，要对莫高窟的重要作品作原大原色的客观临摹，而且还要作记录性的全面摄影。我们都为此而兴高采烈。

为了提高临摹工作质量，我们美术工作者不仅要研究掌握这些壁画艺术的技法，如壁画创作程序、用笔、用色、人物的描绘、建筑、树木和山水的布局，而且还要研究熟悉作品的主要内容、时代背景等。这就需要学习、研究有关的美术史、佛教史、图像学、哲学、社会学、历史等专业知识。在上级领导的大力支持下，我们在很短的时期内从国内外购置了一大批图书资料，成立了一个初具规模的图书资料室。以后通过不断和国内外进行资料交换，到1966年"文化大革命"以前，我们已拥有两万多册有关敦煌研究的专著和数以万计的摄影资料。中国科学院的竺可桢院长，还把散失在国外的敦煌遗书和文物复制成显微胶卷送给我们，丰富了我们的图书和资料。这些图片资料、遗书资料和书籍资料对我们的学习、研究工作和完成临摹任务起了很大的作用。

我们新中国成立前的临摹，由于种种困难，在无财力、缺器材的情况下，不得不采用那些劣质颜料，有的甚至是用红土、泥土经过自己的漂洗沉淀来代替的。有一个时期买不到矿物色的石青、石绿，只好用调和漆的颜料、染料来代替，因而这些临摹品放了许多年之后，不少已出现严重变色甚至褪色的现象。上级指示我们，一方面要加强对敦煌壁画至今颜色不褪不变的科学研究，同时，为了保证临摹品的质量，必要时应采用石青、石绿、朱砂、朱磦、贝粉、赤金等新中国成立前所不敢奢望的名贵材料。故宫博物院还支援了我们一批他们旧藏的矿物质颜料。地质队在探矿时，为我们找到了朱砂等贵重颜料。使我们难忘的是在西藏工作的周仁山同志，还特别组织人力开采了大箱大箱的原矿石供我们自己来研制颜色。为此，我们还添置了一套手工和电动两用的球磨机，以磨制矿物颜料。

1952年以后，我们集中所里有多年的临摹经验的李承仙、段文杰、史苇湘、欧阳琳等，开展整窟原大原色的临摹工作。从哪一个洞子开始呢？经过反复认真地讨论研究，大家认为285窟比较好。这个洞窟就是1925年美国人华尔纳第二次"光临"敦煌莫高窟，一心想把整窟壁画剥离去的那个洞窟。华尔纳在1924年美国哈佛大学得到福格艺术博物馆（Fogg Art Museum）的资助，预先把化学药品铺在布上，在莫高窟5天工夫就粘去壁画20多幅，毁坏了我国古代美术珍品。当地人民知道了华尔纳的无耻行径后,便一群一群地去责问地方官陆县长。是年莫高窟庙会时,他们又一群一群地去诘责王道士。陆县长卸了任,走到新店台子村,就被群众抓住,非要他取回被华尔纳剥去的壁画不可。陆县长派人赶到敦煌县城邀请来几位绅士调解,才勉强放他走。华尔纳第二次来敦煌的野心更大了。他的大喽啰翟荫率领人马到敦煌时,对当地长官说:"此来是要剥离一部壁画……"当时北京大学派去监视华尔纳的陈万里先生在《西行日记》中写道:

> 翟荫君在肃州复新雇一周姓木匠,同人咸呼之为老周。老周前年曾随华尔纳、翟荫二君赴肃州北黑城子及敦煌佣工数月。今日告我,华尔纳君在敦煌千佛洞勾留七日,予道士银七十两,作为布施。华以洋布和树胶粘去壁画得二十余幅……
>
> 于120号N洞发现大魏大统四年及至五年画像题铭,翟荫君告我:在京时所计划剥离者,即系此洞!(注:伯希和120号N洞即今285窟)

1925年,华尔纳因遭到敦煌人民的愤怒抗议,企图未能得逞,不得不鼠窜而回。

第285窟有大魏大统四年(538)、五年(539)题记,历史和艺术价值高,保存完好,是西魏时的代表洞窟。如果我们把这个洞窟的壁画全部按照原大临摹并装置起来展览,既可以让全中国人民及国际上热爱敦煌艺术的朋友们欣赏该窟壁画全貌,宣扬我们伟大祖国的艺术传统,同时又可揭露华尔纳之流盗窃敦煌文物的丑恶行径。这是新中国成立以来第一次接受党和国家交付的大型临摹任务，我们满怀激情地把它当成重大的政治任务来完成。经过六七名同志夜以继日地忘我劳动，历时两年之久，终于完成了第285窟整窟原大、原色、忠实性的临摹。这是5米见方复斗藻井窟，西壁开三龛并有2米高的塑像，共有327平方米的壁画。这个285窟整窟模型完成后，先后在北京故宫博物院、上海博物馆和日本东京、京都展出，受到广大观众的热烈欢迎和赞赏。这个大型整窟临摹品清晰逼真，被认为是壁画临摹工作中的空前巨作。

1954年，我们又集中全部美术工作人员进行一年之久的敦煌图案临摹。敦煌图案是敦煌石窟艺术重要的组成部分，是敦煌艺术中一束鲜艳美丽的花朵，是石窟建筑、壁画、彩塑三方面共有的装饰纹样，主要分布在石窟顶部和平棋式的天花装饰，其次是佛龛上部的龛楣，佛、菩萨头部的圆光，身后的背光以及壁画边缘的部分。敦煌图案，是古代艺术匠师们高度智慧和创造才能的结晶。从这一侧面，不但可以反映出当时的时代色彩，而且可以看出一脉相传的民族形式与作风，为我们提供了重要的借鉴资料。

1955年，我们又集中全部美术工作人员对莫高窟各时代代表作进行原大、原色、忠实的临摹。我参加临摹第217窟盛唐壁画《幻城喻品》。

1956年至1957年两年中，我们集中全部人力对安西榆林窟壁画进行临摹。安西榆林窟又名万佛峡，与敦煌莫高窟同为我国西北地区重要石窟，1962年列为国家级保护单位。榆林窟在敦煌石窟的东面，安西县城西南150公里的峡谷中，洞窟开凿在榆林河峡谷的东西两岸，两岸相距100余米。其开凿年代因无文献可考，根据其洞窟形制和现存壁画风格与敦煌莫高窟相比较，时代大体可定为唐、五代、宋、西夏、元、清代，前后计800余年。石窟有东岩30窟，西岩11窟，共计41个窟。我们重点临摹了第25窟整窟，仍是原大原色忠实的临摹。这个洞窟没有修建年代的题记，只在前室东壁门南有"光化三年十二月二十二日悬泉长失奢乞达宁……巡礼圣迹"的游人题记。按照这个洞窟壁画内容及风格推断，可能建于天宝至大历之间，约为8世纪中期。这是榆林窟唐代杰出的作品，也是我国现存唐代壁画中的代表作品之一。在组织结构上、表现技法上、线描、赋彩、人物形象的描绘上，壁画都显示了高度的精致和纯熟，体现了唐代丰腴健康、绚烂富丽的时代风格。尤其线描遒劲、流畅、富于变化，颇有"吴家样"的风趣。这个整窟的临摹作品先后在北京故宫博物院和上海博物馆展出。这两年，我们在榆林窟还临摹了唐、五代、宋、西夏、元各代壁画计60余幅。

在这以后的几年中，我们又集中临摹了敦煌人物服饰。这是有计划、有选择地搜集敦煌壁画中各时代的供养人和佛经故事中人物服饰资

◆ 20世纪50年代，常书鸿在石窟中临摹

◆ 李承仙临摹壁画

料,有当时的统治者帝王、贵族的服饰,也有一般人的服饰。这些服饰资料中,有一部分根据壁画题记,不但有明确的年代可考,而且还因为供养人结衔的名称,可以分辨出不同时代各种不同官职和阶层人物的服饰礼制。它们与历代文献及舆服志所载资料可以相互印证,对于我们现今科学地研究物质文化史,创作历史画、电影、戏剧、舞蹈等提供了宝贵的资料。

60年代初期,我们继续作整窟原大原色的忠实临摹,相继进行的有第249窟西魏窟、第220窟,还有贞观十六年(642)题记的初唐窟以及飞天、舞乐的专题临摹。敦煌飞天,又名香音神,是能奏乐,尚飞舞,满身香馥的美丽的菩萨,是敦煌石窟艺术采用最广泛的题材,从北魏到元代一千余年的壁画中,经变、故事画、说法图及藻井、平棋图案、龛楣、边饰、头光、背光等地方,都绘制了各种不同姿态的飞天。她们翱翔于彩云之中,载歌载舞,在楼台殿亭间穿梭飞舞。她们生动、健美、活泼的风姿是现实主义与浪漫主义的结晶，至今仍使我们喜爱。飞天舞乐形象还对研究我国舞蹈、音乐、戏剧等艺术历史具有重要的参考价值。

临摹古画，是中国民族绘画传统中一项不可缺少的课题。临摹不但要求客观地再现作品的形态与色彩，更重要的在于展示出作品的神态、笔墨气韵。宋代著名画家米芾（1051—1107）曾说过："画可摹，书可临而不可摹。"他把"临"和"摹"作为两种技术方法分开解释。他认为，"摹"画在于外表的效果，而"临"画则需要通过理解绘画的神态和笔墨气韵。临摹就是力求把一幅绘画作品从"形似"到"神似"都忠实地再现出来。

大家都知道，印度阿旃陀壁画的临摹工作是由英国女画家海林岗于1896年至1897年进行的。当时海林岗和她的几个助手，用了两年的光阴一共临摹了百余幅阿旃陀壁画，使得这个埋没在德干高原的古代印度绘画艺术公之于世，在伦敦举行了一次轰动全英国的阿旃陀壁画临摹展览会。但这些摹本是用英国传统素描勾勒和水彩烘染的技法表达的，很难体现出印度东方壁画那种厚朴生动的特点。可惜这些摹本竟在一场意外火灾中全部化为灰烬了。

日本奈良法隆寺的金堂壁画，由名画家入江波光、桥本明治、中村宏陵等20余人用10年时间精心完成了临摹工作。当时为了保证质量，规定每人每天完成一平方寸的面积。他们的临摹堪称是细致入微的一种科学文献性的记录工作。不幸的是，在1949年初的一次漏电引起的火灾中，金堂壁画全部烧毁。现在，幸亏有那些摹本代替了壁画真迹，成为存世"孤本"，被日本奉上国宝地位。

敦煌石窟艺术的临摹工作，从1943年开始，已经有30多年的历史了。但新中国成立前的7年，由于人力设备等条件的限制，规模和收获都不甚大，而到新中国成立后的20多年，才大规模地开展起来，取得了显著的成绩。我们前后临摹了北魏、隋、唐、五代、宋、西夏、元等各时代的壁画代表作品，共计1300余平方米。

我们就是选用这些摹本，在前后大约30次的国内外举办的敦煌艺术展览会中展出，其中除若干幅整窟原大的摹本，还有近2000幅各个时代的代表性作品和各种专题的集锦。通过这些摹本的展出，客观地体现了自公元4世纪到14世纪这1000余年间，敦煌艺术的主题内容、时代与艺术风格方面的发展演变情况。这些摹本，为我国社会主义文艺创作提供了借鉴，同时，也使国际友人看到，虽然斯坦因、伯希和、华尔纳、柯兹洛夫、橘瑞超等盗窃了敦煌部分文物，但敦煌石窟留存下来的艺术遗产正受到共产党和人民政府的保护和重视。

为了改善职工的工作和生活条件，1954年，中央文化部还拨给我们专款购置了一台15千瓦的发电机和一部电影放映机，配备了一个卫生员并办起了托儿所，购置了儿童生活用品和玩具。文化部还拨了一辆带拖斗的吉普车，购置了摄影器材并从北京调来专职的摄影工作人员，从敦煌县城到莫高窟之间架设了电话专线。新的工作和生活条件的创设和改善，是党和人民政府对长年累月在戈壁滩上从事石窟研究和保护工作人员的关心和支持。回想我在1942年初来敦煌莫高窟时，为了解决城乡交通，好不容易买了一辆别人不要的大木轮老牛破车。第一次我坐着这辆牛车自敦煌县城出发，车里装了粮食和铺盖，加上又是上坡路，老牛车走几步停一停，从下午6时一直走到第二天上午9点钟才到莫高窟。

1948年，李承仙为了完成第61窟13.3米长、5米高的《五台山》全图壁画临摹，在4米高的由桌椅板凳捆起来的架子上工作。这个洞窟在石窟群的底层，从甬道到洞窟壁画墙面有20米距离，光线阴暗，窟内寒冷。她在窟内支撑一大块白布，靠反射光来解决光源问题，有时没有阳光反射，就用煤油灯，一手执灯，一手作画。1948年至1949年，她完成了74平方米的《五台山》全图壁画的临摹。这些历历在目的情景使我思绪万千，有时激动得流下泪来。记得千佛洞正式发电的那天是1954年10月25日。我在日记中写道：发电机运到后，经过几个月紧张的外线立杆和内部电灯的装置，发电机在千佛洞正式发电放光的不可思议的日子终于到来了！为赶工作，也是为了"尝新"，长年艰苦地在黑洞子中摸索的美术组同志尤其兴奋，急不可待地早早坐在洞窟中新装好的日光灯下守候着，听着发电机的动静，等待光明的到来。当我在洞窟内外奔走时，自己也感到内心就像当年安迪生发明电灯那样急待闪烁之光的产生。对于我们在沙漠洞窟中的人来说，有时生活的嘲弄好像隔世似的变得那样可笑。

怀着这种心情，美术组全体同志，自愿在新装好电灯的洞窟中，做有史以来未曾有过的、破天荒的夜间加班工作。提前吃了晚饭，大家都在洞窟中新安装好的电灯下守候着。电工规定下午6时发电。在这之前，千佛洞是那样的寂静。好容易等到时间了，自远而近，隆隆的发动机声划破沙漠的寂静。忽然，从中寺经过古汉桥，所有的电灯同时发放出晶亮的光芒，使千余年的石窟内壁画和彩塑散发出从未有过的灿烂的光辉！在这莫高窟具有历史意义的时刻，我激动地从这个洞子跑到那个洞子。在有灯光的洞窟，我都停下来看看色彩斑斓的壁画，还要看一看模糊不清的漫漶的壁画题记。最后，我走进一个照耀得如白昼的洞窟中，看望一位在高架上临摹的女同志。她手中拿着笔，正激动地望着微微有些闪烁的日光灯管。我注意到她那双因长期在暗黑的洞中工作而损坏的眼睛，此时被强烈的灯光所照耀，有些张不开地望着我，两眼在闪动。我迎着她的目光问："好吗？这个电灯？"久久没有听到她的回答，只见在她微笑的脸上挂着两行泪水。这是幸福与激动的泪水。

我来到第17窟，那个被盗的藏经洞。这里也被一只100瓦的电灯照得满堂通明。我要亲眼看看，这个半个世纪以来历经劫难的"石宝"纤毫毕露，空无所有的真实景象。这一切，都是过去昏暗的油灯下所见不到的。北壁上那两幅唐代供奉仕女画像在强烈灯光下显得更加艳丽多姿，呼之欲出。我审视良久，她们从石窟创建那一天起，就寸步不离地守卫在这里。她们是这里一切变迁的目睹者，也是石窟惨痛历史的见证人。

宋仁宗景祐二年（1035），3万多件珍贵文物秘密地在这里珍藏起来。从此，它们安静地度过了千年。光绪二十六年五月二十六日，一个寄宿在千佛洞的游方道人王圆箓在引水冲沙时，无意中把水冲进了16窟甬道中，使甬道北壁密室封墙处裂开了一道缝隙。王圆箓用芨芨草从缝中插进去试探，终于发现了这个秘密。于是，他打开破壁，发现了通往现编号第17窟的秘密的小板门，打开板门，看到了从地面一直堆到洞顶的一卷卷粗布包扎的包裹。他取出一包打开，发现了佛经、文书、画幡等珍贵古藏。至此，这个沉睡了千年的宝库终于被惊醒了，一场空前的浩劫向它袭来。

开始，王圆箓因为有所顾忌，不敢声张，随即把这个秘密报告了当时的清朝县长。那位不学无术,但却狂妄自大的县太爷竟以古人书法不如他为辞,命王不必大惊小怪,仍将洞封闭了事。王圆箓不死心,又悄悄写了一个草单,"上禀当朝天恩活佛慈禧太后",报功请赏。但这正是八国联军大肆在北京烧杀抢掠,清王朝惶惶不可终日的垂亡关头,丧权辱国的那拉氏忙于对外媚降,对内镇压,其余则是荒淫无耻地尽情享乐,哪里管什么"古物密藏"的区区小事。

王圆箓在无人过问的情况下,成了这座稀世宝库的主人。他开始是少量地取出,奉送给来参观的官僚、地主、绅士,后来这些文物辗转互送,传到英国驻新疆领事的手中。1906年,到新疆做地理勘察的英国人斯坦因探听到这个秘密。他于翌年3月,和雇佣的蒋孝琬窜到千佛洞,贿通了王圆箓,于是一次便盗走了经卷文书9000余卷,连同木本刻印图佛画等,共装满24箱,此外,还有唐人绘画和织绣的绘画50箱,盗运至国外。还是这个盗窃敦煌文物的罪魁祸首,1914年第二次窜到敦煌,又盗走500多卷写经。这两次,他共计盗走丝绢、织造、绣像等150余幅,绢本及纸本绘画500余幅,图书、经卷、写本、木刻印本等6500余件。其中有年代题记的380余件,是上起北魏天赐三年(406),下至北宋至道元年(995)的文物珍品。接着各帝国主义分子垂涎相沓而至,如法国的伯希和、俄罗斯的柯兹洛夫、日本的橘瑞超等,都以卑鄙的手段盗走大批文物。等到昏庸的清政府发现时,已经仅剩残余经文8000余件,这才命陕甘总督把它们送到北京。

从悲愤的往事中醒来,我看到这两个历史的见证人在灯光下露出动人的微笑,仿佛她们在庆幸这样的劫运已经永不复返了,明亮的灯光驱散了陪伴她们的漫长黑暗,给她们带来了光明。这是多么令人动心的幸福的微笑啊，这是足以与世界名画《蒙娜丽莎》比美的另一种具有东方风格的"永恒的微笑"！我拿出速写本，即兴把她们这幅"永恒的微笑"勾勒出来，记下这幸福的一瞬间。

敦煌艺术的临摹工作，是保护文物的一项手段，也是分析研究古代艺术发展演变的重要实践。多年来，我们在进行临摹的同时开展了研究工作，收到很好的效果。通过临摹及对壁画中人物、建筑、山水、花鸟等的描绘、着色、勾勒、烘染、布局等技法、过程的分析和研究，看出这些壁画的无名作者在封建统治者的奴役压迫之下，运用他们的智慧才能，突破宗教和佛经题材的种种清规戒律，在民族绘画传统的基础上，吸收外来营养，创作出新颖的风格。他们的作品，既富于时代特点，又有现实生活的浓郁气息；既表达了作者对邪恶的批判，又展现了对美好事物的无限憧憬。这些作品在千年后的今天，仍然展现着无限的魅力。

从50年代末到60年代初，全国各地的大专院校陆续为我们研究所输送了一批大专毕业生，充实了我们的业务技术力量。他们与多年工作富有经验的同志们一道，共同对这个浩如烟海的古代艺术宝库进行认真的探索和研究，使工作更顺利、快步地向前迈进！

敦煌早期艺术多出自东晋十六国拓跋族画工之手。他们粗犷放达而又富于汉画传统的生动笔触，和那吸取来自犍陀罗的佛像菩萨、飞天的艺术造型，带有域外袒胸露臂的风尚。发展到隋代，壁画的人物线描已趋向细致圆润，一改早期的粗犷之风。正如中国画史所说，隋代画家展子虔的人物描法甚细，遂以色晕开，这种甚细的描法在敦煌壁画中得到印证。隋代是短暂的王朝，在敦煌却开凿了大量石窟，在壁画和彩塑上，不惜采用大量的赤金、白银、石青、石绿、朱砂、朱磦等贵重颜料。到了唐宋元各代，敦煌壁画的民族绘画传统进一步显示了中原民族绘画传统的特点。

敦煌艺术是中国美术史的一部分。中国古代美术史，各代只见诸一些零散的文字材料，而作品实物留传较少。敦煌艺术可以说是稀世的伟大艺术遗存，它是宗教艺术，但也是民族、民间艺术。虽然有人至今仍否定它是正统的中国民族传统，但从中国绘画史和近代出土的汉唐墓室壁画作品来看，便不能不承认敦煌艺术是4世纪到14世纪一脉相承的民族艺术传统的杰作。敦煌壁画就其制作技术、制作方法而言，与宫廷的卷轴画有所不同，但其绘画技法还是民族风格的产物。这是一座包涵从北魏到元代1000多年的丰富多彩的有4.5万多平方米的壁画，2000多身塑像的492个洞窟的沙漠里的画廊宝库。它系统而完整地填补了4世纪以后14世纪以前这一段时期散失了的历史名画真迹。它本身堪称中国中世纪的美术史。由于它的存在，我们可以上接汉代出土墓室的壁画，下连永乐宫、法海寺等地的明代清代绘画，一直和近代衔接起来。这样，通过敦煌这串灿烂的艺术明珠，串连成一部完整的以绘画为主的中国美术史，这对我国今天的艺术发展具有重大的意义。

临摹工作是我们的一项重要工作，但不是我们工作的唯一目的。为了使我们所的大多数研究人员除临摹外，还具备一定的研究能力，从1954年起，我要求每个从事临摹工作的研究者，结合自己的临摹，开展专题研究，看书，查资料，写研究文章。通过两年多的努力，10多位同志分别结合自己的临摹范围写出了相应的研究论文，我也集中了一年多的时间对每一篇研究文章进行修改补充。这些同志是第一次搞研究写文章，通过完成这一阶段的研究任务，得到了锻炼，认识到了研究与临摹之间的相互关系，也使大家加深了对所临摹壁画内容的认识和理解，进一步提高了临摹的水平。1957年，这批研究成果由北京人民美术出版社以"敦煌艺术小丛书"的形式出版。它们是：李承仙的晋魏和五代各一本，霍熙亮隋代一本，李其琼初唐一本，段文杰的盛唐、中唐、榆林窟各一本，关友惠的晚唐一本，冯仲年的宋代一本，万庚育的西夏和元一本，孙纪元的彩塑一本，欧阳琳的图案一本，共完成12本。另有孙儒僩的建筑一本未能完成。

这次研究工作开了一个好头。从此，许多同志进入了临摹与研究结合的时期，有的逐渐转入以研究为主的轨道，为更深更全面的研究打下

◆ 1959年10月，常书鸿（左二）在指导敦煌文物研究所工作人员临摹壁画（郝常耕摄）

了坚实的基础。

研究工作不是为研究古代而研究。多年的实践经验使我们注意到，对敦煌石窟历史、存在情况、艺术题材、建筑、石窟档案等等全面资料的调查搜集及整理统计工作，是研究所工作的基础。我们要逐步有计划地搜集、整理，加以出版，介绍出来成为大家的东西，能使大家看到，让更多的人来研究。1957年，在国家文物局郑振铎先生的计划安排下，我们开始计划编辑一套全面反映介绍敦煌的大型画册《敦煌图录》，预计达120卷，远远超过日本编辑出版的《云冈石窟》画册。《敦煌图录》将属于敦煌系统的莫高窟、西千佛洞、榆林窟全部窟龛，按时代完整地编辑出版，重要代表性窟或大型窟单编册，一般均以代表窟为中心，照顾窟面关系，成组编辑出版。1958年，组成了《敦煌图录》编委会，编委会成员有夏鼐、翦伯赞、向达、张珩、梁思成、赵万里、吴作人、王朝闻、谢稚柳、史岩、宿白、叶浅予、常书鸿、金维诺、王冶秋、刘敦桢、周一良、夏衍、王天木、赵正之等。经编委会商定，文字部分，拟请郭沫若撰写总的叙论，夏鼐负责撰写历史考古部分，周一良负责撰写佛教历史部分，王朝闻负责撰写美术总评价，常书鸿负责写沿革状况部分。《图录》拟出六开本，每本约有图版200页。后来由于各种原因没能实现原先的计划。

石窟艺术，主要是佛教艺术。在研究工作中，我逐渐意识到，研究宗教和艺术，都离不开对佛教艺术的研究。因此，1958年5月，我致函中国佛教协会赵朴初先生，倡议创刊《中国佛教艺术》杂志。6月收到赵朴初先生复函。1958年12月26日赵朴初先生又在复函中写道："佛教传入我国以后，对我国艺术发生了巨大的影响，大教所云，我们非常同意。由于我国佛教界在解放之前,局限在宗教活动范围以内,对于佛教艺术很少注意……解放以来,佛教艺术宝库得到党和政府无微不至的保护,又得到先生等许多著名的艺术家亲自参加保护和研究工作,可以说是我国佛教艺术从来不曾有过的幸运,我们非常敬佩与感谢。关于出版《中国佛教艺术》刊物的问题,我们接受先生的建议,拟于明年起试办。"为此,我拟撰了发刊计划草案。发刊的目的是要向国外介绍中国各地丰富而优美的佛教艺术遗产,以促进这方面的研究和交流。经商定,拟请赵朴初、常书鸿、周叔迦、巨赞、郭朋、吴作人、金维诺、常任侠、赵万里、曾毅公、阎文儒、王去非、温庭宽、石鸣珂等14人组成编辑委员会,杂志暂不定期出刊,16开本,图文相半,文章内容计5万字左右。但后来由于各种原因,计划搁浅了,杂志也没出。

在60年代初,我们经过20多年搜集、整理,完成了《敦煌莫高窟供养人画像题识》《敦煌莫高窟石窟总录》的编辑任务。1966年5月,正当《敦煌莫高窟供养人画像题识》清样由文物出版社排印出来,准备开机投入大量印刷时,"文化大革命"风暴来临,致使这一部考查敦煌历史的重要资料未能出版。此外,我们编辑完成并与出版社约定的书有:由文物出版社出版的《敦煌莫高窟石窟总录》和《敦煌莫高窟全集(试行本)北魏第248窟》大型图录一册,由上海人民美术出版社出版的《敦煌壁画艺术》(综合性代表作品选集)大型图录一本,它的姐妹本《敦煌彩塑》由文物出版社出版,并准备拍摄一部旨在介绍敦煌艺术的大型彩色纪录片,由新闻电影制片厂的编导何钟幸同志和我合作编写了剧本《敦煌曲》。除此之外,我们还集中了所中业务人员撰写了20多篇论文。我们期望在新中国成立17周年,也就是莫高窟建窟1600年的时候，对我们的保护、研究等工作来一个大检阅，并以此来更进一步地促进我们的各项工作。纪念莫高窟建窟1600周年，我们为此制订了一个详细计划，准备于1966年9月25日至30日的一周时间，召开纪念会和开展各项学术研讨。专题研讨座谈的主题确定了十个方面：一、石窟加固工程；二、壁画加固试验；三、塑像修复；四、石窟档案工作；五、临摹工作；六、窟前遗址发掘工作；七、石窟测绘工作；八、关于推陈出新工作的介绍；九、题记内容整理工作；十、其他。除学术研讨会外，还计划举办展览，以及编辑出版介绍敦煌的一系列出版物。

敦煌是我国民族艺术宝库，理应成为培养全国民族艺术人才的圣地。特别是高等艺术院校中国画等专业学生的培养与教育，敦煌是一个非常重要的又是最好的大课堂。因此，我非常希望全国艺术院校师生前来学习和研究。1955年，叶浅予、邓白、金浪等先生带着中央美术学院、浙江美术学院的一批学生，有刘勃舒、方增先、宋忠元、李振坚等前来临摹学习。先由我们研究所长期从事临摹的同志带他们一起临摹，然后他们自己独立临摹。两个月时间虽短，但同学们反映收获极大。我也看到了同学们在民族传统艺术的海洋中如承受雨露般地学习新东西，从而看到了中国艺术家成长的希望。1959年，兰州艺术学院美术系师生前来临摹学习，并完成庆祝新中国成立10周年在历史博物馆展示敦煌壁画的临摹任务，我们给予了很好的支持和配合。用敦煌千佛洞这个大课堂培养学生是我一贯的心愿。1978年恢复我所长职务后，1979年我们与兰州西北师范大学美术系签订了毕业班来敦煌临摹两个月，第一个月由我们指导，第二个月放手让他们自己临摹的协议。为了支持学生的学习，我们还承担了他们来敦煌的一半路费。当时广州美院也希望能仿效这个办法组织学生前来学习，可惜这个工作在我离开后就停止了。

为了培养博物馆和石窟保护、研究人员，1960年，我们还与甘肃省博物馆联合创办了专业人员的训练班。时间半年，为甘肃省各县、市培养了一批文物专业人员。现任甘肃省武威市文物局局长党寿山就是该训练班毕业的。

在临摹、研究的同时，我们所的美术工作者从1955年开始，遵照毛主席关于推陈出新的文艺方针，边从事临摹边开始创作，深入生活，搜集素材。在这基础上，1959年顺利完成北京人民大会堂甘肃厅壁画的创作任务。壁画共两幅，一幅是李承仙为主创作的《姑娘追》，一幅是霍熙亮为主创作的《猎归》，均受到好评。1961年，李承仙还发表了《挤奶图》等作品，孙纪元创作的《瑞雪》雕塑，展出后获奖。

正当我们夜以继日、勤奋努力，希望早日对石窟全面抢修加固工程、敦煌塑像病害的修复试验等进行检阅时，"文化大革命"开始了，

◆ 1964年，常书鸿和莫高窟的艺术家们在一起

冲击了我们所设想和正在进行的一切。

10年，像一场可怕的瘟疫，千百万人倒下了，有的再没有起来。

我现在不去回忆这不堪回首的十年浩劫，还是留给后人去写吧！总之，我的概括是：我是个幸存者，一个留下满身"纪念品"的幸存者。

1976年，是中华民族历史上大悲大喜的一年，这一年，敬爱的毛主席、周总理、朱委员长离开了我们，人们痛不欲生；祸国殃民的"四人帮"垮台了，人们欢天喜地。

10年风雨初霁，又是一个艳阳天。

我曾写过这样一句诗，表达我的心情："十年冰霜花事尽，春风喜度玉门关。"中国古诗有"羌笛何须怨杨柳，春风不度玉门关"之句，用来形容大西北戈壁瀚海的荒凉，但我今天深深感到，吹遍中国大地的春风，同样激荡着玉门关外这神话般的沙海中的绿洲孤岛——敦煌莫高窟。

1977年9月，原兰州军区萧华政委和韩先楚司令乘直升机访问莫高窟。这给我们全体工作人员带来了莫大的喜悦和鼓舞。他们都是身经百战的名将，萧华同志还是一位有才华的诗人。他们参观石窟后，萧华同志挥笔写下了即兴诗句："银鹰降临沙州城，'飞天'新装挥舞迎。莫高艺术扬中外，阳关春暖观光人。"1979年，国务院副总理方毅、文化部部长黄镇和甘肃省委书记宋平等相继来敦煌指导工作，对我们的工作给予巨大的鼓励和鞭策。

1978年恢复我所长职务后，我们又开始了一系列保护研究工作。首先，为五卷本《敦煌莫高窟》选拍画面、彩塑，在文物出版社的协助下，拍摄了1500幅照片。这是我和全体研究人员从莫高窟的所有洞窟壁画和彩塑中精心选拍的，基本上代表了敦煌艺术的精华部分。拍完以后，我们进行了分工，组织所里的所有业务人员参与编辑和撰写工作。按照编辑计划，全书按时代分为五卷，第一卷北凉、北魏、西魏、北周由我、李承仙、蒋毅明、李振甫负责；第二卷隋代由霍熙亮、孙纪元负责；第三、四卷初唐、中唐、晚唐由段文杰、史苇湘、李其琼、欧阳琳、关友惠负责；第五卷五代、宋、西夏、元由万庚育、孙儒僩、李贞伯、刘玉权负责。专题论文由樊锦诗、施萍婷、潘玉闪、李永宁、贺世哲、孙修身等负责插入五卷本中。这种分工和研究工作，我专门写报告到文化局，为五卷本的出版打下了基础。

方毅副总理来敦煌视察时，曾提出敦煌的开放和宣传介绍的问题。于是我们在1962年在我和新闻电影制片厂何钟幸同志合写的电影剧本《敦煌曲》的基础上，与上海科学教育制片厂联合拍摄大型彩色纪录片《敦煌》，全面介绍敦煌的历史和现存遗迹，长达2小时。徐肖冰同志来所，我们共同研究配合中央新闻电影制片厂，选择有代表性的壁画、塑像、花砖皆完整的洞窟拍摄纪录片。原计划一个一个洞拍，但拍了第45洞一个就暂停了。

为了保存资料和广为介绍，国家文物局文物处陈滋德处长、新华社石少华同志和我所专业人员共同研究，我们和新华社携手，采用自然光反射的方式于1979年夏又拍摄了数千张照片。以往的拍摄大都采用电光源。这次我们用玻璃镜从洞外反射阳光到洞内的锡箔纸板上，再反射到画面上，所拍照片，色相还原好，十分精美。这套照片至今仍保存在新华社国家照片资料档案馆中。

"文化大革命"后期，我在清扫洞窟。这样整天来往于各个洞窟担任清扫工作，对于仔细观察石窟壁画塑像却是非常难得的机会。在这期间，发现有些在我记忆中特别的洞窟，壁画正在变色，如159、220、217、112等窟。那些精美的壁画，颜色上好像蒙上薄纱甚至褪色，尤其是159窟西壁文殊、普贤，我初到敦煌看到的那精美颜色褪淡了，线条隐没了。220窟的1945年刚从字画下剥离出来的那光彩的殊红、石药、石青等都似蒙上一层淡雾。另外还有许多洞窟也有类似情况，这里就不一一枚举了。

我向方毅副总理汇报了洞窟壁画变色的情况。我认为，在莫高窟1600年的岁月中，我这40年是非常短暂的。而在这40年中，我眼见莫高窟壁画发生如此大的变化，因此，保护壁画不再继续变色是一个刻不容缓的事情。我们应采取积极的措施，首先应了解壁画原来所用的颜色，再研究壁画变色的过程，进一步经过科学的论证，使壁画能复原到当年绘制时的光辉面目。方毅副总理认为，现今兰州科学院涂料研究所有条件开展此项研究。后来兰州科学院与敦煌文物研究所合作进行了此项研究，到我写这个回忆录的今天，兰州科学院涂料研究所已经过化验鉴定，莫高窟壁画用色有21种。这一可喜的开端为今后加强对壁画的保护，以及对壁画的复原研究工作是十分可贵的。

我在1945年曾将莫高窟全部洞窟分为：代表窟、一般窟、次等窟三种。经过"文化大革命"后期我对洞窟的进一步观察，为了加强保护与研究工作，认为对莫高窟492个洞窟应进一步分级别。我带领李承仙、蒋一明等同志，对492个洞窟按照现存艺术价值和历史价值分为六类。

黄镇部长视察敦煌工作时，我向他汇报了40年来莫高窟洞窟壁画变化情况。我认为莫高窟洞内壁画的变化有自然的，但更大的是人为的原因。由于人流的增加，频繁进进出出的人造成了污染，因此，建议在第一类洞窟中，第3窟、第220窟、第258窟等7个洞窟急需特别加强保护，经过国家特许后，一般不对外开放。有的级别的洞窟仅对研究人员、专业人员开放。这种分级参观开放的方法，有利于莫高窟的保护，也得到了上级领导部门的认可和支持。

"飞天"，佛经中称为"香音神"。她们在天国晴空中往来飞翔，奏乐和散花，是敦煌石窟庄严的佛教壁画中一个轻快美丽的形象。她本来是中国传统的佛教画中，用来刻画"极乐世界"中的一种象征和平幸福的景象的，具有现实主义和浪漫主义相融合的色彩。她犹如西洋宗教画中的美丽天使，但没有翅膀，全凭衣带的飞扬、裙裾的曳动和身段的飘浮，显得如此逼真而动人。她使整个石窟产生"天衣飞扬，满壁风动"的效果，博得人们的喜爱。

今天的神州大地，到处都焕发着盎然春意。经过10年劫难的中国人民，此时对"飞天"更感到亲切。对"飞天"碧空轻舞、百花飘香、乐律萦绕的幸福美好生活又该是多么向往啊！

这一天即将来临，美丽的"飞天"正向我们招手！

时光在流逝，莫高窟的檐角铁马叮当声永远在我的心头鸣响。它给我一种紧迫感，仿佛在启示我：生命不息，跋涉不止。

【附】

关于敦煌图案
——《敦煌唐代图案选》代序

敦煌艺术遗产,是第四世纪到第十四世纪当中,我国劳动人民的集体创作。通过建筑、雕塑、绘画三种造型艺术的形式,它们互相关联,互相辉映形成谐和而强烈的感染力量。

敦煌石室的结构,随着时代有所改变:魏窟一般的形式是前面一段人字陂的殿堂,后面是中心龛柱,窟顶画平棋图案;隋窟与魏窟大致相同,间或有一部分方形或长方形倒斗式的窟顶;唐代窟型极大部分作正方形。

如图所示:石室前方正中有一个窟门,它是唯一的进出的口道和光线的来源。窟门不大,四壁和窟顶都是壁画。造像一般都设在正对入口墙壁中央

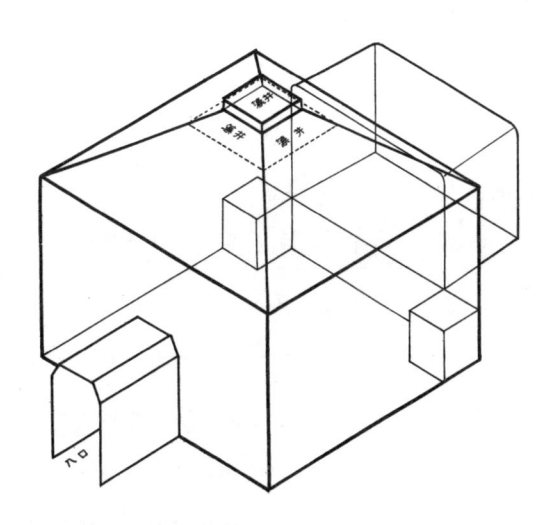

◆ 敦煌莫高窟第 220 窟(唐)形状图

的佛龛里面,也有在窟内中央的佛龛里面和窟内中心须弥座上的。造像周围的壁面上画满了说法图、经变图和佛传故事画,那都是以"神"与人物为主的大型构图。供养人的写像,一般画在洞窟入口处的墙壁上,也有画在故事画和经变图下面或须弥座下面的。

在千佛洞,图案是上述建筑、雕塑、绘画三方面共有的装饰纹样。它附属于建筑梁柱的本身,附属于造像妆銮和壁画分界的边缘;也单独地用以装饰石室中央藻井的地位。这些色彩瑰丽绚灿夺目的图案,虽然有时是配合大幅主题壁画的一种装饰,但它们的作用却与建筑、造像以及壁画本身有着密切的关系。拿藻井来做例子:这个属于民族建筑式样主要部分之一的古老的名称,就包括由桁条的四方斗拱层层叠架起来的所谓架木为井式的屋顶结构。除去藻井一般以莲花、团花为主的装饰纹样外,极大部分都是由带状边饰组织而成。这些带状边饰的纹样,大体与我国三代铜器上的山纹、水纹、垂鳞纹以及汉画上的绳纹、云气纹、棋格纹、卷草纹等有许多共同的地方。

自晋、魏到隋、唐的过程中,敦煌图案的纹样,早期以几何形及动物形象为主,渐渐演变到唐代而以植物的形象为主;因而丰富了主题内容,艳丽了色彩的烘染,从而演变生长以达成中国图案发展的一个高潮。

唐代是以旋转自如的藤蔓、卷草、花叶的结构来代替早期龙虎等动物图案的主题内容。承继并发扬了汉代艺术奔放活泼的民族传统。在生枝发叶上,在开花结果上,在一个带形或圆环形规范中合拍合节的有方向有组织的发展上都表现出来"动"的感觉。石室中可以看到长达两三丈的边饰,一气呵成,顺着一个方向蜿蜒曲折地布满了不同姿态的枝叶花朵果实等等。它绵连发展的气势像行云流水一般,从头到尾都是不息地在生发滋长。在这些边饰图案中,我们可以看到初生的枝芽,含苞的蓓蕾与盛开的花朵;还可以看到像莲蓬、葡萄与石榴等累累的果实。它们充分反映了唐代社会欣欣向荣繁盛兴旺的景象。

藻井的边饰承袭着汉代建筑物上垂幔与华盖的形式,从北魏严整的山纹、垂角变为珠环、铃铛、璎珞、流苏,使唐代藻井图案增加了生动富丽的气氛。配合着这样的外围,在藻井的内部以一格一段,数以一二十计算的由忍冬、卷叶、卷草、藤蔓、云纹、华绳各式散点纹样构成的边饰逐层推进,一直到主宰藻井中心的团花或莲花为止。一个桁条边饰与第二第三条边饰的配置,从宽狭的内部结构一直到色彩的组织,无不合乎变化与调和的原则。

为了进一步达到光辉灿烂的效果,在魏、隋时代一般使用的平涂色彩方法上,唐代图案又采用了叠晕的手法。在花叶上运用各种颜色的色阶的变化,由深而浅逐层退弱下去,使纹样不但具有更加丰富的色相,而且还有立体感。

唐代图案纹样另有一个卓越的地方,就是艺术家们对自然形色演绎手腕的高明。假如我们能从纹样本身体会到枝叶茂密、花果繁盛栩栩如生的景象,并不等于艺术家单纯地抄袭自然;那是晋、唐时代从事艺术工作者所共同追求的"传移模写""妙悟自然"的意匠的结果。唐代艺术家们知道如何从自然中摄取优美精粹部分,加以灵活的组织配置,使自然纹样在叶脉的转动,花瓣的舒合,藤蔓的伸卷和果实的生长各方面,大都合乎统一与变化相结合,对称与平衡相结合,动与静相结合,繁与简相结合的原则。唐代图案纹样是这样从自然的形象中脱胎出来,而由艺术家赋予一定的风格与气魄。

在结构组织方面:自从唐代窟顶建筑由魏、隋的形式演变为方正宽敞的殿堂形式后,作为殿堂顶部倒斗形中央的藻井图案,从开始设计起,古代的艺术家们,在选择自然形象进行创作意匠的同时,就首先注意到建筑上对于图案的要求，把它们适当地组织在规矩方圆的形体内部。从本书所介绍的全部藻井图案里，我们可以明显认识到唐代艺术家们，是如何富有创造性地把这些富丽生动的自由纹样有条不紊各得其所地组织配置起来；并纳入建筑的结构当中。我们如果从下面向上去看那些藻井图案，把目光由垂幔、边饰一步步地推进到中心结构的时候，不难发现由结构与纹样交织而成的两种力量在推动这个固定的窟顶。一种是由几何形纹样组成的向上推进的纵伸的力量，另一种是由自由舒展的花叶波浪形连续贯穿的横展的力量，这两种力量互相作用，使藻井图案在不知不觉中形成一顶临空转动的华盖。依靠变化有致的结构上的设计、辉煌多彩的颜色上的配置与无穷丰富的纹样本身的组织，整个藻井图案归纳到一个象征纯洁的盛开的莲花中心。由于莲花瓣的重叠错置，仿佛从那里散放出光辉与芬芳，使静寂的窟室内部形成了"形质动荡，气韵飘然"的境界。令我们深深感动的是唐代艺术家们旺盛的创造能力和先进的构图方法，完全符合于民族艺术传统和图案构成的科学原理，他们综合而概括地表现了图案的主题思想。

　　图案与壁画所采用的色彩，以青蓝、碧绿、红、黑、白、金为主。这些颜色恰恰符合于宋代建筑及《营造法式》一书上叙述的施行于斗栱、檐、桁、额、枋等部门的彩画用的颜色。这说明了敦煌图案的纹样及颜色，与古代的建筑彩画部分的关系。大体说来：唐以前的图案很多是画在赭色的地子上的，因此用色以青、绿、黑、白诸冷色为主。唐代图案用色的特点是把朱、赭色大量地运用在青绿的纹样间。有时用鲜明的赭色线描绘在青绿色的纹样边缘来调和补色之间的关系，加上金色与黑白色互相衬托出金碧辉煌的效果。这种与唐以前时常用的冷色调相反的热色的组织，有时虽然把纹样画在天蓝的地色中，依然能给予我们一种令人振奋的热烈的印象。

与形象的演绎相一致，唐代图案的用色并不是局限于自然色相的摹仿；为了调和，为了使整个图案结构和运动的节奏相配合，有时也画出绿色的花和红色的叶。这正说明了唐代艺术家们在图案表现上创造性的意匠。

唐代初期图案上的线描沿袭隋代所常用的细线镂金描画的方法，像刺绣的线镶一般，附属在纹样上发生着刻画形象的作用。唐代后期图案中的线描是有压缩有粗细地组织在纹样的笔触里。由此可见当时名画家吴道子的兰叶描的技法也同样运用在图案的创作方面的。

上述敦煌图案不限定装饰在藻井、龛楣、边饰、佛光等方面；同样的图案纹样，普遍地散处在窟檐的柱梁上，塑像的妆銮上，壁画人物的衣着、武器、舆马和家具等各个方面。它与唐代的织锦、陶瓷、铜器、石刻的纹样完全一致，说明了敦煌唐代图案与当时社会生活的紧密关系。

从敦煌图案主题内容方面所包含的丰富的民族色彩，乡土气氛和结构形式方面所具备的充沛的变化与活力看来，它们不但体现了伟大中华民族悠久灿烂的文化特点，而且是有力地反映了民族艺术的创造性。……

（原载人民美术出版社《敦煌唐代图案选》1959年版）

敦煌壁画中的历代人民生活画

一

敦煌历代壁画中的本生故事画与大幅经变画中，穿插着各种有关人民生活的特写，由于古代画家采取了当时的服饰、礼制、生活习惯的现实形象，来组织人物故事，用了平易近人的民间手法，朴质壮健的乡土风采，因此，在这些画面上流露出真实的生活的感情。对于长期从事敦煌文物工作的人来说，使我们深深感动的也就是那些蕴藏在古老洞窟中的一千数百年前画家们创造的艺术作品所含有的不朽生命力。

从这些小幅画面中，我们也看出古代画家们在艰苦的环境中[1]，毫不苟且的严肃的工作态度，无论在转角上，门背后，甬道的深处，藻井的边角，画家们都谨慎细致地完成他们的工作。这些反映历代人民生活的古典美术作品，由于形式的完美和取材的真实，因此今天仍为人民大众所理解、所喜爱。

二

在敦煌壁画中，并不尽是远离人群的神话，还有如行船、走马、耕种、收割、狩猎、百戏等，都是当时在人民生活中所习见的劳动情形。当我们面对着这些壁画而欣赏的时候，使我们的感情不知不觉地也走进了画家在创造故事画时的空间与时间中。如"得医"，是千佛洞第217窟唐代壁画中根据妙法莲花经药王菩萨本事品第22卷……"如病得医"[2]四个字构成的一幅画。一个大院落的深处，在春花垂柳掩映着的华丽内室中，床上盘坐着一个贵族少妇，与一个手抱婴儿的青年婢女，在画幅左角，由另一个婢女引导着手持拐杖蹒跚而来的大夫。这幅画，由于艺术家独出心裁地运用了鲜艳的色彩，流利的线条，十分巧妙地组织了"如病得医"的主题。在大小六个人所组合的场面中，环境以及室内的布置，连画屏的花鸟与床侧的木纹等细节都被无遗

---

[1] 千佛洞北段石窟，大抵是画工居住的地方，他们长久地居住在不能容身的狭小洞窟。1954年，我们发现了几只残留的有颜色的陶碟。他们就是在这样的生活中，用这样的工具，在阴暗的石室中，穷年累月，无间寒暑地进行工作。

[2]《大正藏》第9卷第189页妙法莲花经药王菩萨本事品第22上说道："此经能大饶益一切众生"，下有许多譬喻，其中包括"如子得母……如病得医"。

地描画出来。尤其画家把不修边幅的手扶拐杖的大夫的身份，从背侧面的角度上栩栩如生地塑造出来，生活的气氛，浓厚到使我们冲破了历史时间的隔膜，而与画中人呼吸在同一个空间里。另一幅画"纤夫"，这幅在1925年为美国人华尔纳用胶粘剥去了船身而幸存的两个纤夫，是千佛洞第323窟唐代画家以后汉明帝迎金佛为主题的壁画的一角。通过这幅画，我们认识到古代画家们是如何严肃认真地描写这两个屈腰驼背、肩负重担的劳动人民的形象。

从以上两幅画中，我们不难认识到，敦煌壁画的作者，是如何运用他们充沛的生命力的创作劳动，来深深地感染我们！

三

一般地说，敦煌壁画初期的制作，根据有建窟年代题记的标准，共包括北魏、西魏、隋三个朝代。从我们所介绍的画幅中，可以看出这一个时期作风是继承汉魏以来民族传统的风格，而在形体方面开始表示出光、暗、面、背的烘染。这是在汉画像石及汉墓壁画中不易看到的，为我们研究中国绘画史提供了新的资料。如"马车"是第257窟千佛洞早期北魏代表窟鹿王本生故事画中的一个特写。马车的形式与一般汉画像石及壁画中所常见的有所不同，这可能是北魏时代通行在西北一带特有的样式。牵车的白马挺秀有力的姿态，与长安一带出土的汉魏马俑，有很多共同点。画幅上车顶篷、马身、人的面手等，都显示出为了加强造型的立体感而加工的烘染。地色用朱赭，既丰富了色感，并且也加强了壁画所要求的平面装饰的效果。线的作用，在早期壁画上所表现的是力与运动的结合，如249窟北魏窟顶壁画的"野牛"的生动形象，磅礴的笔力，正如顾恺之所谓"有奔腾大势"。第285窟是西魏大统四年和五年（538年和539年）所绘。整个的窟顶都是以龙虺、飞马、羽人、霹雷、重睛鸟及星辰等描写天体，以动为主的内容，达到了"气韵生动"的境地。"萨埵那练靶"是428窟的佛本生故事中萨埵那故事的一部分，这里同样以生动的形象，进一步表现在人马的狩猎场面上。以人物为主的画面上的山水树石大部分仅仅成为故事画中的间隔，常常是"人大于山，水不容泛"，比例是十分不相称的。

隋代壁画较北魏、西魏已渐趋精致细腻，尤其是表现在藻井图案和千佛的装饰部分。一般故事画的结构组织，人物的烘染，大体与北魏、西魏是一脉相传的。构图组织逐渐趋向紧凑，人物比例也逐渐趋向正确，并且动作显明，色彩轻快悦目，在艺术写实的造诣上，已有长足的进步和发展。如"骑射"，就是上述演变中的一个代表。"驼车"则为含有丰富装饰特点的作品。用红土与白粉所画的游丝铁线一般的勾勒，更增添了隋代人物画活泼精致的成分。

唐代是中国古典艺术现实主义传统发展的高潮，当时阎氏兄弟、吴道子、李思训、王维、周昉等，都是著名的壁画家。但可惜的是，因为年代久远，遗作已很少见。敦煌的唐代壁画，虽然是些无名工匠的作品，但这些忠于时代艺术的创作，委身于敦煌壁画制作的劳动者，却是无疑地已为我们留下最宝贵的代表民族艺术优秀传统的真迹！在唐代300年，敦煌石室200多个唐代洞窟壁画中，有年代题记的洞窟凡11处。从贞观十六年开始，其间经过盛唐、中唐、晚唐各个时期，画风的发展情况大致俱备。这一切为我们研究唐代美术史提供了基本的条件。在形象比例方面，已显露出更加正确地适合人体解剖。穿插在故事画中的房屋建筑，山水风景的远近大小，更吻合透视的原则。王维的"山水论"中所提到的："丈山尺树，寸马分人"的理论，已改变了唐以前"人大于山，水不容泛"的情景，而成为如"舟渡"的远山近水，不但合理地解决了远近透视的关系，而且还可以辨认出王维《山水诀》中所指出的"烟笼远景"缥缈浑厚的特点。这个时期的绘画,在构图的布置,人物的动作表情和配合绘画中的主题内容等,都是互相关联着有机地组织起来的。如"得医"上的大夫,在登堂入室之前,就目注室内榻上的病人。"挤奶"上我们可以看到那一个被牵着的赭色的乳牛,正在挣扎着向母牛冲去,冲力之大,几乎使牧童牵制不住。在另一方面,母牛半张开了的嘴,在无可奈何地叫着的表情,也正细致入微地把主题人物之间的互相呼应,栩栩如生地表现出来。不是作家对于现实生活有深刻的体验,不可能达到这样一种效果的。由于绘画技术的改进,唐代壁画故事的发展变化也是多式多样的,而且具体地从色彩形象上丰富了那些生动的场面。"旅途休息"使我们生活在西北的人更深切地体会到,西北人民所习惯了的,在马背驴背上度过漫长旅途之后,人困马倦地在半途得到即使是直躺在戈壁滩上的打尖小息,也是缓解疲劳增加前进力量的最好办法。图中描写的那两匹卸了缰鞍的马,因减少了担负,轻松得直在地上打滚;两个疲倦的旅客依靠着随身的行李,在地上和衣而睡的休息姿态,是非常写实的。"屠房"是一个少有的穿插在佛教故事中的内容。我们看到这个一向为佛教信徒认为杀生害命的屠夫,被描写成为两眼直视的凶狠的形态,与满摆在案桌上宰割了的肉块,桌下面一只紧缚了四肢待宰的羔羊与一只守候着意外落下残肉断骨的饿狗,形成呼应;在内屋挂满了鲜血淋淋的羊腿肉块的背景上,更增加了屠房的情景。"战骑"是一幅生动的唐代作品。由于唐代艺术的高度发展,在绘画方面已逐渐达到人物、山水、花卉等专业的分工,在美术史上,当时画马出名的画家有曹霸、韩干、韦偃等鞍马名手。这幅画中战骑的威武,射手的勇猛,色彩的富丽鲜艳,使它成为唐代这个时期最优秀的画马作品之一。从这幅画的马的烘染方面,我们可以看出,唐代艺术在造型、体积、光暗、描写技术方面的进步，并没有落在透视与比例两方面的后面。从一般现象上看，假如我们感觉到唐代绘画在光暗、体积方面的成就，似乎仅仅满足于像浮雕那样的光暗与体积，那是为了保持整幅画面的平衡、调和，与符合壁画装饰上的要求，因此唐代画面上看不出物体投射影子，与突出的物体的光暗等一切可能破坏画面平衡的因素。这种在表现功力上适当的含蓄和保留，像唐代张彦远在《历代名画记》上所指出的"夫画物特忌形貌采章历历具足"[1]，正是中国传统艺术表现方法上显著的特点。

五代和宋虽然战乱频繁，中原动荡，但在文化艺术方面还是有新的发展与成就。最近顾闳中的《韩熙载夜宴图》和张择端的《清明上河图》等著名的富有现实主义风格的作品的公开展出，震动了画坛。在偏僻的河西塞外，也还保留有反映上述时代人民生活的许多写实佳作。当时由于曹议金三世在敦煌百余年的统治，曹氏家属为了在莫高窟创建内容丰富、规模巨大的洞窟，设立画院[2]和画官画士，可能从关内延请优秀的艺术匠师来参加石窟的修建工作，因此，这个时期的洞窟艺术还保持着唐代的余风。这里所搜集的是第54窟壁画中五代"射手"的真实形象。如"马厩""耕作""推磨""舂米"各种表现农作生产劳动的壁画，生动地反映了农民生活及工作情况。"练武"展示出飞奔的马和骑手在马上进行各种运动的生动形象，是结合了观察力与概括力的成功描写。

---

[1] 唐朝张彦远《历代名画记》："夫画物特忌形貌采章历历具足。甚谨甚细，而外露巧密，所以不患不了，而患于了，既知其了，亦何必了？此非不了也。若不识其了，是真不了也。"

[2] 安西万佛峡敦煌文物研究所编第34窟供养人题名下有："国主沙州工匠都勾当画院使归义军节度押衙银青光禄大夫检校太子宾客竺保……"题记。

四

正如阿·列费弗尔所说:"在所谓'神圣'的或宗教的艺术中,并非一切都是坏的。相反,它证明了生活中反面事物和正面事物之间的尖锐冲突。"[1] 本文所论到的画幅正是在无名的艺术匠师们笔下被描写了出来的,对于我们仍然是创造了亲近的可以理解的充满了感染力的艺术作品。

(原载《文物参考资料》1956年第2期)

礼失而求诸野
——学习毛主席关于批判地继承文艺遗产的理论手记

正确地总结2000多年来中国封建社会造型艺术创作经验,不但可以帮助我们认识社会发展规律对艺术的作用,而且可以利用这些客观发展规律,把长期以来被歪曲的理论所埋没的古代优秀艺术传统摆在应有的地位上。通过遗产的整理和研究,古为今用,推陈出新,对发展社会主义文化艺术,具有十分重要的意义。

从古代遗留下来的文学著录看来,魏晋南北朝时代先后出现的有曹丕的《典论》,陆机的《文赋》,钟嵘的《诗品》,顾恺之的《画论》,刘勰的《文心雕龙》,谢赫的《古画品录》,等等。这些文艺理论与批评的专著,形成了我国古代艺术理论发展道路上的一个重要阶段。它们不仅是从社会的观点来考察艺术问题,而且总结了丰富的艺术创作的实践经验,对我们今天批

---

[1] 见《学习译丛》1955年第11期《马克思恩格斯论美学》。

判地继承遗产，推陈出新提供了有利条件。但作为造型艺术研究的对象，还是着重在具体作品的比较分析，着重在实物的观察与剖视。秦汉以来，两千数百年中国封建社会各时代具体艺术作品的主题内容、创作思想、表现形式等各方面演变发展的情况，正是总结经验的重要关键。不幸的是在漫长的封建社会频繁不息的变乱战祸中，曾经见于画史著录的许多装饰王宫、祖庙、祠堂、画阁等建筑物的壁画和彩塑，毁于兵燹，毁于火灾，毁于自然的侵蚀。少数劫后仅存的卷轴藏画，也受到历代皇帝残酷的摧残。从历史记载上知道，继秦始皇"焚书"之后，汉武帝建秘阁，广搜天下法书名画，但一到董卓之乱就全部被毁；梁元帝收藏书画典籍24万卷，在兵困城下，乞和求降之前全部焚毁；唐太宗的贞观公私画录所载名画不过293卷。这以后历代帝皇收藏虽有所增益，但近百年中接二连三地经过帝国主义强盗的掠夺，经过国民党官僚的贪污中饱，经过敌伪分子的变卖盗窃，清朝末代皇帝在故宫所存已寥寥无几。最后，当宋代西夏兵乱时际秘藏在敦煌莫高窟第17室内的仅有的一批民间收藏的抄本画卷，于1900年6月22日被下寺主持道士王圆箓偶然发现后，也在1907年及以后的数年中，与石室藏经同时被美、英、法帝国主义分子斯坦因、伯希和、华尔纳等全部掠夺而去。无数代表伟大祖国艺术传统的历代艺术真迹，就是这样毁于封建帝皇，毁于反动统治阶级，毁于掠夺成性的帝国主义文化间谍之手。这不仅使祖国的古代艺术宝库遭到浩劫，而且使我们在研究造型艺术传统方面丧失了许多直接凭借的机会。

历代的一些艺术理论中，尤其是宋元以来受到理学与道教出世思想所支配的文人学士对于艺术的见解，使创作逐渐脱离社会生活。苏轼认为绘画要表现的是"理"；郭若虚则强调气韵与人品的关系，他说："只要人品高，则气韵必高"，形成了绘画是发挥个人意识，写"胸中逸气"的工具。一些不满于当时统治阶级的文人，牢骚满腹，由不满现实，而无视现实。客观世界在当时文人学士艺术家的心目中已不存在了！于是满足于"一花一鸟"的得失，满足于"残山剩水"的欣赏！从山水花鸟中看人品，看道德文章。越来越大地脱离实际，脱离生活的倾向，玩世不恭地斤斤于笔墨的戏弄。意境的表达，形成了"文人画"的墨戏风气，使汉唐以来毛延寿、顾恺之、阎立本、吴道子等以描写人物与社会生活为主的大幅构图的优良传统，从此慢慢退出画坛。早在宋代郭若虚的《图画见闻志》上，就已经提道："若论佛道人物仕女牛马，则近不及古；若论山水林石花竹禽鱼，则古不及近。"这使我国优秀的艺术传统受到破坏和损失。

但与此同时，为张彦远和以后的美术史论家未曾提到的，还有一支为士大夫和地主阶级所不齿的"画工、画匠"的庞大队伍。他们穷年累月，寒暑无间地在深山旷漠的石窟庙宇或陵园墓室中，埋头于以人物画为正宗的艺术创作，因而沦落乡野默默无闻。感谢这些千百万无名画家的不断努力和辛勤的劳动，使汉晋南北朝隋唐五代历经宋元明清到全国解放，两千数百年来一脉相传的祖国的优秀艺术传统得到保持和发扬。它们的伟大的生命力，像长江黄河的激流一般，穿过丛山峻岭，屹立在劳动人民的中间不为所动。

新中国成立以来，全国人民在伟大的领袖毛泽东同志和中国共产党的正确领导下，经过社会主义改造和社会主义建设，10余年来在政治经济文化教育各方面巨大的成就，超过了历史上任何时期。在继承民族优秀文化遗产方面，无论是理论和实践也都有了丰硕的收获。毛泽东同志《在延安文艺座谈会上的讲话》，结合我国文艺运动的实践，创造性地阐明了马克思列宁主义的文艺思想，深刻地解决了文艺工作的一系列根本问题。对于过去文物遗产方面，《讲话》中明白指出："实际上，过去的文艺作品不是源而是流，是古人和外国人根据他们彼时彼地所得到的人民生活中的文学艺术原料创造出来的东西。我们必须继承一切优秀的文学艺术遗产，批判地吸收其中一切有益的东西，作为我们从此时此地的人民生活中的文学艺术原料创造作品时候的借鉴。"这就改变了某些人的轻视祖国遗产的态度，知道优秀的遗产如何在社会主义文艺建设中起着重要的作用。《讲话》的精神使我们感到，为了繁荣创作，使文艺工作更好地为工农兵、为社会主义建设服务，在深入生活，反映生活的同时，有必要把失去的古代优秀文化遗产和民族民间传统，求诸野，求诸地下，求诸民间，进行发掘、搜集、整理和研究，使2000余年来为封建主义、帝国主义所统治所阉割所埋没的祖国优秀艺术传统，在百花齐放、百家争鸣、推陈出新的方针指导下，更加发扬光大。13年来，我们从考古发掘整理研究批判分析的各方面所得到的成果，已把中国美术史缺失的部分，逐步地填补起来。这就使我们有条件可以从代表新石器时代仰韶文化的彩陶纹样，西周奴隶社会青铜器纹样，楚国的帛画，汉代墓室壁画、画像砖，以及魏晋南北朝隋唐五代宋元各代丰富的艺术遗产等等，来从事科学的艺术史的研究。

敦煌艺术，正是魏晋南北朝以来千余年间中国绘画和彩塑杰出成就的活的见证。它肇始于东晋的十六国时代，经北魏、西魏、隋、唐、五代、宋、西夏、元，1000余年继续不断地修建，到最盛的唐代，修建的洞窟达到1000多个。经过长期以来自然和人为的损毁，在解放以前的编号只有309个，经过我们的整理，尤其是解放以后由于党和政府的重视，我们在优越的工作条件和充足的人力物资设备下，大量发掘和修缮，至今留有壁画塑像的洞窟共计480个。石窟上下最多的地方共有4层，南北绵延长达4公里。据不完全的统计，若把全部壁画以平均3米的高度衔接起来，总长达25公里以上。

通过石窟内光辉的艺术制作，我们看到的是千千万万无名艺术匠师们连续不息1000余年的心血劳动的惊人成就，通过他们伟大的劳动，为我们系统而完整地保存了一脉相承的祖国艺术传统。

我们在敦煌壁画中可以看到，古代艺术匠师们是如此勇敢而诚挚地表现历代的社会风貌、人文习俗，表现历代人物、服饰、舟车、耕作、舞乐等各方面的演变与发展。例如绘制于北魏的《狩猎图》（第290窟），体现了张彦远《历代名画记》所指"群峰之势，若钿饰犀栉；或水不容泛，或人大于山。率皆附以树石，映带其他。列植之状，则若伸臂布指"的早期中国绘画风格。又如绘制于隋代的《驼车》（第303窟），简练生动；绘制于北魏的《上菩萨像》（第427窟），美丽多姿，这就是段成式《寺塔记》所谓"释梵天女，悉齐公妓小小等写真"的现实主义功夫。

南北朝时期，盛行了佛教净土宗信仰，在唐代已大规模流行西方净土变的构图壁画。唐代诗人白居易在描写他请画工画的《西方世界》时说："阿弥陀佛坐中央，观音势至二大士侍左右。天人瞻仰，眷属围绕，楼台伎乐，水树花鸟，七宝严饰，五彩彰施。"我们从唐代敦煌壁画中，就可以找到这种各式各样高度现实主义的描写手法，刻画出佛教信徒理想中的美好世界。如莫高窟第172窟唐人画的西方净土变是一幅有代表性的作品。这幅变相的主体是一座全部建筑在水面上规模巨大、结构华丽的殿堂，建筑像出水面的一朵莲花似的挺秀美丽，正中是主题所在，也是佛说法台的核心。画家在华丽的殿堂平面上布置了阿弥陀佛和左右观世音及大势至菩萨以下诸圣众。下面一组3个小平台，台上左右两组由116个管弦及打击乐组成的乐队，最下一层是供养菩萨及孔雀等。画家还有意把庄严的至尊阿弥陀佛及观音大势至以下诸圣众安坐在露天平台上，并且赤裸了上身，好像表示夏天说法的一个情景。仔细看来，七宝池的微波，荡漾着荷叶莲花，在佛殿和阁楼上面天空中，还点缀着一组一组浮游在云朵中的赴会听法菩萨及飞天乐器和璎珞花朵，显示了天花乱坠的净土世界中的庄严场面。

敦煌的这一部分艺术，利用了一切可以利用的传统技术和表现形式，形象地创造出一个不可能实现的美丽动人的画面。汉以后，佛教艺术兴起，虽在一定程度上代替了歌功颂德的宫殿艺术，但却间接地巩固了当时的统治，麻痹了人民的斗志。

从此不难看出，敦煌艺术像一切宗教的文学艺术那样，它们利用丰富的民间民族艺术传统，以现实主义和浪漫主义相结合的创作方法，创造出十分动人的画面。其目的在于配合佛教哲学和教义宣传，导致人们脱离外在世界，进入像西方净土那样不可能实现的美丽的幻想中去。强调"神与灵魂"的概念是佛教教义的重要部分。"解脱"尘世生活的教义始终是佛教的中心思想，也是属于具有作为阶级社会宗教的一切特征的宗教体系。苏联学者谢尔巴斯基在《佛教哲学学证》中引用了佛教经典借神说性的教主的口吻说出了下面的话："像大海的水一样，只有一种味道——盐的味道；我的教义也只有一种味道——'解脱'的味道。"佛教的哲学思想就是用来为"解脱"思想提供论证。文学与美术都是形象地向人们宣传如何从现实的世界"解脱"的"法门"。上面所引论到的敦煌唐人画中十六观的《日想观》，正如列宁所引证的"人看见太阳"的公式里所说："佛教哲学就不分别地去分析人和分析太阳，而只是看见太阳的人受到分析。"从宗教所宣传的对象，可以列宁的话来说："只是被剥削的人才会受到'解脱'的宣传。"尽管敦煌壁画的主题内容具有为统治阶级服务的反动本质，但通过人民的画工的劳动表现在画面上的各种内容和各种形式，却充分地显示出民族气魄、地方风格和时代特征，反映了当时社会风俗习尚的形形色色。如第257窟唐王本生故事画中所穿插的建筑车马等的造型格式，基本上还是沿袭了汉晋风物的体制。如从壁画中王后所乘的马车前后有帷幕这点看来，与《后汉书·舆服志》所载王后所乘的"耕车"也有帷幕。再如第290窟北魏人画佛传故事画中所描写的洒扫、狩猎、耕作和人物服饰、作战武器、生产工具等无一不是北魏时代的式样。形象生动地刻画了当时社会生活的面貌，是科学地研究物质历史所不可缺少的宝贵资料。另一方面，从各时代壁画技法的演变发展中，可以看到唐代的现实主义的表现技法和设色构图方面已达到高度的水平，也是研究中国美术史所必不可少的依据。如第220窟绘于唐太宗贞观十六年的正在作胡旋舞的4个伎乐在急速旋转中当风的飘带，在音乐声中显示了旋律的节奏，流利的线描，使人想到画史上"吴带当风"那样逼真的形容。再如绘于8世纪初期的第217窟南壁法华经变中的幻戏品，是一幅代表画史上所说的李思训金碧辉煌作风的大青绿山水。作者在这幅大壁画中，以丰富的想象力，绘声绘色地描写了在暮春三月，烟花如雨、生机勃勃的景象中，佛教的"导师"如何引导信徒，摆脱了尘世的留恋，走向漫长的"解脱"的道路。这是一幅具有说教意义的作品。

诸如此类，举不胜举的敦煌壁画的许多动人的画面，说明了画家当时虽然接受了宗教的题材，像文艺复兴时期的大师达·芬奇、拉斐尔、米开朗琪罗那样，他们有一颗艺术家的心，在不知不觉中表现了自己所向往的幸福世界，描绘出一幅生动美丽的图画。无数无名艺术家在长期从事敦煌艺术的创造过程中，他们曾付出了辛勤劳苦的代价，也摸索出一套在创作上继往开来的宝贵经验，包括如何在民族的基础上吸取与融汇外来的因素，繁荣并发展了以人物故事为主的现实主义创作的方法。对于优秀的敦煌艺术遗产的继承问题，正如毛主席《在延安文艺座谈会上的讲话》中所指出：我们必须继承一切优秀的文学艺术遗产，批判地吸收其中一切有益的东西，作为我们从此时此地的人民生活中的文学艺术原料创造作品时候的借鉴。

因此，学习毛主席《在延安文艺座谈会上的讲话》，应当批判地继承文艺遗产，更坚决地做好敦煌艺术的研究发扬与保护工作。

1962 年 5 月 23 日于兰州

（原载《甘肃日报》1962 年 6 月 2 日）

从"人大于山"说起

唐人张彦远在他的名著《历代名画记》论山水树石篇中，曾用"或水不容泛；或人大于山"这样的话来概括"魏晋以降"中国绘画在主题内容和表现形式上一些特出的风格。这种风格，可以从现存敦煌南北朝前后壁画真迹中看到。如在第 428 窟北魏人画的舍身饲虎长卷连环故事，萨埵那的两个哥哥发现他们的弟弟为饿虎殒身、骨肉狼藉的特写中，人们可以看到壁画中的"人"，也可以看到壁画中的"山"。但当我们正在欣赏壁画的作者如此生动有力地用线条、用人物夸张的动作和面部表情，成功地刻画出其时其地其"人"的呼天抢地张皇失措的瞬间情景时，假如有人提出绘画上的透视问题，提出"为什么这里人大于山？"，必将使我们哑然失笑！我们的"哑然失笑"并不是说不存在"人大于山"的问题，而是说画家在这幅画上的艺术成就的"大节"已超过了一般要求的"形似"的"小节"。一个艺术家的功力正显示在"似"与"不似"的取舍之间。这个例子说明了魏晋以降中国绘画之所以"人大于山"并不是画家不知道"水"与"泛"的比例,或"人"与"山"的比例,而是画家在这里强调"人物"在作品中的重要性,有意把山、水、树、石、舟、车、房作为次要的衬托,有意把"山"和"水"作为象征性的点缀,从而突出了人物在故事画中的作用。

从南北朝经隋唐五代一直到宋元,敦煌壁画的主题内容和表现形式不同的演变特点,如果从"人"与"山"的比例关系来分析,约略可以得到这样一个概念,即:魏晋南北朝……人大于山;隋唐……人等于山;五代、宋、元……人小于山。这种演变,贯穿在千余年来漫长的中国封建社会中,人们在思想认识上,对"人"与"物"的互相关系的一条红线。魏晋南北朝时代艺术的发展,是在汉代高度艺术水平上,融合了从西域传入的佛教内容,产生了中国佛教艺术的根基。这个依然是为封建统治者服务的中国佛教艺术的兴起,虽然在一定程度上代替了以人物为主的歌功颂德的官殿人物画艺术,但因为穿插了一些新的关于宗教历史"出家""成佛"的释迦牟尼在世行传的故事,因此描写类似风俗画结构的主题人物,突破了过去帝皇将相"孝子烈女"的框框,不但出现了"平民"的形象,而且"平民"在一幅绘画构图中的重要性不减于帝皇将相、"孝子烈女"的地位,画家有意将山水树石作了象征性的点缀。如果说敦煌早期即十六国时期或北魏壁画富有象征和浪漫的特点,那么隋唐艺术的演变,渐趋于现实主义的风格。这个时期在敦煌壁画中所表现的"人"与"山"的关系,是"人等于山"。唐代以人物画著名的大师吴道子的艺术处理方法,正可以从敦煌第172窟东壁维摩变的壁画来探索,这位一代艺术大师积极采取配合人物的、合乎"透视"远近法的山水人物处理办法。

唐以后,一直到五代两宋理学的发展,人们由于不满现实世界发展到逃避现实,"恍惚于空明之见";由"格物致知"到"绝物"致知,发展到王阳明王船山辈以修身养性,成为客观世界的实践的主要途径。这个时期的绘画,从唐代的"人等于山"演变到"人小于山"。郭若虚在他的《图画见闻志》上已提道:"若论佛道人物仕女牛马,则近不及古;若论山水林石花竹禽鱼,则古不及近。"于是虫鱼鸟兽,山水树石占据着当时画坛上的重要地位;人们把绘画当作写"胸中逸气"的一种发泄,满足于"一花一鸟"的得失,满足于"残山剩水"的凭吊!见物不见人,进入了修行出世自绝于客观世界的地步。

明清以来,在封建社会士大夫文人画戏墨风气的余波中,进入了资本主义发展的阶段,从清朝政府昏庸腐朽的统治到国民党奴颜婢膝卖国求荣的半殖民地的统治,奴化和洋化的文艺倾向,使不绝如缕的中华民族文化的命脉受到史无前例的摧残和破坏。幸而五四新文化运动挽回了这种每况愈下的颓废的倾向。革命文艺的先驱者在中国共产党的领导下,不懈斗争的结果,使民族民间的艺术在为无产阶级革命斗争服务的前提下,发挥了它们空前的作用。1942年,毛主席在延安发表了文艺座谈会讲话后,使革命的文艺工作者进一步解决了文艺为谁服务的问题,与如何为法的问题。为工农兵,为无产阶级革命服务的艺术,经过如火如荼的反帝反封建、抗日战争、解放战争,新中国的文艺在毛泽东思想光辉照耀下如雨后春笋地蓬勃发展。

今天,在社会主义建设时代,由于人们掌握了历史的规律,主宰了自己的命运,一个革命的文艺工作者知道如何把自己看作是开辟历史道路的人。"人"的主观能动性对于客观世界的作用,比过去任何时代大大地加强了。要求于一个革命艺术工作者的不仅是反映现实,更重要的是改造现实。就是不断地调整和改进"人与人之间"的物质关系和精神关系,不断地提高人民群众的共产主义觉悟和道德品质,以适应和推动生产力的高度发展。

(原载《人民日报》1962年7月22日)

武威出土的东汉铜奔马
——学习祖国历史文物笔记

铜奔马出土的甘肃武威,是汉代建立起来的河西四郡(敦煌、酒泉、张掖、武威)之一。四郡的建立,进一步保护了河西走廊的安全,使"丝绸之路"畅通无阻,保证了中国与西亚乃至欧洲的友好往来和文化交流的关系。汉武帝在建立河西四郡之后,一方面大量移民,另一方面修筑了一条从陇西开始接连秦长城向西延伸长达万余里的新长城。沿长城每隔5里一个墩,10里一个烽火台,并驻有戍卒瞭望。遇有敌情,白天举烟(称为烽),夜间举火。白天举烟时的"燧表"是用辘轳把积薪苇炬点燃,提升到三五丈的高杆上,晴朗时远在30里外都能看到。从这个烽火台传到邻近的下一个烽火台,是采取紧急行动的信号。然而,由于风沙雨雪的来临,使烽火台上的"燧表"难于燃点的时候,突然发生了敌人来袭的紧急情况,就必须设法解决警报的传递。在这十万火急的重要时刻所能采取的唯一办法,就是需要一匹马,一匹由一个勇敢的健儿乘骑的好奔马,突出重围向关内告急。正如唐代诗人王维所描写的:

　　十里一走马,五里一扬鞭。
　　都护军书至,匈奴围酒泉。
　　关山正飞雪,烽火断无烟。

在这首诗里,诗人突出地把"走马"提到首要位置,用简练的数据,形象而生动地刻画出诗人所描写的"走马",如何在"一扬鞭"的瞬息间飞奔了10里路的速度,及时送到军书的生动形象。不难看出:马在古代社会中的重要作用。历史上著名的"天马",就是汉武帝在太初元年(前104)兴师动众地派遣贰师将军李广利等横渡塔克拉玛干大沙漠,越葱岭,经过千辛万苦才得到大宛著名的"汗血马"3000匹。据《汉书·武帝纪》说:汗血马又称"天马",蹋石,汗血。指这种马,蹄坚硬,在飞奔时踏到石头,可以蹋下去显出马蹄的印迹,前肩流汗色红如血。

历史上记载着"天马"的来源和特点。诗人歌颂了它的神速和作用。对于从事艺术工作的人来说,如何用艺术的语言来成功地塑造出"天马"的造型,能够排除地面障碍临空的介乎"飞"与"奔"之间的"空行"的神速,却是一个困难的课题。记得1951年在北京举行敦煌文物展览会我和徐悲鸿先生谈论壁画时,曾经从敦煌壁画中北魏的马,唐代画家韩干的马,谈到印度、埃及、希腊的马和法国19世纪以画马出名的吉利古尔[1](1791—1824)的马。但我们当时共同感觉到这些古往今来的"马"好是好,但还没有创造出"天马行空"的理想的神态。徐悲鸿先生说:"画马的难处在于不但要画出马的神速,还要画出马的烈性!像'红鬃烈马'那样'拼命'的性格。吉利古尔的马的速度好像已画出了,但看不出马的烈性,气吞河山的烈性。"也就是缺少南齐画家谢赫在评西晋画家卫协的作品时所颂扬的"形妙而有壮气"的中国艺术传统。徐悲鸿先生是画马的行家,但是他十分谦虚地说:"画了

---

[1] 现译为泰奥多尔·席里柯。

数以千计的马的草稿,但至今还没有一幅使自己满意的行空的'gallop'[1]的马。"

无疑的,今天在武威雷台出土的铜奔马,就是我们在20余年前纵览古今中外不曾找到的一件珍贵文物。奔马高34厘米,长45厘米。是一件东汉(25—220)无名艺术匠师用高度智慧、丰富的艺术语言、深刻的生活体验,简练而有力地表达了我们民族艺术传统中"形神兼备,气韵生动,形妙而有壮气"的杰作。作者以娴熟精深的技巧,把奔马所具备的力和速度融合成为充沛的气韵,浑然一体地贯注在昂扬的马首,饱满健壮而流线型的体躯,4条正在飞奔的腿和蹋石有迹的马蹄上。作者经过长期对于骏马性格和生活的体验,塑造出一个气吞山河昂首长啸的马头,并将头上一撮鬃毛扎结成流线型的尖端指向马尾,经过高度意匠所产生出来的彗星一般的尾部。通过造型结构,奔马就是这样前后呼应,上下呼应地,使我们仿佛觉察到"奔马"周围存在着一股风驰电掣飞速前进的电流,一股看不见的电流,在带动"奔马"的飞行。这具实际上是静止的文物,却由于无比智慧的造型和结构,使我们不禁联想到汉书《天马歌》中"天马徕,开远门。竦予身,逝昆仑",日行千里的神话传说故事的现实意义。但这个现实的意义得来并不是那么容易的。因为从地面跑的马,要它变成"行空"的"天马",这其间有速度和重量的矛盾,容易做神话般的浪漫主义的设想,不容易捉摸超现实的现实。对于一个具有三度空间,有重量有体积的铜奔马来说,既要塑造天马那样"矢激电驰"的动的速度的形态,又要达到平衡稳定的效果。如何解决这个矛盾,从来都是雕塑家的一个突出的问题。所以雕塑家在设计创作的同

---

[1] 马的四个蹄子同时离地飞奔时的称呼。

时，要考虑到创作完成后如何使作品能稳固安定地展示在观众面前的问题。这就是东晋画家顾恺之评论卫协的画时所说的：一个艺术家，应该具备"精思巧密"的"巧"字。在创作的时候，每一个作者都要绞尽脑汁，凭自己的智慧和巧妙来对待这个问题。例如有一件比东汉铜奔马晚1000多年的意大利文艺复兴初期，以擅长建筑透视造型著称的被誉为当代雕刻大师的多纳泰罗（1386—1466）的《格太梅拉达骑马像》，它在欧洲古代文化美术历史中，一直被誉为有高度现实主义风格的伟大作品。多纳泰罗所塑造的全身武装的格太梅拉达勇士乘骑的大马，是一匹正在迈出前右腿开始把马蹄提到已离地面的时候。作者为了要使马身稳定，简单采用一个铜圆球垫在马蹄之下，其结果恰恰相反地给人们以动摇和不稳定的感觉。美术史上也常常可以看到一些背上插着两个翅膀的马、龙、蛇、人，或用云彩衬托，挖空心思地表示它们在飞翔。其结果，使神话传说停留在神话传说的阶段，格格不入地没有现实意义。相形之下，现在再来回顾一下"铜奔马"的创造者，一千数百年前出生在武威地区、长城内外的无名匠师，当他成功地塑造了三足腾空的马之后，却如此奇妙而智慧地把另一只右后腿的马蹄轻轻"摆"在展翅飞行的燕子的背上。在这里，我不用"踏"字来说明马蹄与飞燕的关系，而采用了轻轻地"摆"的字眼，因为从"奔马"的整体造型中可以发现接触到飞燕的马右后腿正是处在从后面回收到休息的一瞬间，实际上也就是"奔马"四足腾空的瞬间。否则，如果"马踏飞燕"会给我们以马要坠落的不安定的感觉。作者的智慧和巧妙，就在选择了这一最好的侧面，成功地塑造了一个完美无缺的"天马行空"的运动速度和整体重量平衡的造型，是现实与想象的结合。不仅如此，作者高于生活的创造还在于飞燕与马蹄对话的描写。请看：那只在一个偶然的机会与"天马"巧遇于同一个空间与瞬间的飞燕，不是正在全速的飞行中回过头来唠叨什么似的与马蹄对话吗？如果作者没有高度的智慧和饱满的创作热情，绝不能作出如此深入浅出的刻画入微的高于生活的艺术杰作。

学习甘肃武威出土文物"铜奔马"的杰出塑造，进一步认识到毛主席所说的"人的认识一点也不能离开实践"这个真理。从而使我们更深切地知道离开生活的创作也是不可能的。不能设想，如果唐代诗人王维没有到过河西走廊，没有在长城内外深入生活，进行观察和体验，就能写出"十里一走马"的好诗。同样的，如果"铜奔马"的作者，没有在烽火台上当过戍卒和卫士，没有生活的长期观察和体验，经过深刻的分析研究，怎能把奔马的各种特点集中起来，凝合成一件源于生活而高于生活的空前完美的艺术作品？

这个由封建社会手工业艺术匠师创造出来的铜奔马的发现，不仅给我们民族艺术遗产的宝库增加了新的珍贵品，而且给今天的美术工作者以批判地继承遗产，学习和提高创作能力的机会。

（原载《光明日报》1973年1月6日）

第八章·飞天传友谊

敦煌艺术展在日本

1955年，日本拥护宪法国民协会代表团访问中华人民共和国的时候，曾与中国人民对外文化交流协会共同签订了有关两国文化交流的协议。"中国敦煌艺术展览"在日本的展出，就是这个协议中的文化交流工作之一。我们"中国敦煌艺术展览"工作团的成员，包括康大川、李承仙、崔泰山和我一行4人，受到日本主办单位《每日新闻》社和日中文化交流协会的邀请，经中国人民对外文化交流协会的筹备，随带敦煌文物研究所历年在敦煌莫高窟所作的壁画和彩塑摹本及摄影作品等300多件，其中包括西魏大统四年和五年修建的第285窟整窟原大模型一个赴日展出。这是敦煌艺术历次出国展览中规模比较大的一次。我们到达日本后，随即与日本主办单位合作，经过紧张的筹备阶段，"中国敦煌艺术展览"自1958年1月5日到2月16日分别在日本东京和京都两地展出33天，共有购票参观的群众10万多人次。配合展出工作，还分别举行了有关敦煌艺术的广播、电视、电影、讲演、座谈、讨论会，接受报刊记者访问等不下30多次，直接晤谈的日本文化学术界人士和工人、学生等 600 余人。敦煌艺术在日本展出的成功，远远出乎日本主办单位意料。如展览目录一次印了 5000 份，不到 3 天就卖完了，后来添印到 3 万多份，还不够供应。展览会闭幕时，还用登记预购的办法，才满足了日本观众的需要。据有些日本朋友说，这种现象是过去任何艺术展览会所没有的。

中日两国人民是有着悠久的友谊和文化交流关系的，但这种传统的友谊和文化交流关系，近百年来受到了日本军国主义者人为的阻碍和破坏，这种情况，战后的日本人是十分明白的。尤其是当新中国成立后，6 亿人民在中国共产党正确英明的领导下坚强地站起来之后，日本人民不但对我国有了新的认识，而且对恢复中日邦交与友好合作有了十分强烈的要求和愿望。正像中国人民对待日本人民一样，日本人民对中国人民是友好的，对新中国文化经济建设的成就是向往的。敦煌艺术在日本展出的成功，和这几年来许多中国赴日代表团受到日本公众的欢迎一样，正说明了这个问题。

我和工作团的同志们在日本做客两个多月，除了展出工作，还访问了东京、京都、大阪、名古屋、奈良、宇治、日光等地，参观了上述各地的文化研究机关、博物馆、画廊、工厂、学校，以及手工艺作坊、寺院、神庙和文物古迹，了解日本人民的生活和工作情况。

那是在 1957 年 12 月下旬，我们离开了人民的首都北京，飞机到达广州，那里已是杏花含苞待开的初春景象。祖国的伟大可以用"四季皆春"这 4 个字来形容，社会主义祖国的温暖和她在各方面的发展与建设，正像春天一样，跟广州的气候一样。从广州乘火车到深圳的路上，我在车窗边看到一片似锦的山庄与园地在暖和的阳光下更显得青葱可爱。

在深圳，我们虽然办理了离境和入境的手续，但是在感情上真不愿意接受这一条人为的"界线"。当我们看到鲜艳的五星红旗那一边，有一面灰蓝色的外国旗帜，就不能不产生一种离别祖国的感情。我对那站在分界桥上的卫国战士顿时激起了无限的敬爱，真想上前去和他握手。他那庄严的仪表和体态，使我想到我们在不同岗位上所肩负着的不同使命。再会吧！我们终于慢慢远离卫国的战士，暂别了亲爱的五星红旗，踏上了去日的旅程。

经过香港，我们在12月20日搭乘印度航空公司的飞机经过4小时半的海上长途飞行，终于在落日的暮色中，从机舱窗外看到了浮在海中的群岛和带着紫色夕阳的富士山顶。这个埋在苍茫烟霭和海水中看不见山脚的富士山，给我一种类似海市蜃楼的幻境一般的感觉。这时候，机上的服务员正在向乘客们广播飞机将在半小时内到达东京的预告。这个预告显然给长途飞行的旅客以各种不同的感受。对于我这个初来日的旅客来说，我的心情不但振奋，而且有点不安：振奋的是目的地快到了，不安的是这个陌生的国度里的人们，将怎样来接待和支持我们之间有关两国人民文化交流与和平合作的工作呢？

我看看手表，正指在北京时间5点钟。暮色加速地笼罩了这个岛国，飞机已接近东京，机翼上闪烁着红绿灯光，像一只在找寻安身处的夜归小鸟，一左一右地，显出不平常的摇摆。我把眼睛贴在了机舱的窗户上，现在已经可以看到东京的荧光灯广告，和闹市往来如织宛如无数流星一样的汽车的灯火。

飞机终于在黑暗中摸索到自己的空港，平安地降落在羽田机场。旅客们在服务员的"再见"声中一个个下去了。我们从服务员的口中知道：报社记者要摄影。我们慢慢下去时，就被摄影记者包围住了。来欢迎我们的日中友好协会和《每日新闻》社的日本朋友告诉我们：还有一大批欢迎的日本朋友和爱国侨胞正在接待室等候我们。他们已经安排了一个正式的接待会。

一阵热烈的掌声和许多鲜美的香花，从四五十位日中友好团体、日本学术界和华侨总会的代表们那儿拥来。最使我们感动的是从日本朋友的手中看到了我们的五星红旗，那样鲜红，那样庄严美丽的国旗！

日本著名画家福田丰四郎致了欢迎词。他代表日本无数爱好和平和中日友好的朋友，对我们表示了衷心的欢迎。

在欢迎会上，我们会见了曾在敦煌见过的日本朋友，东京大学教授驹井和爱、《每日新闻》社摄影部部长安保久武、学艺部部长彬本要吉。我们紧紧地握手，表达了别后的关怀和在东京重逢的快乐。最使我们感动的是年已70高龄的学士院会员、考古学家原田淑人博士也来欢迎我们。我们对他表示了深切的感谢。

为了促进中日两国人民的文化交流和友谊，我们一到东京，当晚就与《每日新闻》社、日中文化交流协会和文学艺术界的日本朋友们商议如何使敦煌展览会在短期内展出。

当时的情况是，展览会的消息早已由占日本第二的、日出300万份的《每日新闻》不止一次地报道过，所以日本人民对于敦煌艺术是"久闻大名"，经常有读者询问展出日期，要求预购票。敦煌展览会的全部展品是由海路运送的，因为当时海上有台风，船期延误，展品要在12月31日才能到达。原定12月26日展出的计划只能改期在1958年元月才能展出，这就更增加了日本人民对展览会的注意。

展览会会场在东京闹市的高岛屋，那是一个8层的大百货公司的最上层，平常要做买卖，不能预先布置。从准备布置到展出只有6小时的时间，即商场闭馆的18时（下午6时）到24时。时间是相当紧张的。由于我们的展出计划做得比较细致和具体，在国内做好了展品照片和平面布置设计，编好了目录和资料，所以时间虽短，布置还是有把握的。1957年岁末之夜，我们组织了100位日本工人，紧张地工作起来。高岛屋和《每日新闻》社、日中文化交流协会的负责工作人员也自动参加了布置陈列。我们买了许多日本酒，请日本工人喝。大家一面工作，一面相互祝贺新年，彼此亲密无间。我们在紧张快乐的空气中，一夜之间，完成了1400平方米面积的展品陈列。等我们离开高岛屋走上东京街头，街上除了我们这些为敦煌艺展工作的人员，就只有那些在酒吧间通宵狂欢的人和无家可归踯躅街头的人了。

像我们的春节一样，新年是日本最大的节日。所不同的是，各个商店和电视广播，都有用英文组成的荧光灯新年广告，给节日带上了洋化的色彩。据说现在日本农村也很少过春节。日本人民已把传统的旧历新年移前举行。但是用作新年吉祥象征的还是中国的"岁寒三友"。三友中，松竹是随处皆有的，就是梅花还不到开放的季节，只有大百货商店用暖房培养出来的盆栽梅花来点缀。新年有3天假期，人们换了新衣出外拜年，孩子们与大人们一起玩踢毽子和放风筝的游戏。

新年里，我们到日中文化交流协会会长片山哲（他是日本前首相）先生家里去拜年，还接受了日中文化交流协会的邀请，由华侨蔡君陪同去东京附近的海边温泉度过节日，沿途看到了日本的乡村和农田。虽然是新年，日本贫苦的农民有的还是用简单的铁铲在耕作。听说日本政府在战后曾经进行过一番土地的调整，从公产和大地主方面分出了很小一部分土地，卖给没有耕地的雇农。但是土地面积太少，出产物品养不活农民的家庭，逼迫农民还是不得不把少得可怜的一点土地贱价卖给官府和地主，离井别乡到城市去另谋生活。

沿途我们还经过高速公路。汽车在这些公路上行驶要付给费用，这使得我们非常诧异。我们到达热海附近一个小镇汤河源后，下榻在向岛园温泉旅馆。这个旅馆的主人是一个中年妇女，旅馆服务员也全都是妇女。听说这是战后的一种普遍现象，开设旅馆的女主人大都是寡妇。

汤河源刚落过雪，虽然是温泉，但是气候比东京还要冷。向岛园旅馆的房屋轻巧雅致而干净。房里虽然有火盆，可是脱了鞋在光滑冷硬的地板上走真有点吃不消。日本朋友亲切地招待我们，让我们充分休息。但是因为我们急着要回东京准备展出，在汤河源只住了一天。

1958年1月5日，"中国敦煌艺术展览"在东京开幕，由当时正在日本访问的我国红十字会代表团团长李德全剪彩揭幕。200多位日本文化学术界和社会知名人士参加了开幕式。日中文化交流协会会长片山哲先生和《每日新闻》社总编辑山本先生都在开幕式上讲了话。

这个展览会的开幕，正如片山哲先生所说："从文化上，从艺术历史上看日中两国人民在过去近两千年的长时期中，一直有着兄弟般密切的友好关系。通过敦煌艺术展览，使日本人民确信上述日中友好历史的真实性，从而加强和发展日中友谊与文化交流的关系是完全可能的。所以'中国敦煌艺术展览'在1958年新年开幕，正象征了这个年头将是日本中国两国和平友好恢复邦交的年头。"片山哲先生的话，说出了无数日本人民强烈要求他们的政府早日与中国恢复邦交的心愿。

展览会受到了日本的专家学者和热爱新中国的朋友们的热烈欢迎和赞美。日本考古学界权威原田淑人博士说："敦煌艺术是日本艺术的根源。"日本天皇的弟弟三笠宫参观展览会后说："敦煌艺术是日本美术的原型。"京都大学人文科学研究所所长贝塚茂树说："过去日本军国主义者认为中国民族不如日本的说法，是使近代日本人民走向悲剧的主因。"

展览会原定12时开放，到了11点半，会场外排队购票的观众已有近千人，这是难得有的盛况。以后，观众天天增加，最多的一天达到9300多人。据高岛屋的负责人说，这是日本所有购票参观的艺术展览会中人数最多的一次。"中国敦煌艺术展览"在日本展出的盛况，连日本朋友也觉得出乎意料。欣赏敦煌艺术成了当时东京、京都等大都市人民文化生活中的一件大事。各种不同政治倾向的日文和英文报纸杂志，都连篇著文介绍。日本著名的艺术家、艺术评论家、历史学家、考古学家和美术史家全部被动员起来为敦煌艺术撰写文章。据不完全统计，各报刊介绍敦煌艺术的文章就有120篇，这在日本来说，也是前所未有的。照日本通常的情况，由《每日新闻》社主办的展览会，其他报纸照例是不写一字的，但是敦煌艺术破了例。因此《每日新闻》社的负责人也为此十分感动。

每天排队购票参观的观众非常拥挤。观众中有学者、专家，也有工人、学生、农民和家庭妇女。一般都要等候两三个小时才能轮到买票入场。有些大学生为了照顾年老的学者专家，都自动地把自己所占的前列位置让给他们，免得他们久等。虽然会场很挤，但还是有许多观众争取时间做笔记、画速写，在每幅壁画前依依不舍，不忍离去。尽管观众这样拥挤，但是会场井然有序，非常安静。这种情况使得高岛屋的负责人惊喜不已。正如这个百货公司的宣传部长永井先生所说："中国敦煌艺术展览"的成功，使我这个在商业上从事文化工作的人也受到很大的教育。最使我感动的是，从学生到学士院院士，都抱了一个学习和研究的态度。好像观众都在上一堂东方美术史的大课。大家在这个展览会上得到了很多东西，受到伟大的敦煌艺术的强烈感染。因此，观众的感情是严肃的、纯正的、健康的，会场上始终十分安静，井然有序。不久前这里办过一个摄影展览会，也吸引了很多观众，但是会场秩序之乱，人声之嘈杂，都不能与'中国敦煌艺术展览'相比。这是展览会的内容所决定的。"

很多日本专家以新奇的眼光，在敦煌艺术中发现了6世纪日本飞鸟时代艺术的先驱者。这就使某些日本学者认为日本文化受到中国文化的影响，开始于相当于中国唐朝的奈良时代的论点站不住脚。使得日本人民由此认识到中日两国之间，有着更早、更多、更好的交情。

许多观众写信给报社，感谢主持这个展览会的《每日新闻》社、日中文化交流协会和中国人民对外文化协会，使他们看到了伟大的敦煌艺术。他们也在信中感谢长年在沙漠中坚持临摹工作的敦煌文物研究所的工作人员。有位22岁的日本主妇渡边在信中说："我的心中早已有了敦煌了！"

展览期间，有位上了年纪的日本老先生，在285窟模型室看了两个小时之后，从人群中挤出来找我们，热情地和我们握手，热烈赞扬中国人民的宽大和气魄，赞美新中国对文物的重视和保护。说着说着，他情不自禁地举手高呼："毛泽东先生万岁！"他的眼睛里还含满了激动的泪水。像这位老先生所表达的老一辈日本人民的感情，我们是完全能够理解的。

今天，在痛定思痛的老一辈正直的日本人民心里，他们还牢牢记着近两千年中国与日本人民在长期的文化交流中，对东方和世界文明曾有过的卓越贡献。从6世纪日本飞鸟时代开始，中国的文化和艺术开始流传到日本，在那里生根发芽。我们在京都、奈良、宇治、大阪、东京等地，看到创建于593年的四天王寺和修建于607年的法隆寺中，至今还保存了制作于唐宋时代的干漆木雕的佛与菩萨造像、壁画，以及造像身上富丽精致的光头、背光、宝冠和璎珞佩带供宝等。奈良的唐招提寺就是直接由唐代中国高僧鉴真和尚按唐代寺院建筑蓝图建造起来的。这些日本的古代建筑和艺术，不但结构装饰保存了中国的风格，就是匾额碑碣也都刻着挺秀的唐人书法。这些明显的文化渊源，今天日本的老年人都知道得很清楚。

但是明治维新的政策、"西方万能"的政策，使帝国主义者以人为的力量把两个邻近国家人民的友谊和文化交流关系中断了。

明治维新把学习的眼光由东方转向西方后，在文化艺术上也沾染了十分浓厚的西方色彩。在绘画上，他们甚至放弃了曾经深深影响法国后期印象派绘画的浮世绘，而从头学习西欧各种时新的艺术作风。他们一个阶段一个阶段连续不断地模仿学习，从20年代开始的欧洲新画派，如后期印象派、立体派、野兽派、未来派、超现实主义，一直到各种不成形的抽象主义艺术，都是悉心地在模仿着、学习着，像过去学习中国艺术一样。因此，今天在日本就产生了可以与法国后期印象派代表作家塞尚作品乱真的日本画家，产生了可以与法国立体派代表作家洛特作品乱真的日本画家，也产生了可以与野兽派代表作家鲁奥作品乱真的日本画家。因此，日本就有了日本的达里、日本的马蒂斯、日本的凡拉明克等等亦步亦趋、模仿得尽善尽美的日本洋画家。在日本，也一样有包揽画家的掮客和他们私有的阔气的画廊。他们可以用他们的资本开展览会，出专刊画集，收买艺术评论家，用各种巧妙的方法来捧一个画家或贬低一个画家，像炒股票一样来抬高或降低一个作家或一幅画的市价。

然而好景不长，日本画家在战后苦难的年代中，已尝到了灾难的滋味，在画坛上出现了没精打采的趋势。正像第一次世界大战后的法国一样，日本在第二次世界大战以后的几年中，在所谓"美国生活方式"的宣传影响下，一度成为以美国为首的资本主义国家的文化中心之一，成为西欧几个国家游历和观光的市场。形式主义的名画家曾经有过一度短暂的活跃，但是这个时期并不很长。近两三年弥漫在以美国为中心的资本主义世界的经济衰退，同样也涉及日本的艺术界。

日本权威的现代美术评论家兼镰仓现代美术馆馆长，热心招待我们到他的博物馆去参观。他苦笑着指点一件正在被孩子们爬上爬下玩耍着的不成形的所谓现代雕刻说："小孩子不听话，要他们不爬他们也不听，反正这些都是用钢筋水泥制造的，践踏一下也无所谓的。"他这番说明，使我啼笑皆非，无言可答。这里提出了一个形式主义艺术往何处去的严重问题。记得过去读过一本法国艺术评论家安得列·沙尔蒙所写的批评现代形式主义艺术的书，书名叫《节日欢乐后的悲哀》，形式主义艺术的命运，正像过了一夜酒吧间酒肉、女人、阿飞式胡闹生活之后所感到的困乏、空虚和悲哀！

敦煌艺术正是在这种情况下走进了日本的艺术生活。它以它的丰富内容和1000年间生动活泼的演变发展大大震醒了迷失方向的日本画家、雕刻家、建筑家和装饰美术家们。他们以不同的角度来欣赏敦煌艺术：现代形式主义画家喜欢奔腾粗犷的敦煌北魏艺术，雕刻家喜欢敦煌的唐代彩塑，建筑家喜欢拿敦煌唐宋建筑与日本法隆寺等唐宋风格的建筑做比较，装饰美术家提出了今后日本图案的方针，将以新古典格调来大量采用敦煌图案主题的口号。

临别日本的前夜，一位负责日中文化交流协会工作的日本朋友对我说："敦煌艺术在日本展出的成功是不能以 10 万观众、3 万份目录单、120 篇报纸杂志文章、20 次座谈会等有限数字来估计的。如果一定要照上面这样计算的话，那只是原始的种子，这些种子埋在日本土地上之后会发展生长。首先我十分同意你今夜在椿山庄告别会上提出毛主席的'东风压倒西风'的名言。敦煌艺术有这样一种力量，它打破了存在于日本现代人心理中的'西方万能'的概念，十分可能使我们的文化艺术重新走上中国的也是日本的东方优秀传统。"

难忘的回忆

日本和日本人

我自小对地理和历史的概念都是非常糊涂的。对于"日本"的认识，只局限在"东方人、和服、日本话"这几个概念里。后来，第一次与日本人打交道，是1928年在法国巴黎一个艺术家经常喜欢去的蒙巴拿斯咖啡店。我们正在喝咖啡，这时留法的日本名画家藤田嗣治用法语对店老板说："现在店中所有顾客饮用的账都由我来付，因为我卖了一幅画，我应该为同伴们请客，请大家不要见外。"他的话引起全店顾客的热烈鼓掌，我也鼓掌。这是我一次由衷地鼓掌，表示感谢。这位有名的日本画家异乎寻常的"请客"，使一些多喝了几杯酒的法国朋友举着酒杯到藤田嗣治面前，和他一同干杯。这时候整个咖啡馆的顾客都举杯站起来，异口同声地喊着："藤田万岁！"这时戴着黑边近视眼镜的藤田，笑逐颜开地也喊着："亲爱的伙伴们万岁！"这次偶然的集会使我透过藤田嗣治，对日本和日本人有了一种新的认识和看法。这种认识和看法比之过去"五四"时期（签订《二十一条》，那时我才7岁，也曾去学校参加搜查日货、焚烧日货的运动）抵制日货时的看法有所改变。我尤其喜欢他在当时欧洲现代派盛行的巴黎画坛上，仍然保持了东方民族特有的墨色线描为主的艺术风格，成为一个令人推崇的近代东方名画家。但我对日本绘画知道得并不多。当我从1942年至1957年十余年从事敦煌佛教艺术的研究保护工作后，确实想了解一下一衣带水的日本精心保护的法隆寺、东大寺、唐招提寺等著名佛教艺术遗址的保护研究工作。所以当1957年组织上要我们准备敦煌艺术在日本展出时，我因得以有一个学习和增进了解的机会而非常兴奋。1956年5月14日，我们在千佛洞曾接待过以驹井和爱为首，包括杉本要吉、冈崎敬、安保久武、樋口隆康等在内的五人代表团。两天的访问，虽然时间不长，但中日之间，莫高窟和法隆寺之间，已结成了友好真挚的友谊。我们很遗憾没有见到我们渴望已久的石窟艺术研究专家水野清一先生。驹井和爱先生告诉我们，水野先生因不慎伤了腿，没能同来是非常遗憾的事。我说："我们希望他能同你们一同来莫高窟参观呀！"

当时我们敦煌的工作和生活条件是比较清苦的，但我们和驹井和爱、冈崎敬、安保久武、杉本要吉、樋口隆康五位先生的亲切会见是热情友好的。正如杉本要吉在1956年5月15日在留言簿的题字上所说："日本考古学代表团访问中国的最大目的是在于参观敦煌。我们一行五人到此逗留两天，亲眼看到千佛洞的伟大艺术：北魏的雄伟，盛唐的荣华。这使我们非常感动，非常满足。我们在此对于敦煌文物研究所常所长及以下的先生们表示深切的敬意，并祝今后有更大的发展。"

作为"今后有更大的发展"的具体表现是，1958年"中国敦煌艺术展览"在日本东京和京都两地的公开展出。在当时中日邦交尚未恢复的时代，展览由中日两国几个人民团体负责举办。众所周知，名闻世界的敦煌石窟宝藏，近一个世纪以来，受到帝国主义的文化侵略、破坏和劫夺之后，除大量的石窟密藏，如古代写本、绢画、肖像、木雕像等流散在英、法、俄外，至今幸存较多完好壁画的彩塑的石窟492个，有各时代壁画、彩色塑像2000余尊，是现存古代文化艺术珍贵的遗产。当时为了中国和日本的友好与文化交流，满足一衣带水的日本广大人民的热切期望，我们带着中国人民的深厚感情，在日本东京和京都两地进行为期33天的公开展出，受到日本人民的热情欢迎。大致过程我在上文中已经写了，下面记述的是在展出期间一些令人难忘的友谊故事。

记得展览会布展时，帮助我们布展的日本青年工人，认真负责，迅速按期完成工作，令人感到万分兴奋。完成布展工作是12月31日午夜11时25分。我们轻松地在午夜的马路上并排步行，到一家通宵服务的日本酒家吃夜宵。我们同时高举起满杯啤酒祝贺："中日两国人民友好万岁。"那时我看到李承仙兴奋得流下了快乐幸福的热泪。她对我说，日本工人那样负责认真的态度和热情令人十分感动，是一辈子也忘不掉的。她曾在1956年在印度新德里负责主持敦煌展览，就没有如此的高效率和高速度。那天正是岁末之夜，我们在回旅馆的路上，又和康大川、崔泰山等步行到大街后面小巷的一片小面馆，每人吃了一碗有上海风味的阳春面，并随便在餐桌上各人抽了一张"新春幸福"的美好祝词。回到旅馆，我们觉得浑身轻松，快乐地过了一个日本的岁末和新年。这是我们到日本后最为快乐的一天一夜。因为做了中日两国人民应做的工作，也是难忘的中日两国人民友好和文化交流的幸福的一天。

第二天一大早，我们首先接受了杉本要吉赠送的一只黄丝绒做的小狗。因为那一年是中国农历狗年。早餐后，我们应华侨蔡振华的邀请去旅游。一路经过富士山，在皑皑白雪中，到达了日光。蔡振华为我们安排好一个日本庭院式的旅馆。浴池是在日光一个竹林梅花的小院中，真是小庭流水，意趣横生，为我们长了自然主义的见识。

1958年1月4日，我们在大雪纷飞中返回东京。看街头店堂橱角中布满了俨然如画的松、竹、梅"岁寒三友"等应景风物。《每日新闻》正在大力报道"'中国敦煌艺术展览'将如期于1958年1月5日在日本桥·高岛屋开幕"的消息。《每日新闻》为了宣传，还刊登了将285窟整窟模型大佛自高岛屋大楼底层用大吊车拉上八楼的照片；原田淑人、驹井和爱等有关敦煌学专家，还撰写了有关介绍敦煌艺术的论文。水野清一教授还在《日本佛教艺术》杂志上发表了参观"中国敦煌艺术展览"时所做的笔记。水野清一先生是《大同云冈石窟》24大本研究专著的主要执笔人。他对中国和日本的佛教艺术，有很深厚的研究。他在当时出版的《日本佛教艺术》杂志的文章中，根据他对中国古代艺术和石窟艺术渊博的知识，对敦煌艺术的排年问题，提出了中肯的见解。但他非常遗憾地表示，那一次日本的中国考古代表团出访时，自己因为足疾而没有能来敦煌访问，这是非常遗憾的事。他非常热心地为我们安排了天理教历史博物馆的访问。记得有一次为了使我能见到正在修复的一个法国人伯希和从新疆库木吐喇附近的苏巴西古墓中发现的隋唐时代漆制的彩绘舍利盒，他冒着大雨带我到京都一个私人家里去参观。这是一个非常珍贵的5世纪时的骨灰漆盒。我能如此接近地去鉴赏它，感到无比快乐。我非常感谢水野先生，临别时我用英文向他致谢。他说："在日本我还是东道主呀！希望有朝一日能去敦煌和你一道研究敦煌石窟的壁画问题，那是我一生最大的希望。"我说，只要我健在，我一定要争取邀请你到敦煌去。这是我们在大阪飞机场上临别时的最后一次谈话。他要求我离东京前为平凡社写一篇敦煌壁画的文章作为纪念。我答应了，交出了一篇非常草率的稿子，直到香港时才把初稿和图片寄出。使我感动的是水野先生为我列举的早期照片、图片做了十分精详的解说。1958 年冬，我在敦煌收到这册纪念画册。在 1962 年，还接到水野先生赠送的他在阿富汗发掘时完成的第一部著作。那时我兼职兰州艺术学院院长，曾回复他一封长信，对他在艰苦工作中所取得的初步成就表示祝贺！但没有接到他的回信。1963 年我还告诉他我们准备于 1966 年举行敦煌莫高窟建窟 1600 年纪念活动，要邀请国际石窟艺术专家来敦煌。但后来由于"文化大革命"的浩劫，使那个庆祝建窟 1600 年的计划没有实现，与水野先生的联系也中断了。1972 年我在敦煌莫高窟接待韩素音后，才知道水野先生已于 1967 年因在阿富汗工作积劳过度，为文化考古发掘而殁。听到这消息，我非常难过。我早已知道他鞠躬尽瘁，在阿富汗沙漠旷野中辛勤工作的情况，但没想到他会为此付出生命的代价。现在，再也不能欢迎他来到敦煌和我们共同研讨有关佛教艺术的考古研究工作了。

1958 年我们在日本东京、京都会见了不少像水野清一先生一样的考古学者。在京都大学人文科学研究所我们参加了水野清一、平冈武夫、燕藤菊友郎、藤枝晃、长广敏雄、冈崎敬、樋口隆康等京都大学人文科学研究所各位专家学者们举行的关于敦煌文物艺术的恳谈会。在东京神田一桥一次晚餐会上，我们会见了以原田淑人、仁井田陞为首的考古、文学、美术专家，以及北川桃雄、驹井和爱、三上次男、熊谷岩夫、福山敏男、仓田武四郎、杉木要吉、土介定一、广濑荣一、关野雄、杉村勇造、杉原庄介、藤田亮策、山本达郎、榧本龟次郎、大琢初重、秋山光和、后藤守一、川上泾、高田修、岛山喜一等人。我们边说话边用晚餐，畅谈了日本和中国文物考古界的情况，尤其是敦煌和我1953年在新疆天山南北两地从事石窟艺术调查访问的一些情况。大家还一再强调中日文化交流友好往来的迫切与重要性。

驹井和爱、冈崎敬、樋口隆康、安保久武、杉本要吉是1956年来到敦煌莫高窟中寺（皇庆寺）我家中做客的最早的日本老朋友。1958年在我访日时，驹井和爱先生也回请我们到他家中做客。由杉村勇造先生陪同我们在驹井和爱的书斋中喝日本茶，共叙友情。驹井和爱先生还把他们在北海道正在进行的考古发掘，与我们在文物参考资料上刊登的1953年新疆在昭苏文物考查所得撒姆大须古石人及遗址进行了互相探讨。这一切是30多年前的事了，但现在回忆起来仍历历在目。遗憾的是驹井和爱和杉村勇造他们都离开了我们！在日本时杉村勇造先生、北川桃雄先生等，他们都离开繁忙的研究工作来陪同我们参观博物馆、寺庙、文物古迹等等。有一次在早稻田大学为我们举行欢迎会后，杉村勇造先生与我们同去一家中国饭店吃晚餐。当时钟正指向9点，杉村勇造先生突然对我和李承仙说："张大千先生此刻正在东京飞机场，9时正起飞离开日本。大千先生要我带口信给你们，表达他对你们的问候。"我们问："大千先生来看过我们展览会吗？"杉村勇造先生回答说："大概已看过了吧！因为我在他住处看见他桌子上放了一本'敦煌艺术展目录'。"我说："非常遗憾的是没能见到他，因为我们是已15年不见的老友了！"

北川桃雄先生还陪我们访问画家山口逢春。在山口家的日本式庭院厅堂前的大门口，山口逢春夫妇都穿着日本和服，躬身90度，口中接连地说着日本话欢迎我们。山口夫人真是一位贤淑的夫人。他们请我们吃了一顿纯日本饭。雕塑家桥本先生和夫人还亲自用小型电影放映机为我们放映他和山口先生访问中国时拍摄的电影。山口逢春先生还特地邀请我们参观了他的画室和酒吧间。他的酒吧间不大，但很玲珑，柜中有各种各国名酒。山口先生兴致勃勃地为我们调鸡尾酒，可惜我没酒量不能多饮。他又带领我们来到宽敞明亮的大画室。画室中只有一张大案子，方方正正的，房里没柜子，白壁及朴素的木板没有任何装饰，显得有些空旷，四面墙壁都是用木板做成。主人看出我们诧异的神情，就引我们走到墙壁边，顺序拉开一个贴墙壁的门扇，里面的壁柜盛满了各种颜料，一层一层很有条理地摆着；又拉开另一扇壁门，柜子拉开后放下几个格板，刹那间沿着墙壁便搭出一个长条桌子；又拉开一个壁扇门，只见里面一层一层储放着各种纸张。就这样挑拣着拉开几个柜门后，画室四面八方全是壁柜，里面摆放着齐全的笔、墨、纸、砚、颜料、纸张、胶矾、调色碟等，随手可取。我们前不久曾在日本画展览会上看到山口先生一幅富丽堂皇的日本画《牡丹》。他的画色彩绚丽，笔画利爽，反映出他成熟的创作风格。这是我们看到的他绘画创作中最精美的一幅。我们称赞他用石青、石绿、朱砂等画出这样得心应手的杰作，确是现代日本画的又一个新的划时代的风尚！山口先生说，他作画从来不互相掺杂调色，而是把各种颜色根据需要和选择调上胶水后直接画在画面上。他说他的画一定会像翡翠、辰砂一样永远放射出"金碧辉煌、富丽堂皇的风采"。介绍经验时，他还特别强调了作画用颜色和鹿胶的关系。对于卷轴画来说，不论画在纸上或绢上，只有鹿胶能经受各种气候变化的考验，永不产生龟裂脱落的现象。这是他研究的成果，是画重彩中国画应该注意的,希望敦煌临摹工作中可以选择采用。山口先生宝贵的经验对我们临摹用色用胶确是一种启迪。

1958年访日期间,我们还应日本研究敦煌壁画的博士松本荣一先生之邀到他家中做客。在他古色古香的庭院中,松本荣一先生和夫人在门口躬身欢迎我们。松本夫人亲自用茶道的古风教我们如何泡制清茶和如何双手捧着茶碗品茶,以及一面转动茶碗的方法。松本先生很谦逊地对我们说:"'中国敦煌艺术展览'的彩色原大摹本,为我们提供了非常宝贵的古代中国壁画敷彩的资料。这些重要资料在伯希和编辑、用黑白照片印刷的《敦煌石窟图录》上是看不到的。因此,看了展览后,我认为我应该再研究一下敦煌画呢!"记得那是新春细雨霏霏的时刻,很像四川重庆迷雾一样的气候,在寂静园林中的这间客厅中,我们受到了热忱的接待。过了几天,松本荣一先生和另外几位专家们与我们开了一次座谈会,真是永远难忘的会见。

最使我难忘的还是塚本善隆先生。我们1958年初访日本时,有幸遇到了他。塚本先生是一位忠厚的长老,有高深的学识,尤其精通佛学。他特地在他所在的清凉寺寺院中请我们吃素食,并让我们参观了清凉寺和寺中收藏的一身北宋时代檀香木雕刻的释迦牟尼立像,及佛像腹中发现的用丝绸做的内脏等珍贵文物。塚本先生表示:日本清凉寺与中国五台山有极其深厚的历史渊源。在"中国敦煌艺术展览"中展出的敦煌莫高窟第61窟宋代壁画《五台山》全图上面有"大清凉之寺"(敦煌莫高窟第61窟宋代《五台山》全图壁画长13.3米,高5米,系李承仙1948年至1949年临摹的)。塚本善隆先生提出希望邀请《五台山》全图临摹者李承仙在日本清凉寺同样临摹绘制一幅。我们表示为了中日友好、中日文化交流，我们愿尽微薄之力为后世留下纪念。1958年访日回国后，这件事就搁置起来了，一晃已24年。1979年，我和李承仙、女儿沙娜再次访问日本时，我们本拟看望塚本善隆先生，因塚本先生病危，我们没能在塚本先生病榻前握手告别，真是非常遗憾的事。现在塚本先生已归道山，在1985年元旦的时候，秋冈家荣先生来中国时，为了进一步促进中日文化交流与友好往来，正与有关方面磋商，在我古稀之年设法完成这一位年高望重大德者的遗愿。

在我怀念的故人中，还有日本前首相片山哲。他是我们1958年在日本举办"中国敦煌艺术展览"日方的主办人。他和夫人片山菊枝为了主持东京和京都敦煌展览会的开幕仪式，陪同我们往来于东京、京都道上，一直到最后参加日本朋友为我们举行的有一二百人参加的名为"椿树叶"的盛大告别宴会。在日本期间，片山哲先生还特地邀请我们到他的江之岛的寓所访问。那天，他使用刚买的崭新汽车接我们到他家做客。他女儿片山光照还把她幼时在江之岛海滨拾到的海贝、海螺钉在一个小盒中赠送给李承仙。片山菊枝夫人还陪同我们瞻仰了聂耳墓。我们在聂耳墓上献了一束鲜花，耳边似乎响起了《义勇军进行曲》雄壮的歌声。我们在江之岛的聂耳墓上带回了一把泥土，回国后交给了中央音乐学院留作纪念。

这次访日期间，中岛健藏先生也给我们留下难以忘怀的印象。他始终背着照相机，默默地做着各种接待工作。我们离开东京时，他送我一套日本美术史的幻灯片。日本印刷出版工作的速度和质量也令人称赞。由日本美术出版社承印出版的《敦煌彩塑》，从决定出版到印出，仅用了20天的时间——我们还没有离开日本时就收到书了。

在日本两个多月的访问中，我们结识了日本考古界、美术界的许多朋友和其他日本友好人士，参观了 35 个寺院，参观了日展、大阪国宝展以及许多博物馆、民艺馆、艺术馆，学习了不少东西。

离别日本时已是清晨 5 时。在东京羽田机场，出乎意料地发现有成百上千送行的友好人士，在二层送行的阳台上向我们招手致意，使我们深切感到那种友好之情。与日本友人分手时，日本《每日新闻》社的安保久武先生还给每个代表团团员赠送了在告别宴会上拍摄的照片集。

1977 年 10 月，"四人帮"被打倒后，敦煌文物研究所恢复了所长制，组织上决定仍由我担任所长职务。这几年来，敦煌由于开放政策和推行旅游业务，我们逐渐地接待了越来越多的各国朋友。日本朋友接二连三、一批又一批地到敦煌来参观。我们会见了久别 20 年的西园寺公一先生和西园寺雪江夫人。我们给他们看了 1958 年在他们北京寓所的合影照片，大家感慨往事俨如隔世。当年照片上他们的两个孩子现已从北京大学毕业，而且写了一本反映他在中国包括"文化大革命"中所见所闻的书。西园寺公一先生兴奋地说："20 年前我们相见时五十来岁，现在我们都已七十来岁，希望我们都健在，再过 20 年我们九十多岁了再相聚……"难忘的情谊是多么久远。我们又会见了邓健吾和华侨石嘉福。他们是 1977 年 11 月过兰州时，我们在滨河路住宅见到的。1978 年至 1979 年他们再次来敦煌时，我们又在敦煌接待了他们。1983 年我和李承仙第三次访问日本，去北海道参观时，石嘉福先生亲自驾驶汽车，全程陪同我们参观。邓健吾先生现在已是日本成城大学教授、敦煌学知名学者。

1978 年 5 月，我们在敦煌接待了日本松山芭蕾舞团团长松山树子和清水正夫以及以写小说《敦煌》闻名的著名作家井上靖先生和夫人井上芙美。1958年我们出访日本时，在东京观看过松山树子主演的《白毛女》，可以说是老朋友了。我们不仅陪同日本朋友参观了莫高窟，而且还乘车前往玉门关游览。在玉门关的长城脚下，我们和清水正夫夫妇、井上靖夫妇共进野餐。井上芙美夫人从行囊中拿出日本的小酒杯，大家围坐在残砖剩土上共饮葡萄美酒。我当时即兴将"劝君更尽一杯酒，西出阳关无故人"的诗句改为"西出阳关有故人"，使大家更为高兴。井上靖先生在戈壁滩上喜爱独行，慢慢地品味大漠戈壁的荒远亘古、旷达开阔与无情，不时地用小梳子梳理那被风吹乱的头发，也不时地用笔在笔记本上记录下他的感受和创作的思想火花。在阳光下，我还与清水正夫先生登上汉代烽火台遗址，体味两千年前汉代李广利将军因"汗血马"之战失利而不得进入"玉门关"，悄悄自阳关进入敦煌的历史，并在夕阳残照的烽火台上摄影留念。

接着就是生江义男先生和秋冈家荣先生的到访，那时正是敦煌莫高窟的八月，是瓜菜成熟的时节。生江先生是一位研究佛教和佛教艺术的知名教育家，具有豪爽的性格和朴素热情的学者风度。当我们在敦煌为他们举行招待宴会时，生江先生边饮酒边吟诵唐诗："渭城朝雨浥轻尘，客舍青青柳色新。劝君更尽一杯酒，西出阳关无故人。"流露出生江先生对中国的一片纯厚质朴的感情，将我们都引到不分彼此的境界。当时我和秋冈家荣先生还热烈地谈到中国周总理和日本田中首相为中日两国人民恢复邦交铺平了友好合作的道路，两国人民必将进一步携起手来为中日两国人民的友谊和文化交流做出更大的贡献。此时，大家都感到无比的高兴和快慰。秋冈家荣先生是恢复中日邦交时日本朝日新闻社驻北京的支局长。他曾多次见到周总理,周总理曾表扬他年轻、精通中国话,是中日恢复邦交时起到重要作用的记者之一。

1979年10月,我们应日本桐朋学园校长生江义男先生和日本《朝日新闻》编辑委员秋冈家荣先生的邀请,再次访问了一衣带水的东邻友邦——日本。

我和夫人李承仙、女儿常沙娜、翻译王庆英一行4人于1979年10月27日下午2时许由北京直飞东京成田机场。我们一下飞机就受到生江义男、秋冈家荣、井上靖、邓健吾、入山虓二郎、平山郁夫先生和夫人美知子等许多日本老朋友们的热烈欢迎。在日本为期两周的访问中,井上靖先生和井上芙美夫人、生江义男、秋冈家荣诸先生亲自陪同我们参观。主人们周密、精心地安排了我们的访问日程,使我们参观了渴望已久的高松塚古墓、福冈竹原装饰古坟。日本文物保护工作做得十分精细科学。按规定,经过特许才能进入高松塚古墓中参观,每次二人,不

◆ 1979年,常书鸿、李承仙夫妇和女儿常沙娜访问日本时受到日本作家朋友井上靖欢迎

得超过15分钟。但我和李承仙进去以后，被古墓壁画和古墓的保护工作吸引住了。我们忘了时限，以致特殊又特殊地在墓内参观了40分钟。后来我们出来时，女儿沙娜告诉我说，你们不按规定时间出来，主人们都不便催促。井上靖先生感慨地说，常书鸿夫妇在墓里出不来了……由三上次男先生陪同我们参观了东京博物馆。秋冈先生把我们的访日时间安排在日本正仓院一年一度的文物展出时间中，使我们有机会看了正仓院珍藏的羽毛屏风、琵琶等。正仓院的每件藏品要隔80年才轮流展出一次。由于日程很紧，我们参观正仓院展览时已是日本17万观众中的最后一批参观者了。正仓院还特地为我们举办了一个招待会，使我们的参观学习获得了很大方便。老朋友冈崎敬先生陪同我们参观了大阪民族博物馆、福冈九州博物馆、福冈美术博物馆以及太宰府政厅遗址。在参观观音寺时，还特别允许我、承仙、沙娜各人用木鱼敲击了一下用铁丝网罩的1200年前的梵钟，洪亮的钟声绕梁，余音久久迂回。这钟声，使我回想起敦煌第96窟唐代北大像殿中的钟声。

　　秋冈先生陪同我们参观岚山时，正是日本一年一度的文化节。在美丽的岚山脚下，沿河停泊了各种张挂彩灯的木船。这天岚山游人特别多。我们在附近买了一束白色菊花，敬献在岚山的龟山公园周总理诗碑前。在这里我们还受到京都府日中友好协会妇女会长等朋友们的热烈欢迎，一起共唱《我爱北京天安门》的歌。

　　难忘的是在京都大学人文科学研究所与樋口隆康、长广敏雄、薮内清、小南一郎、小野胜年、柳日圣山、铃木重治、桑山正进、荒牧兴俊的会见。在1958年1月31日，我们也曾经在这间会客室中开过座谈会，当时是由水野清一先生主持接待的。现在由樋口隆康坐在水野的位置上来欢迎我们，大家为失去考古界老友默哀悼念。

在东京，我们出席了由三上次男先生主持的出光美术馆的座谈会。老朋友田中一松、宫川寅雄、前田耕作、土居淑子、秋山光和夫人（因秋山光和先生在外国未回）、关野雄、藤田冈雄、西田守夫、量博满、护雅夫、金冈照光、大肥义和、梅村坦、古田绍钦、保抑睦美等出席了座谈会，松本荣一先生因病未能参加。这次主要座谈交流了中日两国在敦煌研究上的情况和发展问题。

我们还参加了由秋冈家荣先生和长谷川嘉一郎先生主持的在奈良的日中教育交流恳谈会。会见了老朋友井上靖先生和夫人、陈舜臣先生、森川晃卿先生、伊地智善维先生、安竹一郎先生、佐和隆研先生，了解了日本在教育培养人才上的成功经验。

平山郁夫先生和平山美知子夫人、中根宽先生等还为我们安排参观了东京艺术大学。平山郁夫先生特地从镰仓家里取来他的绘画作品，请我们观赏。我们十分喜爱平山郁夫先生的画作。他的画给我们留下了永远难忘的印象。

我们参观了唐招提寺。森本长老还亲自向我征求意见，他那时即将随鉴真像回扬州巡展。森本长老拟送一卷敦煌写经。我看到他虔诚的心愿，当即表示了我的意见，中日佛教交流也是我们永远怀念的往事。

在日本参观了NHK（日本广播协会），我还特别应邀做了《敦煌的魅力和对敦煌的保护措施》的电视讲演。这是在上午黄金时间内由吉川研先生和我对谈的现场直播。1958年，我曾在日本广播电台向日本听众作过讲演，这次是我第一次面对摄像机做现场讲演。演讲结束后，吉川研先生就告诉我，已有许多观众来电话称赞这次节目办得很有意义。

此后，我应邀多次访问过日本。

1983年4月，应东京艺术大学邀请讲学。平山郁夫先生负责接待工作。我们住在东京艺术大学的音乐部教官楼，除讲学外还参观了该校的教学，并访问了奈良、仓敷等地。

同年，接受茅诚司先生邀请，去日本作石坂纪念演讲。这是由日本国际交流财团主办的，邀请世界各国文化、科学界名人主讲，每年举行一次，每次一人。演讲会自1978年开始举办，我是第六位。我作了《敦煌艺术》和《我与敦煌》的演讲，后来由在日本留学的儿子嘉煌整理成《我与敦煌——四十年面壁荒沙里》一书，由日本SIMVL出版社出版。在这次访问中，还由石嘉福先生陪同我参观游览了日本的仙台，瞻仰了鲁迅墓，游览了青森、札幌等地。

我和李承仙还先后为日本东京枣寺和法隆寺做过大型壁画。应秋冈家荣先生邀请，我们于1985年在新落成的枣寺绘制了7幅障壁画。这次在枣寺作画用了4个月的时间，绘画主题是关于玄中寺的。玄中寺是中国的佛教古寺之一，日本净土宗尊奉玄中寺为他们的祖庭。关于玄中寺，在敦煌壁画中也有所表现。枣寺的原任职菅原惠庆是日中友好人士，在中日恢复邦交前，他就致力于日中友好，收集在日华工的遗骨送交中国。现在任职的是他的儿子菅原钧。我们采用唐代壁画中绘画山水、树石、村舍的方法精心绘制了这7幅障壁画，受到日方高度评价。

1986年我们受奈良法隆寺邀请，为法隆寺绘制壁画。这次绘制在中国进行，共计16幅大型障壁画，采用唐代飞天、舞乐等造型，用唐代壁画的色调表现宗教的幽雅、平和场景。在这些画幅中，我们以线描和重

◆ 1987年，常书鸿与李承仙共同创作丝绸之路飞天

彩结合，强调气韵，共花费了两年的时间。全部完成后，1988年我们专程前往日本开眼并参加赠画仪式。16幅障壁画及赵朴初会长一幅题字一并被专门安置在贵宾室内，并被作为国宝保存起来，只有重大活动才能短暂地参观。在1986年我们访问法隆寺时，井上靖先生在欢迎会上说，中国的飞天在1300年以前的时代就传到日本，现在常书鸿夫妇画的飞天第二次传到日本，很有意义。正如赵朴初会长在1988年4月11日日本NHK黄金节目中播出的、45分钟的《沿丝绸之路而来的飞天》电视片中所说，中国飞天传到日本飞了1300年，常先生夫妇的飞天也要再飞1300年。

1991年11月，我和儿子嘉煌的画展在日本东京举行。

同年日本创价大学授予我名誉博士学位。

1992年，日本富士美术馆授予我名誉馆长的称誉。4月，我们夫妇向池田大作先生赠送了我们合作的油画《攀登珠峰》。同时，我们将我们创作的 4 幅飞天画赠送日本唐苑。

访问德国

应联邦德国驻华大使魏克特先生邀请，由德国波恩国际研究中心接待，我、李承仙及翻译屠敏华于 1980 年 3 月 27 日至 4 月 12 日在波恩、柏林、科隆、法兰克福、美因茨、特里尔、慕尼黑、斯图加特和海德堡等九个城市进行友好访问。

我们在特里尔市由魏克特大使夫妇陪同瞻仰了马克思的故居，参观了 12 处博物馆、5 处实验室、5 处库房、3 处美术馆、7 个教堂。其中有两处专门修复壁画，我们考察了修复过程。同时，我们还参观了 4 处古堡博物馆，以及海德堡大学东方美术研究所图书室、资料室、幻灯片室，还有皇宫等。

德国的博物馆及文物修复事业相当发达。据 1975 年《世界的博物馆》一书中列举的就达到 1157 所。我们参观了其中地方性的博物馆，如科隆的罗马—日耳曼博物馆、慕尼黑的巴伐利亚州博物馆、斯图加特的巴登符腾堡的博物馆；以地方性的考古历史为主的，如美因茨的罗马—日耳曼中心博物馆、慕尼黑的国家古典艺术和雕刻馆；古遗址性的博物馆，如科隆的罗马市政厅地下博物馆、美因茨的罗马古堡（萨尔堡博物馆）；专属外国的博物馆，如科隆和柏林的东亚艺术博物馆（包括中国、朝鲜、日本），后者还有印度艺术博物馆，德、法、意各国油画博物馆，东亚民俗博物馆，等等。

我们参观访问的这些博物馆，设有实验室，设备精良齐全。计有：X 射线室、石膏翻模室、电解室、真空干燥室、红外线烤干室、热释光年代测定室，光谱分析仪、金相显微镜、恒温、恒湿装置，金、钢、银、铁、玻璃器、石器、玉器、壁画、木雕、塑像、家具等修复室，采用先进技术并列入科研项目。

慕尼黑市文物保护局于1900年开始颁布文物保护法律。我们参观的实验楼是1908年始建，70多年来不断采用各种先进技术，不断积累资料和科学数据。美因茨的罗马—日耳曼中心博物馆是西德修复工作的中心，出版有修复和保存的专门资料。有一种《美术与化学》世界性"历史艺术会员"出版物，只要是会员，每年均可得到这种出版物，会员条件是每年只缴会费8英镑。

我们在德国着重了解壁画和雕塑的保护、修复工作。如下豪森教堂13世纪的壁画，他们针对壁画的不同，采用不同的方法修复。在壁画加固方面，采用化学液体打针、喷射等方法。在补画方面采用点的方法，比小芝麻点还要小的办法点影，修复后仍保持原画的形、色。明堡大教堂建于1325年，在1749年第一次修复加色之后，多年来几经修复，最后一次是在1934年。他们在修复以前进行严格的调查，对建筑物理测定、温湿度测定至今不断，取得大量数据，并用科学方法进行修复。他们在修复工作中，视各种壁面壁画不同情况采用不同修复方式，不是只凭老经验。在特尼尔博物馆，我们找到一位名叫恩斯特·施特夫尼的先生。他一边试验一边修复，已工作18年，至今仍每年修复两块壁画，每块4平方米。他用科学严谨的态度，独特地创造出修复壁画的一套方法。他们不断试验，不断总结，不断考验，尤其对壁画已用化学液体加固，作了多年仍不老化变色的鉴定。

德国在油画修复方面亦取得独特经验。我考察了他们修复的文艺复兴以来几位大师的油画，这是30年代我曾在欧洲看过的名作。事隔40

多年，今天我看到修复后的名作，比40多年前看到的已焕然一新，恢复了当年十四五世纪的原作神采。这些油画修复室的工作人员，完全忠实于原画，在修复过程中不加进个人的成分。他们修正技巧很高。我问他们是哪个美术学校出来的？馆长告诉我说，他们不是美术专科学校学生，因美术专科学生想创作，他们作画有个人成分，所以不能用美术专科学生。

波恩国际研究中心专门派季爱睦先生全程陪同我们。

在美因茨由1978年夏天访问敦煌的德国考古代表团团长伯纳教授陪同。他不辞辛苦，热情地自己驾车陪同我们参观博物馆、实验室，尤其是驾车到一二百公里以外的教堂参观已在修复的壁画和罗马古堡等等。

访华考古代表团的勒德罗曼教授也亲自驾车陪同我们参观。我们参观了海德堡罗马时代古堡，还有海德堡大学东方美术研究所，看到许多珍贵资料。

特尼尔克鲍斯经理给我们详细地介绍了壁画修复工作。

巴登－符腾堡博物馆施德罗馆长热情地介绍了发掘一座5世纪贵族墓葬的情况。如他们如何完整地将墓葬品运回实验室分层清理，所有遗物零件没有散失，以及完整的修复经验。

科隆市东亚博物馆郭乐知馆长详细地介绍了中、日、朝三国展品情况。

在德国访问时，我们会见了1978年夏天访问敦煌的德国考古代表团的专家们。德国主人们还特地安排我们坐在我国领导人访问德国时在慕尼黑大歌剧院坐过的包厢，让我们坐在这里观看名歌剧。

当我们访问即将结束，魏特曼博士（访华德国考古代表团美因茨博物馆助理）与伯纳团长驾车赶到飞机场话别。

以上记述了我作为敦煌的文化使者参与国际交往的一段历史，也涉及了一些"文化大革命"后恢复工作的情况，十分简略。按照我原来的计划，准备在1966年隆重庆祝敦煌莫高窟建窟1600年，举办各种纪念和学术研究活动，通过纪念活动，宣传敦煌，总结工作，进一步促进敦煌学的研究，更好地开展保护、研究工作。早在1963年，我们就开始有计划有组织地开展一系列的筹备工作了。不幸的是，随着"文化大革命"的爆发，有关纪念和宣传活动不但没有办成，反而成了我的一条主要罪状。在十年浩劫中，一些原来的学生、同事甚至是朋友，反目为仇，在极左思潮的影响下，他们将敦煌莫高窟称为魔窟，将保护敦煌说成是保护封建宗教的黑货，毒害人民的精神鸦片。我受到了非人的迫害，以致被迫离开研究所，一度中断了研究工作。我的遭遇和苦难，也是我们国家的苦难。最终，"四人帮"的倒行逆施得到了彻底的清算。我们党扭转了形势，祖国又继续前进了，我也被重新落实工作，回到研究所，恢复了所长职务。1982年，组织上考虑到我年事已高，希望我集中精力进行美术创作和整理自己的文稿，为后人在这方面留下更多的东西，安排我到北京国家文物局任顾问，并且任敦煌研究院名誉院长。各方面给予我关怀和照顾，使我的晚年过得十分愉快和充实。在北京，我的心仍维系着敦煌，关心着敦煌，做着与敦煌相联系的工作；无论出访或研究、著述，敦煌是我永远的主题。

自我1942年接受筹建敦煌艺术研究所的任务，1943年3月踏上敦煌的土地，至今已整整50年了。在我生命的长河中，一大半献给了敦煌，献给了我所热爱和向往的敦煌事业。无论是在戈壁敦煌，还是在异国他乡，或在其他地方，使我魂牵梦绕的就是你——敦煌。池田大作先生曾问过我："如果来生再到人世，你将选择什么职业呢？"我回答说："我不是佛教徒，不相信'转生'，但如果真的再一次重新来到这世界，我将还是'常书鸿'，我要去完成那些尚未完成的工作。我觉得这半个世纪过得太快了，敦煌研究和保护是几代人的事，还有许多事情要做。回首已过去的人生，我自豪地认为，我的人生选择没有错。我们奉献给敦煌的应该是许许多多代人的努力和工作。"

写到这里，我又想到了那飞翔在莫高窟上空婀娜多姿的众飞天，听到了那九层楼上铁马叮当的悦耳响声，我仿佛又回到了民族文化的宝库敦煌。

敦煌啊，敦煌，我永远的故乡！

魂系敦煌

八十九叟常書鴻

图书在版编目(CIP)数据

愿为敦煌燃此生：常书鸿自传 / 常书鸿著. —成都：天地出版社，2021.8（2022年9月重印）
ISBN 978-7-5455-6395-5

Ⅰ.①愿… Ⅱ.①常… Ⅲ.①常书鸿－自传 Ⅳ.①K825.72

中国版本图书馆CIP数据核字(2021)第087298号

YUAN WEI DUNHUANG RAN CISHENG：CHANG SHUHONG ZIZHUAN
愿为敦煌燃此生：常书鸿自传

出品人	杨　政
作　者	常书鸿
责任编辑	杨永龙　李晓波
封面设计	蒋宏工作室
内文排版	尚上文化
责任印制	王学锋

出版发行	天地出版社
	（成都市锦江区三色路238号 邮政编码：610023）
	（北京市方庄芳群园3区3号 邮政编码：100078）
网　　址	http://www.tiandiph.com
电子邮箱	tianditg@163.com
经　　销	新华文轩出版传媒股份有限公司
印　　刷	北京文昌阁彩色印刷有限责任公司
版　　次	2021年8月第1版
印　　次	2022年9月第3次印刷
开　　本	710mm×1000mm　1/16
印　　张	26.25
彩　　插	32页
字　　数	325千字
定　　价	78.00元
书　　号	ISBN 978-7-5455-6395-5

版权所有◆违者必究

咨询电话：（028）86361282（总编室）
购书热线：（010）67693207（营销中心）

如有印装错误，请与本社联系调换。